"十三五"国家重点图书出版规划项目

Democracy and the Rule of Law

民主与法治

何塞·马里亚·马拉瓦尔 (José María Maravall)

亚当·普沃斯基（Adam Przeworski） 主编

陈林林 译

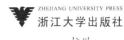
ZHEJIANG UNIVERSITY PRESS
浙江大学出版社
·杭州·

国家社科基金重大项目"社会主义核心价值观的司法贯彻机制研究"（批准号：17VHJ008）阶段性成果

总　序

当今世界,各国社会制度不尽相同,种族、民族构成不尽相同,历史文化传统异彩纷呈,经济社会发展水平参差不齐,但都有自己的文明。在全球化时代,交流、互鉴是文明发展进步的必由之路,法治文明的发展进步也遵循着同样的规律。中国特色社会主义法治是前无先例、外无范式的事业,没有现成的道路可以遵循,没有现成的模式可以照搬,主要靠我们自己探索、实践和创造。因此,特别需要学术界围绕社会主义法治建设重大理论和实践问题开展研究,推进法治理论创新,发展符合中国实际、具有中国特色、体现社会发展规律的社会主义法治理论,为依法治国提供理论指导和学理支撑。但这绝不意味着自我封闭、自给自足,而必须在立足实践、尊重国情的前提下,全面梳理、认真鉴别,合理吸收西方发达国家的法治文明,包括其法学理论和法治思想。

近代以来,中国法治现代化的历史经验告诉我们:包括马克思主义在内的"西学东进",撬动了中国封建社会,推动了中国传统法治文明的现代化进程。西方法治文明,如同中华法治文明一样,有许多跨越时空的理念、制度和方法,诸如依法治理、权力制约、权利保障、法律面前人人平等、契约自由、正当程序以及有关法治的许多学说,反映了人类法治文明发展的一般规律。今天,我们认真甄别和吸纳这些有益的理念、规则和学说,不仅彰显中国特色社会主义法治的开放性和先进性,而且体现出中国法治建设遵循着"文明因交流而精彩,文明因互鉴而进步"的一般规律。

正是基于这种信念,我们策划了本丛书。丛书本着文明交流互鉴的宗旨,立足中国、放眼全球、面向未来,计划持续甄选、译介当代西方法治理论中的上乘之作。入选作品分为三类,分别代表了法治的三个重要维度:法治理论、法治实践和法治模式。第一类作品属于元理论层次的学术研究,是一些位居理论最前沿、学术反响最强烈的理论性著述;第二类作品是针对民主、法治、宪法和其他具体法律制度设计及法律运作问题而开展的法治实践论题研究;第三类作品的研究主题是西方国家以及中国周边国家各具特色的法治模式。

在译介本丛书的同时,我们也致力于推进中国法治文明和法治理论走向世界。本丛书将推出一系列代表当代中国法学理论和法治思想研究水准的著作。当代中国的法学理论和法治思想既传承了中华传统法律文化的精华,又提炼了中国特色社会主义法治实践经验。被公认为世界五大法系之一的中华法系,曾广泛地传播到周边国家并产生影响,并在相当长时间里居于世界法治文明的顶峰。在这个法治全球化的时代,我们应当特别注重提高中国特色法治理论和法治话语的国际融通力和影响力,建构一个既凝聚中国传统智慧和当代经验,又体现人类共同价值和普遍示范效应的法治理论和法治话语体系,以真正实现中西法学智慧的融合与东西方法治文明的交流互鉴。

是为序。

张文显

2017 年 5 月 18 日

目　录

第一部分

第二部分

第三部分

致　谢

　　胡安·马奇研究所在本书不同出版阶段都提供了帮助,对此我们深表感谢。何塞·路易斯·尤斯特(Jose Luis Yuste)和研究所科学委员会的成员鼓励我们组织一次研讨会,并最终形成一本书。2000 年 6 月,研讨会在胡安·马奇研究所召开。在组织会议以及后续编书的过程中,研究所的玛戈达莱娜·奈布蕾达(Magdalena Nebreda)给予了宝贵的帮助。

导　论

本书关注的核心问题是：为何政府依法或没有依法办事。

传统的回答是：法律自带一种因果效应。人们遵守法律是因为法律就是法律，它要求人们遵循既有的规范。这种观点如今遭到了挑战。有人主张，法律不能被视为一种对行为的外部性约束。在某些情形中，即便个体的行为并非出于执行既定的法律，但他们希望采取并且实际采取的行为仍然是稳定且可预测的。

规范性的法治观念是法学家们凭空设想出来的。在描述性意义上，它并不为真。在解释性层面，它又不完整。例如，为何人们遵守法律？他们为何遵守特定的法律？他们是否仅仅因为某条规范是法律，而去遵守它？

本书所指的规范性观念，仅包括如下内涵：首先，当且仅当一系列规则满足某些形式性条件时，这一系列规则才构成了法律；其次，满足那些形式性条件的规则，都得到了遵守。因此，当行为遵守既定规范时，法律就居于统治地位。如此一来，法律是否居于统治地位这个问题，就成为一个关于义务、遵从或服从的问题。

一系列规则若要获得法律这一身份，就必须符合一些形式性要求。关于这些要求的清单，经常有重合之处。按照一套标准的公式

(Fuller,1964:ch.2),法律是一种(1)普遍的,(2)公开颁布的,(3)不溯及既往的,(4)清晰且可理解的,(5)逻辑一贯的,(6)切实可行的,(7)稳定的规范。另外,这些规范必须具有一套等级体系结构(Raz,1979:210-229),以使具体的特殊规范符合一般性规范。

如果"那些有权以官方身份制定、执行并且适用规则的人……确实前后一致并且依其要旨去施行法律",那么法律就会居于统治地位(Finnis,1980:270)。这意味着,那些官员不得从事未获规则授权的行为。正如索勒姆(Solum,1994:122)指出的那样,当法律居于统治地位时,超出法律权限的命令并不被认为具有义务性。

在一种强的规范性观念中,法律本身就是其规范性的来源。法律与行为之间的关系被认为是一种义务关系。如果规范具备法律的身份,那么官员们就有义务遵守规范,其他个体也有义务服从这些得到规范支持的官员所发布的命令。在强的规范性观念中,即便依法行事的动机并不道德,仍应当依据行为是否与既有规范相一致予以评价。

不论服从的动机如何,法治最重要的作用在于保障个人自治。法治使得人们能够预测自身的行为结果,并因此得以规划个人生活。用拉兹的话来讲,"法治的价值就在于:限制权力恣意,维护一个秩序良好的社会,让人们服从于一个可问责、守原则的政府"。(1994:361)

但我们认为,这种想法混淆了描述与解释。在某些情形中,即便行为并未遵循任何先前的规范,仍然可以运用规范性观念描述这些行为。规律性不一定是规则促成的;相反,恰恰是行为的规律性,才使它们貌似在遵循既有的规范。此外,不管政府行为是否遵循了既有规范,只要政府行为是可预测、稳定且受到约束的,就能够创造个人自治的条件,而这种个人自治被归功于规范性意义上的法治。

若要提出一种经验主义的法治观,就得从各种政治力量及其目标、组织结构与冲突入手。为促进自身目标的实现,行动者会利用一切可以动用的手段。这些手段,可能是经济的、军事的或者意识形态方面的。所谓的手段,还包括特定的政府权力。西尔维奥·贝卢斯科尼作为传媒大亨所拥有的手段,与他作为 AC 米兰总裁所掌握的手段迥然不同。这两个身份与他作为意大利总理所拥有的手段,则更为不同。

政府就是一套机构体系,而每一个机构都掌握了一定形式的特权。这些特权是工具性的手段,而非习惯性的权利(Gregg,1999:366-367)。因而,这些特权也是具体的制度性权力的渊源。公民可以投票,立法机关可以颁布法律,法院可以签署命令将公民投进监狱,几乎所有国家的行政机关都可以提出预算案。私营公司可以贿赂选民、立法者或法官,却不能颁布法律。法院也是如此。

政府机构由人组成,这意味着一些人拥有特定的制度性权力。政府作为一个整体,可以针对私人主体行使此项权力。诸如立法机关征税,官僚机构收税,法院对避税者施加制裁。但是,某个政府机构可能与另一政府机构发生冲突,就像立法机关对行政机关投不信任票或者法院将一位部长判刑入狱一样。另外,由于这些机构权力对私人主体而言极为重要,后者可能尝试在私人领域的冲突中或者与特定政府机构打交道时,利用这些权力。因而私人利益会影响到立法机关,公民会诉诸法院以对抗官僚机构的恣意决定。

只要某人根据自己的最佳利益行事,而其他人也这么做,那么他的行为方式就是可预测的,也是稳定的,除非发生一些外在变故。相应地,分权而非稳定性才是法治的特征。当权力被垄断时,法律不过是个别人的统治工具而已。只有当利益冲突的政治行动者们诉诸法律解决彼此之间的冲突时,才能实现法的统治。

当一种政治力量垄断了权力并不受制约地实施统治时,独裁政权就诞生了。独裁政权会实施巴罗斯和霍尔姆斯所称呼的"以法统治"(法制,rule by law)——一种源自孟德斯鸠的统治类型划分。在这种统治模式中,法律沦落为了主权者的工具,因为依据主权观念,主权者是不受法律制约的。此外,由于这种事态一般建立在武力垄断的基础之上,也就没有任何力量能够迫使主权者一定要"以法统治"。在独裁统治下,非法律的命令和那些包装成法律的命令具有同等的强制力。

一如霍尔姆斯所言,"法治和法制分布在同一个序列的两端,二者并非相互排斥的选项"。将二者区分开来的,并不是法律的性质(无论法律是作为工具还是治理架构),而是法律所响应的权力体系。霍尔姆斯是这样描述的:"代言强力的意志,仅会把权力让渡给能够与其相匹敌的那些强力。"按照马基雅维利的看法,形成法治的前提是:利己的统治者自愿约束自己,并使自己的行为具有可预测性,以便持续获得那些掌握了重要资源的有组织群体的自愿合作。作为合作的回报,统治者会运用法律手段保护那些合作群体的利益。唯有不同政治力量之间的关系达到这种态势,即那些最强势的政治力量发现法律对自身有利时,法治才能得到施行。反过来说,只有当法律成为强者的首选工具时,法治才会胜出。

再次引用霍尔姆斯之言,"'法律就是强者的工具'这种说法,并不是要迎合或推行犬儒主义"。如果那些有组织的群体无法借助法律为自身利益服务,它们就会运用非法律的手段促进自身利益。如果它们那样行事,最终会在制度层面促成一种均势或均衡。在这种均衡状态下,相关的所有政治力量都发现借助政治制度开展公共行动是管用的,而所有冲突都可以在制度范围内得到处置。拥有选票的人会借助立法机关,在法律上占优的人会借助法院,有门路的人会借助官僚机构。法制与法治的区别,在于权力的分置、物质资源的分散以及利益群体的多元化。在接近于法治的社会中,没有哪个群体强大到足以支配其他群体,法律代言的是多数群体而非某一个群体的利益。

一旦实现了制度性均势,人们的行为就会变得可预测、可理解和稳定,并且是受到约束的。因此,个人可以预见到自身行为的后果,每个人都能够自主规划自己的生活。就像托珀(Troper)指出的那样："那些对个人行为的约束有别于法律义务,对那些约束的考虑也不等同于服从。不过仍然可以主张,由此产生的结果类似于对法治国的预期……公民仍享有政治自由,因为他们可以预见自身行为的后果。"

如果公民需要预测政府官员的行为,就必须知道自己对官员可以持有什么样的预期。公民能够预测政府行为的前提,并非法律是否对政府行为进行了规定。例如,想要预测立法机关是否会提高税收,私营经济组织就需要知道只有行政机关才可以提起增税方案,而这意味着提案必须得到执政党或者执政联盟的支持,后续立法草案必须获得议会专门委员会的批准,还须得到议会全体成员的多数票才能获得通过。需注意的是,这一事例中的一些步骤,法律并没有进行规定,例如执政党执行委员会对方案的批准。事实上在某些国家,增税提案必须获得国家产业联合会的批准。要想获得预判,经济组织必须对成文规则与不成文规则一视同仁。尤其是,必须考虑到执政党或利益群体的批准,与立法机关的批准同等重要。反对征收的宪法条款,以及认识到"这绝无可能,因为会遭到既得利益群体的抵制",都是进行预测的有益依据。

不过,如果规律性是从内部产生的,以至法律不外乎是政治行动者考虑到他人行为之后所选择实施的各种行为方式的法典化,那么为何要将其中的一些行为类型编写成"法律"?

首先,在某些情况下,一个社会的政治生活存在多种组织化方式。例如,我们可以在一个选区中选举一到两位或者更多的国会议员,并且每一种选举制度都可以促成选民行为和政党行为的规律性及可预测性——当然效果是不尽相同的。若要让相关主体的行为持续一致,就需要从那些备选的规则中选定一条规则,否则就会出现这种状况:政党在一个选区中提名了两位候选人,选民却选出了三位议员。就如肯豪瑟(Kornhauser,1999:21)所言,"法律的架构,决定了在多种均势中参与者实际会接受哪一种。一部法律的制定,会在制度层面促成一种新的均衡状态"。

其次,法律指示公民何时可以反抗政府。通过整合各种预期,公民们可以形成惩罚政府的集体行动。温加斯特(Weingast)非常重视宪法。他认为,如果政府以各种无法依宪法预测到的方式行事,公民就有理由将那些政府行为视为极其不得人心,并将那些越轨行为挑出来予以追责。就此而言,法律充当着促进公民合作的中枢。

最后,我们只会对那些我们希望施加国家强制力的行为类型制定法律。这也是许多领域的行为规律,并未转换为法律规范的原因,例如向圣保罗产业联合会咨询关于税收立法的意见。在某些社会中,人们习惯在葬礼上穿黑色服饰;在其他社会中,人们则习惯穿白色服饰。所有这些相关习惯,都未编制成为法律。即便所有人都去教堂做礼拜,参加教堂的活动也不可能成为立法调整的对象。但是,如果你没有交税,就会面临牢狱之灾。

总之,法律告诉人们可以对他人持有何种预期。即便是要背离已周知的行为方式,政府也会宣告自己的下一步计划,包括打算惩罚哪些行为类型。这类宣告为个人提供了安全感,同时有助于公民协同起来对一个出尔反尔的政府进行追责。就此而言,那些公开颁布的规则提供了一份达成均衡的指导性手册。因为公民重视可预测性以及由此带来的安全感,他们就会在意政府是否违法——即使他们并不关心什么样的行为构成了违法。例如,人们或许会容忍这一事实,即政党通过对公共合同征收非正式税收以资助自身活动,却会因为这类行为违反法律而予以口头谴责。

如何判断制度层面的均衡状态?探讨这个问题的一种方式是沿着卡尔弗特(Calvert,1995a,b)的研究,去思考不管某种制度存在与否,同一种均衡状态、同一系列交互行为是否仍会在同一种情况下出现。卡尔弗特比较了两种情况:在第一种情况下,各个随机配对的两人小组反复玩一个每人都可能"背叛"的游戏,最终结果令大家都不满意。在第二种情况下,其他所有情况保持不变,但增设了一位"监督者"。这个人知道每一项互动的结果,并会将这一信息——随机配对的另一位组员的背叛记录——告知每一个游戏者。这之后,游戏者都选择了"合作",令大家满意的结果也随之出现。因此可以说,是"监督者"这一制度设置促成了合作。当游戏者采取行动以调整当下行为与未来结果之间的关系,他们就是在运用"监督者"制度,而这促成大家进行合作。缺了监督者这一制度设置,合作就不会出现。因此在第一种情况下,合作不可能成为一种均衡状态。均衡状态之所以是制度性的,是因为它是由制度性权力的运作而形成的。

制度能够影响动机和预期,从而指示了行为的方向。一系列合乎体统的动机,能够促成各种政治力量在制度框架内采取各种行动。

有一些规则是不可违背的。在塞尔(Searle,1969,1995)看来,"构成性"规则便是如此,桑切斯-昆卡(Sánchez-Cuenca)和托珀在本书中对此也表示赞同。某人对某物的实际占有,并不能形成财产权,除非财产所有人签署了一份特定的转让文件,即"合同"。一道命令并不构成法律,除非由立法机关依法定程序通过。在只有一个议员名额的选区,投出一张支持两位候选人的选票,也不是投票。即便我有意违背那些规则,实际我也做不到。我无法违背一条规定何为财产权或投票的规则,因为无论我意欲何为,其他人只会根据那条规则来识别我的行为。如果我在只有一个名额的选区投了一张支持两个候选人的票,我的行为对其他人而言是毫无意义的。我所投的选票是"无效"的。如果我未通过一份"有效"合同而占有一块土地,其他人不会承认这块土地就是我的财产。

构成性规则的存在,并不能阻却相关领域的一些行动。行政机关可以发布一道命令,并称其为法律。但是,如果行政机关未将相关法案提交到立法机关并依法予以通过的话,那么法院不会认可这道命令就是法律。一个所得选票少于其对手的政党,可能会强行执政,但它并未赢得选举。如果构成性规则要求获得多数选票才算赢得选举,那么少数派即便成功篡夺了政权,也不会被视为选举获胜。

因此,对行为的认识依赖于构成性规则,是否采取某种具体的行为则属于动机问题。不过,构成性规则会影响动机。如果构成性规则将法律定义为立法机关的行为,而行政机关希望自己的命令被认可为法律,那么后者便有动力去立法机构寻求多数票。

动机包括奖励与惩罚。制度创设一些新权力,并吸引着人们去使用这些权力。在卡尔弗特的例子中,"监督者"有权揭发那些有背叛记录的人,从而让他们受到私人之间的惩罚。在均衡状态下,每个游戏者都愿意把每次互动的结果告知监督者,并认为向他了解当下搭档的历史记录是有用的。一位实施独裁统治的将军,也可能希望成为一位民选总统,即便他面临选举失败的风险。相应地,在巴西成立检察机关,也会让官员在涉足腐败之前三思而行。

最后,制度要求行动理由的一致性,来促成均衡状态。一项基于制度所做的决定,唯有在可预测时才会被他人视为是符合制度架构的。因此,遵循制度的行动者,必须提供一些能被他人视为与自身制度性权力相符的行为理由。这类理由不一而足。它们必须被他人视为是有效的。在法律语境下,还意味着必须用特定的术语将其表述出来。上级法院不会说"我们这样判是因为今天是周五",因为下级法院不会遵守这样的裁决。法官与法官之间的专业交流只能以"法言法语"进行,即便他们对于所交流的事务拥有完全的裁量权限(参见托珀在本书中所写的章节,以及他在 1995 年出版的论文)。

迄今为止,我们所做的仅仅是区分各种可能的事态。我们始终强调:即使政治行动者们(其中一些人拥有特定的制度性权力)并未遵循任何既有的规则,那些看似符合规范性法治模型的情形,仍然是可能出现的,并且也确实出现了。最后,还需要再次指出:归诸规范性法治观的那些了不起的效果,皆产生自这类情形。现在的问题是,在何种条件下,人们可以期待会出现这类情形?

是否存在一种能够在任何条件下产生并存续的制度性均衡状

态？在马克思主义者对"相对自主性的制度事例"(relative autonomy of instances)的讨论中，这一问题居于核心地位。持工具主义的马克思主义者认为，包括法律在内的所有政治制度，不过是对基础性经济力量的反映而已。并不是所有政治及法律制度，都能够与资本主义生产方式相适应。政治法律制度与生产方式得以匹配的形成机制，是那些拥有经济权力的主体，利用经济权力去获取政治权力，并运用法律去巩固自身的经济权力。如此一来，民主实际也不过是资产阶级专权的最佳外衣(Lenin,1932:14)。这种观点受到了阿尔都塞(Althusser,1965a,b)与普兰查斯(Poulantzas,1964,1967)的质疑。后者认为即便"在最终的社会制度类型中"，无论其内容为何，法律制度也不能破坏资本主义经济体系，因为每一种"制度事例"都有其自身的逻辑。尤其是，法律不能成为资产阶级特殊利益的工具，因为法律之所以成为法律的前提，是法律体系必须普遍适用和内在一致。就像巴罗斯(Barros)指出的那样，即便是将法律用作统治工具的"法制"，也须尊重法律自身的特殊性。

另一种提问方式，是追问制度能在多大程度上约束那些组织化集团的权力。我们认为，包括法律制度在内的政治制度至少在某种程度上独立于军事或经济权力，这是非常重要的。否则，就无法区分那些效果究竟是源自制度，还是源自桑切斯-昆卡所谓的"野蛮的权力"。唯有制度驯服或改造了"野蛮的权力"，法治才有可能出现。

霍尔姆斯指出，只有当制度成为各种组织化利益群体追求自身利益的有效手段时，政治行动者才会在制度框架内展开行动。用我们的话来说，只有当所有强势利益群体选择通过制度处理相互之间的冲突时，后续均衡状态才是制度性的。因此，各种政治力量利用制度的可能性，和制度对组织化利益群体之权力的认可度呈正相关的关系。法律体系必须认可组织化利益群体的权力，否则就会被后者弃用。那些能运用法外手段维护自身利益的集团，同样是得到法律最佳保护的集团。不过，一旦法律成为获取某些利益的有效工具，越来越多的人会组织起来去利用这一工具。随着有组织利益群体的增加或多元化,社会将更趋近法治,而权力不再被垄断,法律也不再被少数人用来压制多数人。依霍尔姆斯之见,"强权之间的政治孕育了法治"。他的一个乐观结论是:所有利益都会被组织起来,权力会趋于分散,而法律成为所有人手中的工具。

除非这条规则得到遵守,即根据选举结果决定谁来执掌政权,否则民主就难以存续。普沃斯基认为,当政治行动者试图建立独裁政权时,如果"赌注"或利害关系过于重大以至于无法顶住失败的风险时,这条规则也会得到遵守。他认为在富裕国家,由于赌注或成本更大,即便"野蛮的权力"也不一定能获得选举胜利,这条规则仍会得到实施。而在穷国,只有当"野蛮的权力"有把握获得选举胜利时,这一规则才会得到实施。

在制度均势下,政府公职人员会从事那些他们被期待去做的行为,也只会从事那些行为。因此,他们的行为是受到限制的。需要再次提及的是,我们并不是说政府官员的行为遵从了既定规范,而只是指出哪些行为具有足够的规律性,可以用规范来进行描述。各种政治力量都运用制度来处理冲突,那么这些看似是在实施既定规范的现象,是如何从那些冲突之中产生的呢?

通常的回答是:制度行动者预见到自己一旦偏离预期行为,就会遭到其他行动者的惩罚。差别主要在于,有的制裁来自政府内部,有的则来自外部。外部制裁是指政府之外的行动者联合起来实施的那些制裁,实施制裁的机制通常被称为"纵向的"。选举就是一种纵向的问责机制,它根据现任政府执政时的行为对其施加奖惩(Przeworski,Stokes,and Manin,1999)。内部制裁是一个政府部门对另一个政府部门所施加的制裁,属于"横向的"问责机制(O'Donnell,1994,1999)。

作为自由主义核心信条的异议者,加尔加雷拉(Gargarella)声称横向机制并不一定构成对多数统治的制约。他认为,多数派能够自我管控,即使多数派实际没有做到自我管控,也肯定会预见到来自民众的制裁。为自身利益着想,多数派不希望轻率或愚蠢行事。并且,通过运用那些可以促进理性考虑的制度性设施,多数派也可以避免自己仓促行事。民众可以通过定期选举、罢免或者紧急授权,对自己的代言人施加控制。因此,多数主义与法治之间并无内在冲突。

温加斯特认为,如果公民们能够就政府行为的恰当界限达成共识,并且一旦政府越界就能够一致行动,那么他们就能够避免政府的重大违法行为。在这种叙事中,宪法扮演着重要角色。不过,宪法之所以重要,并不是因为政府自认为有义务遵守宪法。相反,宪法作为一种重要制度设施,能让一个个公民推测到其他人认为的重大违法行为是什么,从而就行动达成共识。不同利益群体的行动必须予以协调。尤其是,具体违法行为的受益者,能够和那些受害者站在一起反对政府的违法行为。虽然温加斯特将这种反对政府违法行为的意愿界定为一种"义务",但这种意愿实际是由这种可能性促成的,即受益者将来也会成为政府非法行为的受害者。

不过,为了让政府顾虑外在制裁,是否就必须将公民们的行为协调起来?如果政府知道某些人已经组织起来了,那它就可以勾结一些组织化利益群体,以对抗其他利益群体。反过来,如果对政府违法行为的挑战自发地来自民间社会,政府便无法预测违法行为何时会遭到反对。在斯莫洛维茨(Smulovitz)看来,比起那些基于协调的合作行动,这种去中心化和非协同性的公民行动更有效。

无论多数派做到了自我管控还是预见到了来自民间社会的反映,都表明即便是中央集权的政府,政府行为也会受到约束。但在古典自由主义视角下,只有分权政府才是受约束的政府。被分置、受限制的权力具有稳定性,并能避免统治者的任意妄为;就如汉普顿(Hampton,1994)与卡瓦克(Kavak,1986)在反驳霍布斯(Hobbes)时指出的那样,权力受限的主权者才是法治的基石。此外,光有分权还不够,因为政府其他分支机构必须执行立法机构的决定,分权会让立法机关获得不受限制的自由权。因此,需要一套权力制约和平衡的机制,使得任何特定权力机关在未获得其他机关的合作或同意时,没有办法擅自采取行动(Manin,1994)。

麦迪逊主义理论认为,通过这种方式实现了分权的政府,将会是一个受制约的、权限适度的政府。分权理论主张,不同政府机构之间的职权界限应予以精确界定,以免分得一定职权的政府分支机构受到其他分支机构的干预。不过,制衡理论却认为,每一个政府分支机构都应当能对其他分支机构施加一定的影响(Vile,1967)。只有这样,一个有限政府才能达致一种自我实施的均衡状态。借用迈宁(Manin,1994:57)的话来说:"授权一个部门去行使最初分配给另一部门的部分职权时,如果后者未能维护自身的恰当地位,那么它就会失去一部分权力……因为担心报复,每一部门都不愿意去侵犯另一部门的权限……最初的权力分配将会得到维持:因为没有哪一个行动主体想要偏离这一最初分配。"由于各个部门之间的对抗,政府行为总体上就变得可预测且适度了。

制度设计显然很重要,托珀称之为"机制构想"。某个具体的部门,必须有手段和动力去制约另一部门。尤其是,如果政府作为一个总体是受约束的,就不应当存在"不受制约的制约者"。也就是说,不存在可以制衡其他部门,而自身却不受其他部门制约的部门。如果法院能够对其他政府分支机构发出命令,但后者却无法牵制法院,那么司法权就是不受制约的。当政府分支机构的每一行为都需要其他分支机构的合作,非此无法有效展开,才会促成前述意义上的适度政府。

但是,政府机构的权力源自何处?立法机关为何会接受法院的决定?行政机关为何会执行立法机关的指令?本书讨论的唯一一个独裁政权的经历极具启发性。它表明,即便政府权力的分立和制衡并非制度性的,也会让政府受到约束。只要那些分立的权力,真正能发挥出权力的效用。在智利,武装部队的四个军种一起组成了军政府,各自长期自治但拥有巨大的共同利益。在这四个军种之中,谁都不希望某一方主宰政府。因此,自独裁政权成立以来,军政府的决策就必须经过一致同意,以便互相制衡。结果,即便作为一个整体的军政府能够完全按自己的意愿行事,但内部的分化促使它不得不遵守自己创制的宪法性文件,乃至自己所设的宪法法院的裁决。因此巴罗斯认为,只要权力是分立的且能真正发挥出效用,那么任何分权都足以促成有限政府。要指出的是,尽管智利宪法法院的成员是由军政府任命的,但法院不久就获得了自主性,并在不同案件中做出了对军政府不利的裁决。就这样,军事化政制的反对派从宪法法院找到了一种约束军政府的制度装置。

相反,通过考察历史就足以发现:制度性权力在形式上的分立,并不足以约束政府。尽管其中一些宪法也符合自由主义的要求,但统治者通过政党制掌握了所有制度性权力。分权只是一种幌子。唯有背后存在一些确切的外在力量,制度才能发挥出实效。瓜奈里(Guarnieri)所描述的意大利司法部门,仅在得到大财阀以及媒体的支持后才能发挥出制约作用(Burnett and Mantovani, 1998: 261-263)。相应地,当乌戈·查韦斯获得压倒性的民意和军队支持时,委内瑞拉国会和最高法院发现自己在总统面前不堪一击。

因此,促成政府行为总体上是可预测且适度的那套制约和平衡体系,其发挥实效的前提包括:(1)政府机构皆有手段和动力去制约另一机构;(2)机构专有的制度性权力得到了组织化利益群体的支持。

我们之前只是概括地提及"制度性"均衡状态,因为我们将立法机关主导与法院主导型治理体制,视为满足了规范性法治观所提出的全部特定要求。毫无疑问,这并不符合大多数法学家的观点。他们认为,法治在性质上不同于多数统治。例如,拉兹(Raz, 1994:260)认为,"各级立法机关都专注于当下的问题,因为公众皆容易受到短期因素的影响,而立法机构为了从公众那里获得连任支持,很容易陷入大幅摇摆和惶恐失措";并且,"法治在现代民主国家中发挥了这一功能:确保在民选立法机关的权力与基于传统的保守力量之间,实现一种良性均势"(1994:361)。德沃金(Dworkin,1986:376)进一步指出:"因而,对作为一个整体的宪法进行恰当解释之际,必须认识到……一些宪法性权利原本就是用来防止多数派推行关于何为正义的一己之见。"瓜奈里观察到,正是这种立场"让公职机构的行为受独立法官审查,成为制约政治权力运作的一种有效且极重要的方式。这确保了法律至上,并保障了公民权利"。

在观念甚至是术语上,民主与法治之间的这种对立,通常被表述为人民主权与正义(司法,justice)这两条抽象原则之间的冲突。但我们并不这样看。凭什么将过激的立法者等同为传达神谕的祭司,"法律""传统"甚至是"正义"都由他们说了算? 是否要我们相信:法官除了适用"法律"之外别无所图,他们的裁判权并无自由裁量的空间,并且他们的独立性确保了裁判的公正性? 非民选权力机关的正当性建立在公正性之上,所以存在一种制度性的自我利益促使法院表现得公正,或者至少是超越党派的。但是,没有理由认为独立的法官始终会恪守规则,公正地裁判案件。事实上瓜奈里与马拉瓦尔都已证明,有理由对此质疑。法官之治并不等同于法治,用瓜奈里的话来说,"如果法律解释权专属于一个自我委任的官僚系统,那么民主显然处在了风险之中"。

对特定历史性时局的考察,是非常有启发性的。以法国 16 世纪后半叶的经历为素材,冯塔纳(Fontana)解释了法治与法官之治的区别。在那个时期,司法权普遍被认为是最重要的权力,独立且不受制约;在一个紊乱且充满冲突的法律体系中,这一地位进一步得到了强化。但司法并不公正,公正"被贪婪、愚蠢、社会特权和空洞的法律形式扼杀掉了"。冯塔纳写道,"在《随笔集》中,蒙田一再抨击司法腐败。为了金钱,正义被当作商品兜售给了那些出得起价钱的人";"若地方法官成为致力于保护自身特权的富裕阶层,成为一个为了少数派利益而滥用职业自治性的机构,那么蒙田压根无法相信司法独立会有益于整个国家"。由于"法院不能推动自身改革",改革司法体系的各种努力均告失败。依据南特协议,唯有借助政治运作才能在16世纪末对法律秩序进行重构。

无论何时何地,法治和多数统治意义上的民主之间的关系,皆是由人组成的两个机构——法院和立法机构——之间的关系。费内中(Ferejohn)和帕斯奎诺(Pasquino)观察到,"当法律制度成功获得广泛的权限去规制和调整社会交往时","民主统治在某种程度上看似受到了限制。反之亦然,当议会拥有随心所欲地制定法律的最高权限时,司法机构就被降级到一种从属性位置,而法官顶多只是立法机关的经纪人和立法命令的解释者"。立法机关、法院、行政机关、监管与调查部门之间可能会发生冲突,也可能不会。立法机关会发现自己的行为被法院视为违宪,并被要求不得继续从事此种行为。不过,立法机构会设法通过一项宪法修正案,或者直接修改法院的组织规则。在第一种情形中,法院占据优势;在第二种情形中,立法机关获得主动。这就是民主与法治之关系的内容。实情不外乎如此:在由人组成的各色机构中,不同的行动人持有相互冲突的利益,在行动人背后则存在各不相同的权力。就像图什奈特(Tushnet,1999:56)指出的那样,"显然,处于最佳状态的最高法院,远胜于最糟状态的国会;但处于最佳状态的国会,只比最糟状态的最高法院略胜一筹"。

宪法法院与政府可能因为意识形态议题发生冲突。不过,即便政治家和法官未曾因为意识形态分裂,他们也显然都希望扩张自己的制度性权力,就免不了发生冲突。就像费内中和帕斯奎诺指出的那样,所有这些冲突"在这一意义上皆是政治性的:冲突根植于维持或扩张权力的欲望,并不必然与那些合法性规范相关"。相比政治家而言,法官们拥有一种天然优势。因为司法机关的等级化组织体系,让法官们更容易达成集体行动。

　　一个普遍性共识是：在最近一段历史时期内，法院是这一冲突中的获胜者。这一趋势一般被描述为政治的"司法化"。不过，有必要区分一下"宪法（司法）化"和"刑事化"这两个概念。前者意指司法机关较之立法机关的优势地位，后者意指针对政治家采取的司法制裁。

　　费内中和帕斯奎诺描述了这一司法取代政治、不可问责机构取代民选和可问责机构的趋势。他们认为，一旦政治体系陷入碎片化、犹豫不决或者瘫痪状态，法院就会获得比立法机构大很多的权限。在凯尔森式模型中，特别法院可以获得直接立法的权限，因为宪法法院的裁决就起到了积极立法的功能。但即便是在美国，法院也只能针对具体诉讼争议适用法律，而无权径自废止立法机构颁布的成文法。当法官基于宪法性依据拒绝适用成文法时，立法机构的决定就归于无效。

　　马拉瓦尔认为，政治领域的刑事责任追究，是针对政治勾结的。当政客们相互勾结并成功地向公众隐瞒了私底下的政治行为，那么选举制和议会问责制就会失灵。这时候，就需要民间社会中有各自利益诉求的群体，包括商业团体、工会或者媒体，去启动司法程序。例如在意大利、法国和其他一些国家，当不同政党为了资助自身活动，联手通过了一项非法征税案时，随之而来的反抗运动就积极寻求司法介入。最终，法院获得了胜利。

　　但是，冲突双方并不必然是立法机关和法院。在党派斗争中，法院可能被政治家当工具使用。即便法院是独立的，它们也不一定是公正的。当反对党发现没有机会赢得选举时，就可能针对在任政治家提起诉讼，诉诸司法行动去挖政府的墙脚。为巩固自身的党派优势，现任政府也可能借助亲政府的法官去打压反对派。在这类冲突中，法院就成了工具，而法治仅仅意味着服从司法裁决。马拉瓦尔发现，失败方会选择服从，但这并不是因为他们认为裁决是合法或公正的，他们只是不想破坏制度。

　　多数统治与法治之间的冲突，就是以选票为工具的行动者和以法律为工具的行动者之间的冲突。在具体事案中,不管是立法机关还是法院获胜,都属于政治过程的一部分。法治产生在政治主体对冲突的处理过程中。在此过程中,各种政治主体使用了他们可以动用的各种手段,而法治只是其中之一。法律之所以获得统治地位,并不是因为它先于政治行为。而我们之所以写这本书,是因为我们相信法律无法从政治中分离出来。

参考文献

Althusser, Louis. 1965a. *Pour Marx*. Paris: Maspero.

Althusser, Louis. 1965b. *Lire le Capital*. Paris: Maspero.

Burnett, Stanton and Luca Mantovani. 1998. *The Italian Guillotine*. Lanham, Md.: Rowman & Littlefield.

Calvert, Randall. 1995a. "Rational Actors, Equilibrium and Social Institutions." In Jeffrey S. Banks and Eric A. Hanushek (eds.), *Modern Political Economy*. Cambridge: Cambridge University Press.

Calvert, Randall. 1995b. "The Rational Choice Theory of Social Institutions: Cooperation, Coordination, and Communication." In Jack Knight and Itai Sened (eds.), *Explaining Social Institutions*. Ann Arbor: University of Michigan Press.

Dworkin, Ronald. 1986. *Law's Empire*. Cambridge: Belknap Press.

Finnis, John. 1980. *Natural Law and Natural Rights*. Oxford: Clarendon Press.

Fuller, Lon. 1964. *The Morality of Law*. New Haven: Yale University Press.

Gregg,Benjamin. 1999. "Using Legal Rules in an Indeterminate World. " *Political Theory* 27,3:357-378.

Hampton,Jean. 1994. "Democracy and the Rule of Law. " In Ian Shapiro (ed.), *The Rule of Law. Nomos XXXVI*. New York: New York University Press.

Kavka,Gregory. 1986. *Hobbesian Moral and Political Theory*. Princeton:Princeton University Press.

Kornhauser,Lewis A. 1999. "The Normativity of Law. " *American Law and Economics Review* 6:3-25.

Lenin, Vladimir. 1932. *State and Revolution*. 1917. Reprint, New York:International Publishers.

Manin,Bernard. 1994. "Checks,Balances and Boundaries: The Separation of Powers in the Constitutional Debate of 1787. " In Biancamaria Fontana (ed.), *The Invention of the Modern Republic*. Cambridge:Cambridge University Press.

O'Donnell,Guillermo. 1994. "Delegative Democracy. " *Journal of Democracy* 5, 1: 56-69. 1999. "Horizontal Accountability and New Polyarchies. " In Andreas Schedler, Larry Diamond, and Marc Plattner (eds.), *The Self-Restraining State: Power and Accountability in New Democracies*. Boulder:Lynne Rienner Publishers.

Poulantzas,Nicos. 1964. "L'examen marxiste de l'État et du Droit actuels. " *Temps Modernes*,219-220.

Poulantzas,Nicos. 1967. "A propos de la théorie marxiste du Droit. " *Archives de Philosophie du Droit* 12.

Przeworski, Adam, Susan Stokes, and Bernard Manin (eds.) 1999. *Democracy, Accountability, and Representation*. Cambridge: Cambridge University Press.

Raz,Joseph. 1979. *The Authority of Law*. Oxford: Clarendon

Press.

Raz, Joseph. 1994. *Ethics in the Public Domain*. Oxford: Clarendon Press.

Searle, John. 1969. *Speech Acts*. Cambridge: Cambridge University Press.

Searle, John. 1995. *The Construction of Social Reality*. New York: Free Press.

Solum, Lawrence. 1994. "Equity and the Rule of Law." In Ian Shapiro (ed.), *The Rule of Law. Nomos XXXVI*. New York: New York University Press.

Troper, Michel. 1995. "La liberté d'interpretation du juge constitutionnel." In Paul Amselek (ed.), *Interpretation et Droit*. Brussels: Bruyland.

Tushnet, Mark. 1999. *Taking the Constitution Away from the Courts*. Princeton: Princeton University Press.

Vile, M. J. C. 1967. *Constitutionalism and the Separation of Powers*. Oxford: Clarendon Press.

第一部分

第一章　法治的谱系

史蒂芬·霍尔姆斯[①]

　　法治具有两个广为人知的特征:可预测性与平等。对于这两个特征的起源,存在一种高度格式化且简化的说明,本章将予以详细阐述。众多法史学家以耳目一新的方式强调,较之于法律确定性和法律面前一律平等,经济、人口、技术、科学、宗教和文化等因素在促成和稳固制度变革中扮演了同等重要的角色。在描述那些重要社会主体助推或阻碍此种进程的作用时,他们在自身的叙述中添加了各色各样的因素:意识形态、非理性的激情、世袭性制度的内部随机性,以及习惯性行为因环境改变而产生的意外结果。比较而言,本章的目的不仅更谦抑,也更为理论化。

　　本章旨在阐明那些有权势的政治主体为何会激烈反对或热情拥抱法治。仅仅诉诸有权势的政治主体的策略算计,我们无法通过其他因素来解释法治为什么出现或未曾出现在特定历史环境中。但是,社会权势阶层之所以会促进或阻碍此进程的那些自利性因素,无疑是紧密相关且值得重点关注的。

[①]　史蒂芬·霍尔姆斯(Stephen Holmes),纽约大学法律与政治科学教授。

我首先发问:为何那些掌握压制性手段的政府受到了引导并令自身的行为变得可预测? 为了回答这一问题,我转而求助于马基雅维利。他基本上认为,政府是出于合作的目的而令自身的行为变得可预测。政府倾向于让自己的行为看似受到了法律的"约束",而不是恣意将法律当作一根训诫臣民的棍棒去使用。如此行事的主要原因不是担心叛乱,而是政府所持的一些特定目标(例如抵挡外来侵略者占领其土地的企图),实现这些目标需要那些拥有特定技能(军人)及资产(税基)的社会群体的高度自愿合作。类似地,政治统治者所接纳的立宪政府的一些基本特征,例如言论自由和议会豁免权,可以视为他们为获取对有效治理至关重要的那些信息产生的负效应。因为那类信息深嵌在博学的公民们的头脑中,无法通过压制性手段去获取。还有可能的是,他们想必意识到了:让自己免遭批评,会容易忽视危机并犯下无可挽回的错误。

简略起见,我假设"政治统治者"具有内部一致性,能够根据理性考量行事,且已经完全掌握各种压制性手段。不过,所有这些特征都是历史形成的,因而有必要做进一步说明。在这一简化假设中,我审视了这一主张:"政治统治者"唯有认识到规则能给自己带来好处时,才会遵从规则化的约束。首先,这一主张看似稀松平常,但实际并非如此。因为它给出了一个可验证的假设:随着政治统治者的目标、优先事项及其计算参数的变化,法治将会出现或者无从出现,将会得到强化或者遭到削弱,将会被推广或者受限缩(这一分析也暗示,倘若统治者能持续将权力分配给那些拥有强烈动机去维持体制的个体,那么对统治者施加宪法性约束的体制就能够实现自我维系)。

任何解释宪法性约束是如何形成的尝试,都得回答这一问题:为何以往和现在的大多数政府,在很大程度上是不受法律约束的? 一种可能的回应是:政治统治者令人绝望的短视和感情用事,做不到按自身的长远利益行事。阿历克西·德·托克维尔正是这一立场的支持者："如果长远利益能够战胜一时的激情和需要,就不会有专制君主或绝对专制了。"①我追随马基雅维利的立场,他对此持有不同的看法。马基雅维利认为,当政治统治者们预判自身行为可预测的收益小于行为不可预测的收益时,他们就会持续采取违宪措施。如果持专制立场的、贪婪的掌权者觉得实施法治会颠覆其统治,那么他们就不可能遵从法治。一旦游戏规则清晰明了并得到可靠执行,一些人就将失去立足之地,例如恶霸和掠夺者。不能指望他们去推动或信奉法治,因为这种体制会从根本上废黜他们在自然状态下练得炉火纯青的、用于攫取和控制的野蛮技能。

对某些类型的统治者来说,让事情处于不稳定状态是一种特别具有吸引力的策略。这可能是历史上为何鲜有法治的一个重要原因。在社会局势中注入不确定性,是一种众所周知的控制手段:如果老百姓永远不知道接下来会发生什么,他们就不会对政府提出严重的挑战。此外,如果政府担心稳定的财产所有制模式会为挑战政府提供帮助,它就会设法令各种财产权利处于不稳定状态。政治统治者选择按可预测性还是不可预测性统治,实际取决于一些因时而变的特定因素:他们所持的目标,个人习性与技能,所面对的障碍与敌人,拥有特权的社会合作阶层,无须动员广大公民合作就可直接动用的资源,以及老百姓的技能、财富和组织能力等。

这种马基雅维利式的分析虽有启发性,但并不全面,因为它仅将法律确定性视为对国家权力实施规则化约束所产生的结果。通常,我们不仅将法治与可预测性联系在一起,还将其对不同社会群体的平等对待联系在一起。自由主义理论想象了一个由个体而非组织化利益群体所构成的社会,提出了法律面前人人平等的理想。然而,分配结果并不取决于人数多寡,而取决于各个组织化利益群体之间的权力分配是否对等。任何社会都不会在分散的个体之间平均分配权

---

① Tocqueville,*Democracy in America*(1969:210).

力。这一偏离理想正义的现象十分普遍,也早有人给出了一种解释:为获得自愿性社会合作而服从宪法性约束的政治权威,没有动机去平等地对待所有群体。因为较之于其他群体,它更需要某些特定群体的合作,尤其是这样的群体——拥有资产、组织良好,能迅速调动起来服务于战争和其他国家目标。

相较孤儿的权利,大地产者的权利在很久以前就得到了保护。原因很寻常:政府选择性地回应了那些具有政治影响力的群体——政府认为需要获得其合作的群体。从历史上看,那些组织良好,能够保护自己并运用法外手段实现其目标的利益群体,也是最先运用法律手段获得实效性权利或能力去保护自己、实现其目标的群体。政府对特别重要的那些群体的偏袒,导致法律实施呈现为双轨制运行形态:对社会特权阶层而言,法律变得高度可预测;而对经济情况较差的阶层来说,法律始终是极不确定的。纸面上看似不偏不倚的制度,在实践运行中却呈现为"两张面孔"。随之而来的困惑是:一般人原本享受不到的特别权利("私法领域"),是如何演变得更具包容性的?换言之,保护特殊利益的立法,以及起诉、审理过程中的差别对待等,究竟为何以及在何时让位给一套大体上平等对待所有公民的法律体制?我拟从卢梭那里寻找第二个问题的答案。

卢梭的回答实际如此:在法律上,不平等绝不会向平等让步。即便是最先进的法治国(Rechtsstaat),在某种程度上也仍是一个"双面或二元国家"(Doppelstaat)。也就是说,如果我们在法治的定义中,禁绝有组织利益群体对制定、解释和适用法律产生过多影响,那么我们所界定的"法治"其实是一套从未存在过,也不可能存在的体制。但这并不意味着我们应抛弃这一概念,或是因为在实然层面无用武之地而排斥它。法治仍然能与法制相区别,理由不限于某些政府为了自身目的而令政府行为多少具备了可预测性,而另外一些政府出于自身目的却决定不这么做。卢梭认为,如果我们将法治等同于平等地对待所有公民这一理想化正义，那么我们就不得不承认法治是不可能实现的。但法治是可以趋近的。那些有能力运用法律手段去有效捍卫自身利益的群体，会坚持不懈地扩大自己的圈子。卢梭指出，自由正义唯有在这样的社会中才有可能实现——地位大致平等，构成了社会主体民众的那些群体，获得了某些对政府及其统治联盟的影响力。

当广泛多样的诸群体拥有了一定程度的政治影响力，普通民众在保护自身利益时，除了以往经常使用的非法律手段外，还将获得一些法律手段。尽管这样一个多元化社会仍有诸多需要完善之处，却极其趋近我们所能达致的法治。一个尝试积极回应各种嘈杂的抱怨和憧憬的政府，一上手就会面临陷入支离破碎的风险。但在卢梭看来，这种体制中最为明显的失序，却是不对称的多元主义。尽管成文法可能另有规定，然而在现实中，具有政治影响力之群体的成员，会比那些在政治上无足轻重之群体的成员获得更好的法律保护。

各个群体之间的权利不可能完全平等。不过，如果处在高度多元化秩序下的大多数公民，皆归属于具有一定政治影响力的各种群体，那么可以预见，他们具备一定程度的能力去运用法律来追求自身目标和保护自身财产。例如，他们能依靠警察，保护自己免受私人掠夺。凭借法律手段，租户能对抗房东，雇员能对抗雇主，妻子能对抗丈夫，债务人能对抗债权人，消费者能对抗生产者，更不用说犯罪嫌疑人能对抗警方了。此外，尽管普通民众掌握的资源相对稀少，但政治或经济精英人士之间的竞争关系，能让民众获得些许"使天平发生倾斜的权力"，从而获得一些捍卫自身利益的额外手段。

和马基雅维利一样，尽管卢梭的概念化描述并不是"写实的"，却有助于阐明不同自由社会之间的差别，以及同一自由社会在不同历史时期的变化。尤其是，它有助于阐明如下说法的含义：一个名义上的自由政权在削弱法治之际，仍可以奉行法制。当强者和弱者之间的竞争进一步失衡时就会发生这种情况。换言之,当少数组织精良的社会关系网络垄断了政治准入通道,并将法律变得更有利于自身而更不利于缺乏组织和政治影响力的其他阶层公民时,情况便会如此。这种现象之所以发生,是因为政府所关注的目标、面临的问题和可支配的资源持续处于变动之中,所以它有时会倾向于厚此薄彼。

在此情形下,那些法律权利被稀释或受损害的群体,为了恢复受损的运用法律的能力(换言之,在某种程度上修复法治),就必须改变政治统治者及其拥有不当特权的统治联盟的行为动机。但是,集体行动的困境可能严重损害某些处于弱势地位的公民的议价能力,从而令他们无法从富人和权贵阶层那里获得确定的法律地位、政治参与权和经济安全。此外,政治和经济精英人士的行为动机,并不全然取决于那些被排除群体的组织能力。其他决定性因素还包括:统治阶层优先考虑的、受文化观念影响的重要事项,统治阶层的内在凝聚力,他们能独立支配的人、财、物,以及尤为重要的国际环境。如果国际环境对统治阶层十分不利,而权力和特权又明显仰仗于对某一地域的实际控制,那么富人和权贵就有强烈动机为当地最大多数的公民(包括穷人)提供一定程度的政治参与权、法律确定性以及经济让利。如果情形并非如此,他们就没有这种动力。

自我约束的谱系

本章在开篇时提了一个简洁的问题:掌权者为何会接受对自身权力的限制?一种更直截了当的表述是:为什么手握枪杆子的那些人,也会顺从没有武力可以依仗的人们?换成经济学层面的表述是:为何富裕阶层会自愿割舍自己的部分财富?在法律理论领域,相应的问题则是:为何政客们有时会将权力让渡给法官们?为何他们容许既无财力又无武力的法官阶层,去推翻或抵制自己的决定,有时甚至容许法官把官员送进监狱?上述问题不仅过于含糊,也太过宽泛,因而无法给出彻底或全面的答案。但它们可以当作一些不那么灵巧的撬棒,用来探索关于法治之起源、发展与挫折的一些重要洞见。

对于自我约束的解释,通常存在两种方式。一般认为,人们之所以自我约束,要么是受到了道德规范的制约,要么是预期这样做能获得好处。从规范性角度给出的那些解答,皆着重强调了相关规范的内在约束力(比如公平),或者是有些不可言喻的"正当性"。某些法学家认为,法官们拥有的高度职业素养、出色的说理能力和为公众所推崇的公正性,乃至他们与一些毋庸置疑的崇高原则之间的特殊紧密关系,皆让政客们感到畏惧并为其折服。这一主张有时候认为,由于政治无法满足公众对正义的渴求,政客们在选民的微妙压力下将自己的部分权力让渡给了法官们。

认为规范能够独立发挥作用的想法,既可能对也可能错,但它无助于准确指出产生法治的那些条件。同理,它也无助于解答这一问题:为何一些业已确立的法治体系,有时慷慨地扩大对弱势群体的法律保护,有时却吝啬地缩小这种法律保护。从规范性视角分析法律拘束力之来源的进路,无论具有怎样的优点,都无法否定这一事实:人们之所以调整自己的行为,以符合那些新出现的复杂规则,通常是因为他们预期这样做能获得好处。实际上,"人是社会性的动物"。人们愿意花时间相互陪伴,愿意沉浸在自然群居的状态中,也喜欢相互许诺并去履行。尽管履行诺言要付出代价不菲的自我约束,人们也会遵守诺言,因为他们想要维持言而有信的声誉,而声誉是一份将来能派上用场的财富。政治家和宪法缔造者的思考方式也是如此。在制定宪法时,他们可以设置一项"越过立法机构之合法性背书"[①]的违反条约的权力。一个依据该宪法组建并运行的政府,有可能出于

---

① *Federalist Papers* 64.

更大的长远利益(例如有机会赢得将来可能签订许多互利条约的其他国家的信任),而设法放弃小的短期利益(例如有机会摆脱以往草率批准的一些不利条约)。

作出一个无法轻易违背的承诺的能力或权力,是一种名副其实的能力或权力。对承诺人而言,承诺在事后看起来像是一种限制或约束,但这一看法并不全面。倘若承诺并非社会主体维护自身权利、追求自身利益的手段,倘若个人与政府在行动时随着时间流逝而不断变换自己的身份,那么承诺就得不到维系,也不会有拘束力。事实上,个人有时会偿还沉重的债务,政府有时会遵守屈辱的条约。他们就这么做了,而当他们这么做的时候,至少部分是因为以公开可见的方式履行承诺,显然符合自身的长远利益。尽管事情并不全然如此,但简便的利害算计同样被认为有助于解释为何政客们会遵从法官,以及为何一些手握枪杆子的人会顺从没有武力依仗的人们。这一主题的更大影响,可从历史观察中获得:从伏尔泰到马克斯·韦伯的欧洲大陆知识分子们,曾极力主张本国的独裁政制效仿英国的政治制度,理由是英国模式所代表的有限政府,能提升本国的军事实力以及经济财富。自我约束是一种手段,它之所以得到公开宣扬和自觉接受,是因为有助于实现所追求的目标。为充分吸取这一体现审慎而非道德的经验教训,历史上那些负责教育未成年政治继承人的人,都反复强调了邪恶"专制者"的悲惨命运:拒绝接受任何约束,为所欲为并狂妄自大,从而走向毁灭。

司法独立的谱系

如果认定掌握权力的人只关心自身权力最大化,那么政客们将部分权力让渡给法官们的决定就令人困惑不解了。不过,倘若从另一个相反的前提出发,例如政客们希望自身权力和免责空间都能够最大化,那么困惑就会逐渐消除。

不同于神,对人类而言,实现全知全能这一目标既缺乏吸引力,也不可行。一方面,这需要夜以继日地工作(确切地说,需要耗费无限多的夜晚,远超过我们所能支配的时间)。对于大多数赫拉克勒斯式的领导人、统帅、统治者、大人物和首领来说,明智之举是摆脱责任、精简目标以匹配自身的能力。相应地,精简目标来匹配自身资源,成为"自由"(freedom)的一种经典定义。为了获得对其他领域的全面控制,就得放弃在某些领域的权力。倘若某个领域充斥着无法解决的问题,那么在该领域垄断权力的想法就特别缺乏吸引力。对于那些特别难处理的问题,他们犹豫是否要徒劳无功地去浪费有限的时间和精力,因此往往会选择推卸责任。为提升可支配资源与所负责任的比例,他们会削减自身的义务、责任和任务——那些他们本应亲自处理的问题。

类似的常识性考虑,也和一个更为一般性的问题相关,即行政权与司法权分置的起源。许多法史学家在解释英国法院逐步迈向独立的历史进程时,认为这是劳动分工的演进结果,而王座法院借助分工逐渐削减了自身那些繁重且耗时巨大的负担。在今天,白宫和国会不可能关心某件子女监护权的案件(只要它不涉及古巴与美国的关系)。人们对此也习以为常,没人追问为什么政客们在这类事务中"将权力让渡给了法官们"。政客们之所以放弃这一权力,是因为他们不想要。之所以不想要,是因为他们要去做一些更值得做的事。孟德斯鸠补充道,司法独立还得落到实处,不能仅流于表面。如果统治者在幕后操纵,民众就会发现谁拥有最终的决断权。如此一来,那些想要影响法院近期判决的人群,就会再次蜂拥在统治者官邸前的台阶上,令后者不胜其烦。换言之,掌权者也希望减少自己收件箱中乱七八糟的垃圾邮件。但凡明智的政治统治者,都想把乏味的苦差事移交出去。他会装作"事不关己",也就是说,会支持司法系统的独立性。

对于法治的形成和巩固,专业化优势也很可能发挥了作用。一个更有趣的发现是:掌权者都很想摆脱一些特定权力——那些容易激起持续仇恨和不满的权力。行使司法权,就是分出谁胜谁负。胜诉者可能会心生感激,但也不一定;不过,败诉者几乎总是愤愤不平。动用权力是有风险的,因为对于的确受到损害或被认为受到损害的那些人而言,掌权者是很显眼的报复对象。为了降低被报复的风险,掌权者往往会在实质上或表面上舍弃决策权的一些关键要素,从而获得推诿的空间。举一个简单的例子,当一位期刊编辑拒绝一篇投稿时,她会把结果归咎于期刊的匿名编委会,并声称自己"无能为力"。基于同样的原因,司法系统会声称自己是危险最小的部门,以免激起抗议、招致批评或惹来麻烦。总之,你可以预见到弱势群体的抗议声回荡得最响亮的地方:权力场。

汤姆·谢林解释了为何如此,但亚历山大·汉密尔顿也给出了一种解释。汉密尔顿支持陪审团制度,理由是该制度能约束法官权限并提升其地位:"较之于一切事项均交由法官独断的案件而言,在那些必须有陪审团介入审理的案件中,法官需克服的滥用权力之诱惑必定大为减少。"①不受束缚、独立行使的司法权,可能让法官(及其家人)面临威逼利诱。为降低这种风险,必须先由 12 位随机选出的公民独立做出被告人是否有罪的决定。在此基础上,法官才能对被告人定罪量刑。相较于常任法官们,陪审员更不容易被威逼利诱,因为他们是从匿名的民众中临时选出来的,作出决定后就立即解散回人群中去了。"比起临时组建的陪审团,干预常设性司法机构历来有更多的时间和更好的机会。"②法官的选择必须以陪审团的裁决为基础,这样一来法官的权力确实变小了些。但作为回报,他获得了一定程度的安全保障,而这种安全保障是再警觉的保镖都提供不了的。通过一种让贿赂显然更难实施的制度安排,可以提高法官的可信度,

① *Federalist Papers* 83.
② Ibid.

进而提高公众对判决的遵从度。

尽管马基雅维利历来备受争议，但对于法律自治何以获得政治支持这一谜题，仍能从他那里获得机智且富启发性的指引。他将行政权与司法权分置的起源，追溯到了他所谓的一种很重要却被忽视的人类心理事实。他认为对君主而言，舍弃司法权是最佳选择，因为受罚的当事人会仇视惩罚者，而其家族成员也会密谋实施残酷报复（尽管这一考虑相关性很高，但并不是唯一的原因）。这一常人难以理解的事实，解释了政客们欣然接受司法独立的原因——司法既不能促进忠诚，也鼓动不了政治支持。用马基雅维利的话说，"当一个人获得自认为应得的荣誉和有用之物时，对于给予他这些东西的那些人，他不会认为自己会负有任何义务"[①]。受到公正对待的人们，只会觉得这是自己应得的，他们不会因为受到公正对待而感谢施惠者。因此，司法权具有实质性的负面效应（被惩罚者的愤恨），却不产生任何补偿性的积极效应（被公正对待的那些人的忠诚）。所以，精明的君主会舍弃那些引起愤恨的权力（例如惩罚权），而保留那些激发感恩的权力（例如赦免权）："君主应当让他人负责分派任务，同时由自己发放恩赏。"[②]不该有的甚至是出乎意料的赏赐，能够激发忠诚和政治支持。那些确实该有的，因而接受者预期并相信自己应得的好处，却产生不了这种效应。职是之故，有远见的统治者会设置一个真正独立运作的司法机构，其他政治部门不会因为该机构的行为受到赞扬或批评。法院将专注于惩治罪犯和伸张正义，与此同时，君主自己保留了发布赦免令和分发其他不合理奖赏的裁量权限。那些运气好的人在获得君主赦免或奖赏后，就会心生感激并给予政治支持。

---

① Machiavelli, *Discourses on Livy*, I. 16.

② Machiavelli, *The Prince*, XIX.

可信度的谱系

依亚当·普沃斯基（本书第五章）之见，担心反叛是对掌权者行为的首要制约。对那些掌握镇压手段的权势人物来说，除非陷入困境且心生恐惧，否则绝不会表现得温文尔雅。马基雅维利也持类似的观点，他指出对君主的残酷及挥霍无度的首要拘束，并不是宗教道德，而是担心被刺杀。事实上，《君主论》一书的根本教诲就是：一个理性的统治者会以一种看得到的方式让民众得到好处、感到满意，这般治理的话，他们就缺乏足够强的动机来刺杀自己。马基雅维利在《论李维》中重述的罗马史表明，当少数特权阶层预见到致命的城市暴乱而瑟瑟发抖时，对于权力的宪章性约束就会生发起来。

对于上述看法，还可作一点补充。富裕阶层认识到即便是再贫穷的人也能点燃导火线，这成为阻止他们穷奢极欲和无视贫困的一个重要因素。与暗杀和暴动一样，纵火也是一种难以防控、损害富人及权贵利益的极端行为。如果特权阶层能三思而后行（他们未必会如此），自然希望避免来自"多头怪兽"[①]的致命反击。不过，害怕反击意味着对某种权力的承认。声称弱者和穷人能够以纵火或反叛作为威胁，从而令富人和权贵作出让步，实际就是承认后者并不是权力的唯一掌控者。弱者之所以遵守法律，是因为不得不这么做。相反，强者只有在法律有利于实现自身目标时，才会遵守法律。这是事实，但孰强孰弱是相对而言的。强和弱之间可以转换，二者并不是截然有别的。但凡有组织的利益群体，在某种程度上都是虚弱的。无人能拥有上帝那样的力量。这就是马基雅维利的见解。强者仅会将权力让与给能够与其匹敌的强势力量，包括那些不愿合作或叛逆的"街头力量"。类似的论证也隐含在孟德斯鸠的著名论断中，一个对于美国

---

① Shakespeare, *Coriolanus*, Ⅳ.1.

制宪者而言至关重要的论断——唯有在"权力抑制住了权力"的地方,自由方得保全。

和暗杀或反叛一样,暴力复仇的可信威胁也非权力的唯一来源。一个更重要的权力来源,是言之凿凿地威胁不再提供对方急需的合作。实际上,较之马基雅维利指出的并经普沃斯基强调的人身伤害威胁,停止提供合作的威胁为政府权力的规范化提供了更持久的动力。为了化解一场持续的叛乱,君主会在某些利益上做出让步,然而一旦反叛者被解除武装,他就会收回这些让步;唯有对自己有利时,君主才会遵守承诺。与此相反,只要外敌一直存在,那么通过让利维持军队效忠的君主,就无法收回自己的慷慨让步。另外,如果统治者唯有在民众威胁反叛时才给点小恩小惠,那么他摆出的各种平民主义姿态也就欺骗不了任何人。相反,一位能够为退伍军人、在岗军人和后备军人提供好处的统治者,很容易被认为正在为一个明确的共同体目标——抵御外国侵略者的征服——而努力。

此外,出于对暴力反叛的恐惧,统治者有很强的动力让臣民持续处于一盘散沙、安分顺从的状态中。为了防止暴乱,他可能选用分而治之的策略,并通过让臣民被迫生活在一种不确定状态中来实施统治。对一位害怕被臣民刺杀的统治者来说,第一要务是令臣民处于心怀恐惧、缺乏组织、奴颜婢膝、相互争吵、民智未开、无力反抗的状态中。他未必会认识到给予臣民互相联合、合作与交流的自由,也可能大有裨益。因此,对于来自民众暴乱的恐惧,未能说明为何掌握压制性手段的统治者愿意接受对自身权力的制度化约束。原因恰恰相反。

马基雅维利认为,掌权者之所以心甘情愿地同意让自身行为具有可预测性,主要原因是即便再有权势的人也需要通过合作来实现自己的那些目标。一位雄心勃勃的统治者若疏远、激怒自己的国民,那无异于自断手足。人们愿意在当下偿还债务,是为了在将来还能借到钱。也就是说,他们为了当下和将来的社会合作,接受了对当下选择自由的限制。同样的逻辑也适用于政治统治者。在特定条件下,统治者唯有以"最有利于赢得民众信任"①的方式向下分配权利与资源,才能实现自身目标。

但在什么条件下,这种情形才可能发生?由于穷人和弱者受困于集体行动困境,所以富人和权贵往往能得到特权庇护。缺乏协调的社会行动是徒劳无功的,而联合行动又很难组织。事实上,特权者可以通过各种分而治之的策略,有效地加剧弱势群体的集体行动困境,或者阻止这种困境得到缓解。不过,即便穷人和弱者所拥有的集体行动能力微不足道,富人和权贵也可能出于自身利益考虑而"被迫"放弃一些财富或者权力。例如,即便下层民众的叛乱根本不可能成功,也仍会令统治集团大伤脑筋。之后统治集团可能决定给民众发放面包、举办马戏表演,用来作为预防城市骚乱的一种有效方法。

传染病可以作为一个事例,用来说明在缺乏协同行动能力时如何运用政治杠杆,即达成有利妥协的能力。面对传染病,尽管少数幸运儿总能花钱雇到一流的医生,但他们无法让自己免受潜伏在贫穷社区的传染病的威胁。因此,对于那些给自己打了疫苗仍然无法抵御的传染病,他们愿意投资相关领域的公共卫生项目,以减少传染病发生概率。基于类似缘由,法国和英国的殖民军队曾花钱为殖民地居民接种了疫苗。他们之所以这么做,并非出于慷慨的同情心或慈善精神,而是作为保护欧洲人军团的一种策略。这样的资源再分配不是慈善性的,而是审慎性的。

前述程式化分析显然对复杂的历史进程作了大幅简化。但是,马基雅维利对其中基本逻辑的展现,能够帮助我们关注到一些在法律变迁中发挥了重要作用却容易被忽视的因素。归根结底,马基雅维利的主张是这样的:面对外敌,富人和权贵除了武装民众之外别无选择,因为在面对困境时,每一位政治精英都需要"铁杆支持者"或者

---

① *Federalist Papers* 70.

朋党。[1] 由于外国雇佣兵随时都可能背叛雇主,一个审慎的统治者就只能仰仗本国军队,因为保家卫国与国人有着切身的利害关系。然而,一旦普通民众被武装起来后,富人和权贵就不能像以前那样随心所欲地对待他们。尤其是政治统治者,他们必须约束自己,不能去抢掠民女,也不能掠夺可能应征入伍之人的财产。政治统治者也有动力实施防御性的民主化措施,也就是说,允许公民、士兵对政治决策过程发挥一定影响力,以及参与立法辩论会。在立法辩论会上,他们有机会表达自己遭受的不公并获得救济。

"人性本恶,迫不得已时才被逼从良。"[2]政治统治者尤其如此,他们只有在被逼无奈时才会依道德行事。不过,迫使统治者从良的"必然性",往往是实现其雄心所必需的社会合作,而非预期中的叛乱。按照这种分析,穷人和弱者之政治影响力的主要来源,是武装的外国侵略者和土地掠夺者的在场。倘若某个社会中的政治和经济精英的权力和特权,最终仰仗于该社会对于位居险恶国际环境中的一块领土的脆弱掌控,那么应征入伍的国民之所以具有影响力,就是因为可以在面临侵略时发出拒绝战斗(或顽强战斗)的可信威胁。这种威胁的可信度比工人们的罢工威胁更高,因为工人们一贯需要获取薪酬以维持生计。此外,士兵们拒绝战斗的威胁,不可能因为担心事后受惩罚而轻易撤回。在某种程度上,暗杀、纵火甚至暴动的威胁也是如此。对于一支骁勇善战的军队来说,高昂的士气和毅力是至关重要的,但担心受到严厉惩罚并不能激发起士兵们的士气和毅力。如果政府所武装的士兵们感受不到与体制存在任何利害关系,那么他们可能会直接把武器卖给敌方并逃之夭夭。

统治者若要成功组建一支国民化军队,就不能让臣民陷于惶恐不安、缺乏组织、意志消沉、互不信任、消极被动和无力进行集体抵制

---

[1] Machiavelli, *Discourses on Livy*, I, 21, 60.
[2] Machiavelli, *The Prince*, XXIII.

的状态之中。那么他该怎么做呢? 马基雅维利认为,为了获得普通民众在战争期间的自愿合作,精明的统治者会向穷人和弱者提供公正法律程序、民主参与和财产权利。这并非乌托邦式的幻想,而是历史上出现过的模式。在一些特殊情形中,政治统治者会让自己的行为具有可预测性,因为这样做可以维护他们所认识到的自身利益。许多历史事例表明,外敌威胁可以改变政治精英们的动机,例如"战争期间,尽管地主阶层是国内最具政治影响力的群体,但他们仍接受了相当沉重的财产税"(Strayer,1970:108)。历史观察表明,国家之间的大规模战争,令那些不怎么富裕和籍籍无名的公民阶层的影响力得到了提升。换言之,在第二次世界大战期间,尽管罢工遭到了禁止,但较之于 20 世纪 30 年代末的工厂静坐示威和组织工人纠察队,美国工会的组织化和成长进程却更为迅速。最后,在各种财产权利和福利国家的最初形成过程中,退役军人的福利发挥了关键性作用。这表明各种转移支付或利益援助项目,同样立足于社会契约这种基础形式之中。也就是说,通过服兵役或上战场,换来法律保护和"发声"的机会。如果这种马基雅维利式解释能够成立,那么关于再分配的政治就等同于政治和经济精英们的战略性博弈,即在明日外敌入侵之前,把自身所需的民众合作在今天就确定下来。

在马基雅维利看来,只有当公民有合理机会从自身的努力中获得利益时,他们才会尽心竭力。他认为,若财产权利获得了保障,"财富就能成倍增加并多不胜数","因为,只要一个人相信自己在拥有财产时会乐在其中,那么他就会渴望获得财产"。① 相反,当善变的统治者毫无理由或未经知会就攫取了公民的财产,并且未提供任何法律救济手段,那么经济增长就会受挫。公民之所以向往法治化的管理体制,不仅因为它容许公民积累财富,更主要因为在这种体制中,公

---

① Machiavelli, *Discourses on Livy*, Ⅱ.2.

民能够预测自身行为的后果，能够在遭遇不公时获得救济，能够对自己的生活进行总体规划。

唯有政治和经济精英们认识到了法治对于国家安全的重要作用，法治才能确立和维系。这是马基雅维利分析结论的关键所在。当所有权与交易安全得到了保障，同时又获得了政治性公民权利，那么共和国的军事力量就会得到极大的提升：

> 所有市镇在各方面都是自由的，并从（自由）中获益良多。因为无论在何处，人口的增加必然是因为婚姻自由，以及男性在这方面更加强烈的欲求。在每一位男性都乐于生育子女的地方，人口就会增加。因为在那里，他相信自己有能力养育子女，并确信自己的祖传财产不会被侵夺；因为他还知道，在那里自己的子女不仅生而自由——而非生而为奴，并且如果子女们是有德之人，还有机会跻身统治阶层。①

如果说逐年萎缩的人口是军事力量表上的负债，那么逐渐增长的人口——倘若组织良好且赏罚得当——就是军事力量表上的资产。统治者在当下推行"自由"（il vivere civile/ il vivere libero，公民生活/自由生活），是为了在将来拥有更多休戚与共的公民。当公民相信自己的遗产继承权能得到保障，并且子女们能进入一个任人唯贤的政治晋升体制，那么他们就会生育更多的孩子（也就是将来的士兵）。

沿用这一分析，马基雅维利还将罗马帝国的力量来源，追溯到了它的自由贸易政策和开放性移民政策。罗马的"宪制"欢迎外国人，而后者又带来了罗马未曾有过的产品和新技术，于是罗马很快就"人丁兴旺"。② 尽管选择开放的经济政策和人口政策，令本土主义者与仇外者极为不满，却产生了显著的军事效应。当时的斯巴达在贸易

---

① Machiavelli, *Discourses on Livy*, II.2.
② Ibid. II.3.

与移民上采取闭关锁国的政策,它甚至难以召集到 2 万名士兵,而罗马却可以轻松地往战场上投入 28 万士兵。有些人会反感罗马"嘈杂的"城市生活(这经常与斯巴达的简朴秩序形成反差),但这种喧闹是人口大规模聚居带来的必然效应,而正是这种聚居让罗马取得了令人难以置信的军事胜利。

应当说,变化莫测的统治也具备一些显著优势,其中最重要的一点是:一个行为反复无常、不可预测的统治者,会令对手猝不及防。但从另一角度看,变化莫测的统治在某些情形中会自毁根基。马基雅维利就是这么认为的。一位高度警觉并一贯仰仗暴力进行统治的君主,会害怕在街道上和他擦肩而过的公民,也不敢背对自己的护卫。这样一来,他很快就会精疲力尽。统治者若贪得无厌,掳掠民女并抢夺老百姓的财产,就会被众多对手暗中围猎。统治者若未曾为普通民众提供任何好处,就会发现自己很难组建一支得力且忠诚的军队。暴君会让老百姓陷入穷困、蒙昧和无助的境地之中,这样老百姓就不能给暴君制造麻烦或忤逆其意志。然而,暴君在消灭政治反抗的潜在源头之际,也短视地令自己丧失了政治支持的潜在源头。与此相反,如果公民获得了一定程度的自由,他们将以自身的勇猛去抵抗外来征服者。如果老百姓被置于消极顺从的状态(il vivere servo),那么他们将温顺地臣服于那些一旦抵达就会杀了暴君的外来征服者。

统治精英将政治代表的选举权授予之前被剥夺选举权的那些群体,就能获得普通公民的合作。马基雅维利据此解释了罗马在领土扩张和吞并方面的伟业:这座城邦放逐了自己傲慢的君主,并授予平民财产权利与政治影响力。这样公民们就为共同体而战斗,因为共同体与他们休戚相关。视线跨越几个世纪之后,我们能发现马克斯·韦伯也以类似表述提出了一种观点。在一些行文段落中,Weber(1994)一改以往坚持道德与政治分离的主张,激烈抨击了德国地主拒绝授予复员军人完全投票权的企图。这些军人在一战中保卫了德国,尤其德国富人的财产。对这些被要求冒着生命危险保卫祖国,从而保卫了本国最富有阶层之权利的军人而言,政府无论是从道义还是从自身安全考虑,都不能拒绝授予他们基本的自由权。事实上,当贫穷的公民们为国作战之后,他们往往也会要求并获得投票权。

这就引出了如下问题:为什么各地的贫穷公民们总是难以获得各种民主自由、法律权利和经济支持呢?马基雅维利并不认为历史是可预见的。因此,他的防御性民主化理论预测不了什么。这种理论所描述的机制取决于许多变量,这些变量会因为一些不明原因出现或者不出现。其中最重要的变量是“统治者”的动机:他是否追求荣耀,是否关心后代,是否期待和平退位等。马基雅维利的理论并未预言自由民主是一种普遍趋势,因为那样预言是荒谬的。相反,该理论认为在特定情形下(例如,当统治者感到被邻国军队威胁时),自由化和民主化进程是可能发生的,但在相反情形下(例如随着按钮式自动化战争的兴起,人力部队的作用日益减弱),更有可能出现限缩公民自由和去民主化进程。

冲突的法律管控

马基雅维利认为,虽然人类天生喜欢彼此陪伴,但也天生缺乏远见、组织松散、漫无目的、没有纪律,且基本上不愿合作。如果任由他们自行其是,或者任其自由放任,那么他们将不可避免地背道而驰,陷入前后矛盾、徒劳无功的争论,以及两败俱伤的境地之中。与罗尔斯令我们产生的期待相反,他们或许很容易对“善”(the good,例如击败敌人)达成共识,却无法实施合作,因为他们对“何为正确”(the right)持有不同看法。正如马基雅维利解释的那样,那是因为生活在一起的人们,相互间会不可避免地以错误的方式产生摩擦。从摩擦中产生的敌意,经常还伴有相互冲突的(不)公正观。但马基雅维利并未说明敌意和(不)公正观之间的因果关系。

自我挫败的行为模式十分普遍。但是,这种模式为建立一种连贯的政制、一支有战斗力的军队制造了各种困难。阶层冲突,连同关于非正义的各种情绪化且相互冲突的叙事,又加剧了那些困难。在阶层分化严重的社会中,富人们的傲慢经常会激起穷人的嫉恨,这令愤怒变得极为致命。在马基雅维利看来,富人们很少能够抵住炫富之心的诱惑,不去公开羞辱社会上的底层民众。统治阶层应当希望人们敬畏自己,而不是仇恨。因此,如果他们足够理性,就要避免傲慢无礼。如果他们足够理性,还要避免动用压制性手段,因为压制更容易激起仇恨而非敬畏。由于统治者做不到足够理性或一贯理性,他们往往会"作死"——从傲慢行事中获取低级乐趣。傲慢之所以是个问题,因为它会激起仇恨,而仇恨的作用、效应会比恐惧来得更快。下层民众会在他们愤愤不平的内心中,即刻燃起对上层的仇恨。相反,害怕遭到后续报复的担忧之心(能约束受害者发起攻击),只会逐渐生发起来。

马基雅维利认为,在少许特定社会情境中,那些自我挫败的情绪偶尔会得到控制,例如战争时期。在战争时期,穷人和弱者也需要有才干的将军,因此他们有理由把自己在和平时期对富人和权贵的嫉妒搁置一旁。同样,在战争期间,富人和权贵也需要步兵。如果他们能理性行事,就会抑制自己对穷人和弱者的习惯性傲慢。倘若双方都是理性的,那么就会出于共同利益去缓解彼此之间的恶意冲动。不过,他们当然做不到始终理性行事,甚至经常不理性行事。较之于老百姓,政治和经济精英们理性行事的可能性也高不了多少。在马基雅维利看来,傲慢和嫉恨之间的这种有害互动,是导致古代城邦的阶层政治走向自我毁灭的关键所在,并对政治制度设计提出了一个严峻挑战。这种自毁长城的阶层冲突,显然将城邦置于被外敌征服的风险中。什么样的制度能缓解这种冲突?马基雅维利的回答是:法治。

　　为抵御外部威胁，未雨绸缪的政治统治者会组建、培训并财政支持一支军事力量。为抵御内部冲突（这些冲突会削弱其军力），他们会组建、培训并财政支持一个司法系统。至少，马基雅维利就是这般解释刑事审判制度在古罗马和意大利共和国的起源的。宪法制定者之所以推行公正审判，是因为他们明白这是一件不可或缺的统治工具。换言之，公正审判作为抑制情绪化阶层对立的有效机制，用来消解共和国被外敌征服的危险。

　　公民之间的互不信任和敌意，不可能得到全面根除。但高明的司法制度设计，却可以将其驯服。制宪者将这些自我挫败的情绪，引导进了常设性政府机构之中，而不是任其在体制外恶化。马基雅维利特别提到了公开审判 —— 自觉受到了损害的普通民众，可以对故意伤害他们的精英阶层成员公开提起诉讼："倘若这些负面情绪缺少正常发泄的出口，他们就会采取一些令整个共和国走向毁灭的极端方式。"①民众自行对那些视为不义的行为实施报复的意愿，会导致政治不稳定。将这种报复意愿诱导进官方体制——一个接受公开控诉的法庭，能减少匿名恐吓的不良影响和秘密伏击行为。这么做有助于在局面失控前浇灭阶层敌意和复仇情绪。

　　面对这类控诉，富人和权贵阶层很想主张自己拥有豁免权。但这种做法是极其错误的，它会破坏政治稳定，危及政治和经济精英的个人人身安全。富人和权贵必须放弃一时的豁免权，转而确立一种长期的、能有效管控阶层对立的方法。罗马的历史有力地说明，他们是能够做到的。在政治和经济上处于支配地位的群体，有很强的动机让自己面对控诉。缘由是：为多数群体报复少数群体的意愿提供一个公共平台，也同时对这种阶层敌意施加一种相应的约束。恶意谣言的传播者会躲在被诽谤者的身后，秘密伏击的组织者也会隐姓埋名。与此相反，公开起诉的原告必须亲自出庭，面对自己的仇人，

---

①　Machiavelli, *Discourses on Livy*, I. 7.

并向第三方证明自己的案情。他还必须给予被告反驳不利证词和虚假证据的机会。就此而言,法治就像是一把双刃剑,它是融合多数群体和少数群体的工具,因而也是促进城邦共同福祉的手段。倘若一个社会设法以这种方式将内部仇恨引入公共机构,那么在面对外敌时就会更具凝聚力。马基雅维利断言,为了获得战时所需的社会凝聚力,精英阶层必须放弃豁免权,并让自己面对来自法律层面的挑战。倘若精英阶层足够明智,法治就会如此这般地从强权政治中萌发出来。

正义的收缩与扩张

纯粹民主消除了寡头政治的所有成分,它居于政体序列中最理想的一端。但在实践中,这种乌托邦情形或曰规定性理想从未完全实现过。不同于理想型民主,局部的、可逆转的民主化是存在的,并可成为研究对象。民主化意味着扩大协商范围,以及扩充能影响法律制定、解释和适用的参与者。通过自由辩论形成的治理方式在萌生之初,自然是专属于少数特权者的内部实践。之后,它逐渐变得更有包容性。那些拥有特别权限的参与人,自然会制定有利于自身的法律。随着时光流逝,之前被剥夺了权利的一些群体,或者通过自己的主动争取,或者通过掌权者的主动授予,也获得了"发声机会"和影响立法的机会。随着参与群体的扩大,法律开始反映更广泛的社会关切。但是,为何一些政治制度的包容性有时比较有限,有时则比较彻底?马基雅维利认为,当内部人需要外部人的合作,从而让后者(部分地)登堂入室时,就开启了民主化进程。反之亦然。无论出于何种原因,当协商范围缩小时,去民主化进程就开始了。倘若富人和权贵突然认定自己不再需要穷人和弱者的合作(例如,高科技武器降低了大规模军队的作用),他们就会共谋剥夺普通民众的权利,或者,至少是削弱民众对立法,尤其是财富分配的影响力。

人类行为的动因并不限于物质激励，还包括公平感这样的动因。凡是管理过公司的人都知道，对同事的不公会破坏工作氛围，从而降低工作效率。相应地，公司老总若想实现生产效率的最大化，就有充分理由去公平对待公司员工。鉴于同样的逻辑，这也适用于包括政府在内的各种政治组织，我们或许会质疑马基雅维利的这一观点：正义绝不会促成政治忠诚。但是，不管马基雅维利是如何界定正义的，他始终认为不正义将导致颠覆与反抗。他还明确声称，税法条款被认为公平与否，与征税效率具有正相关的关系。① 只要人们注意到未曾有盛气凌人的迟到者不公平地插队，他们就会耐心地排队，这一现象说明了平等对待对于社会组织顺畅运行的重要性。但这并不意味着公平是唾手可得的。马基雅维利的分析仅仅表明，政治精英会公平对待那些自认为需要对方提供合作的群体。尽管"选择性公平"听起来像是一种自相矛盾的说法，但依据他的分析，这恰恰是所有政治组织（很可能包括区域性民族国家）安身立命的原则。

民主时兴时衰。政治精英们自认为需要多少数量的普通公民提供合作，是影响民主兴衰的关键因素。马基雅维利在此处强调了"自认为的"。政治精英可能在无须普通民众的合作时，却自认为需要合作，尽管这种情形出现的概率很低。更常见的是，富人和权贵们误以为自己绝不需要穷人和弱者的自愿合作。就如开明人士乐于指出的那样，这种短视是致命的。不过这种情形也是存在的，那就是富人和权贵们实际无须从普通民众那里获得积极广泛的合作，并且他们那时也了解这一点。

认为不正义总是有害于政治稳定，或者笃信作恶者会自动受到惩罚，都是无稽之谈。事实证明，如果最底层人群的境遇突然获得改

---

① Machiavelli, *Discourses on Livy*, I. 55.

善,他们就会逐步提出一些不合理的要求。因而较之于一项好意改善底层人口境遇的措施,维持不正义对政治稳定性的破坏实际上可能更小。对权力和特权的不公正分配,并不一定会触发一个拨乱反正的再调整程序。原因很简单:尽管一套政治体制对多数人来说是不公平的,但多数人并不一定重要。对那些绝对重要的人——一个国家的精英而言,维持当下的不公平状况却经常是有利可图的。如果受害者处于一盘散沙、消极麻木的状态,各种压制机构枝繁叶茂,掠夺来的利益只在少数人内部进行分配,而反对现行体制的力量刚汇聚起来就被摧毁或拉拢,那么贫困和不正义就会得到固化。因此,自由民主绝非人类命中注定的归宿。不过在某些情形中,自由民主会生发起来,并变得相当稳固。在试图解释其成因和出现时机时,马基雅维利强调了外来威胁的重要性。但其他一些因素,也被认为能产生类似的效果。

以退为进

武力有时被认为是一种稀缺资源,因为没有哪个政治统治者拥有足够的武力,以至于能在同一时段对全体臣民一概压制以推行自身意志。至少,他难以通过暴力威胁将自我意志强加在自己的禁卫军身上。倘若强者未能成功地将强权转变为真理,那么他其实并不够强。因而,强制力始终需要获得其他权力渊源的支援。鉴于过度使用暴力还会带来诸多不良的副作用,尤其是导致局面失控,因此政治统治者如果有选择的话,他们更希望公民会自愿守法。这可以从根本上解释为何一位明智的独裁者在运用权力时,会主动让自身行为具有某种程度的可预测性。

为获得必需的公民自发性服从,政治统治者会主动接受一些通常与法治相关的约束。例如他会同意,自己的命令要符合一定的形式。按照所谓的标准化清单,立宪政府通过以下方式维持自身正当性,并由此获得相当高的公民服从程度。这些方式包括:以一般性规则(而非临时指令)的形式发布命令,而那些规则是事先公开颁布的、可理解的、相互一致的、稳定的(尽管可以改变)、不溯及既往的,并由各种专业性机构组成的司法系统——包括一支独立的司法队伍——确保那些规则得到实施。如果政府显然遵守自己颁布的规则,也就是说,如果官员自己也纳税、也因犯罪而坐牢等等,并且政府大体上忠于宪法,那么公众的服从意愿看上去也会上升。最后一点也很重要,那就是公众相信规则获得了公正实施,并相信一体适用的法律不允许那些持有特别资源的特权群体拥有异乎寻常的豁免权。

在卢梭的著名定义中:"自由就是服从自我规定的法律。"①马基雅维利也持有相同的看法,并将其表述为人类心理学层面的一种反常现象。倘若那些重要的行动主体参与了决策过程,那么他们往往会接受最后的决定。在古罗马,为了让执政官接受独裁官的权威,"宪法"授予了执政官选举独裁官的权利。马基雅维利认为,将任命权授予一些重要人物的深层道理,是"一个人自发地或通过选择给自身造成的伤口和疾痛,在受害感上远低于别人给他造成的伤口和疾痛"②。汉密尔顿以更通俗的方式说明了这一点:"人们反对某事,往往只是因为自己未能参与其中。"③运用这个一针见血的推论,当我们观察到在某些情形中掌握镇压手段的统治者欣然接受了选举权的扩面时,就能发现个中原因所在。

政治统治者们很少会反身自问:为什么我们自愿服从于宪法性约束? 不过,他们会提出另一个问题——为什么公民有时候会自愿遵守法律? 倘若公民是基于认识到的自身利益而自愿遵守法律,那

① Rousseau, *The Social Contract*, I. 8.
② Machiavelli, *Discourses on Livy*, I. 34.
③ *Federalist Papers* 70.

么倘若一位明智的统治者想要有效地使用自己的资源，他就会尝试让服从法律看上去符合——即便实际并不符合——公民的自身利益。然而，就像采信马基雅维利之立场的托克维尔所言，这并非对公民守法之最常见理由的完整说明。人们还会基于一些更微妙的心理原因而遵守法律，其中最主要的原因是他们在立法过程中获得了发言权。① 一如拥有财产的人不会去攻击私有财产制，获得少许权力的社会贫困群体也会被诱导去尊重权力。较之通过单方面命令所强加的那些规则，经由管理者与被管理者协商所达成的规则往往更有实效。这类规则更能适应"实际情况"，在执行阶段更容易获得底层民众的合作。

即便当法律有碍于私人利益时，单凭大度地扩大选举权，让所有群体在立法会议上有机会"发言"，有时也能获得一定程度的服从。这就是托克维尔强调的、以服从为目标的民主化动因。作为创制人的自豪感，在某种程度上也能作为一种取代自我利益考量的行为激励，令人们适应自己一开始并不了解的、复杂的、施加义务的那些法规。托克维尔声称，他发现美国公民之所以在情感上对政府有归属感，是因为他们参与其中；他们之所以服从美国法律，是因为他们参与了法律的创制。② 他还郑重其事地指出，参与（即便是间接参与）立法过程的民众（以及作为陪审员直接参与司法），很可能了解法律规定的实际内容。③ 积极的政治参与也让公民更有可能理解新法背后的基本理念。这种理解会极大地提高公民守法的程度。最后，即便自身利益暂时遭到忽视，立法参与者也会选择守法，因为他们知道自己将来有机会修改法律。他们今天服从法律，是因为相信自己明天可以改变它。④ 如果人们预期只要足够努力就可以消除掉心烦之物，

---

① Tocqueville, *Democracy in America* (1969：240-241，238，224).
② Ibid. 241，237.
③ Ibid. 304. 原文是"正是通过参与立法，美国人才了解法律"。
④ Ibid. 248，241.

那么他们就会先容忍它。与此类似,普通民众之所以服从公职官员的权威,是因为他们知道自己可以在下一次选举中把他们撵下台。[1]

权利排序

富人和权贵经常需要穷人及弱者的合作,但是需要的程度并不总是相同。一位统治者对各种治理手段的策略性选择,基本上取决于他那变动不居的信念、承诺和目标。只要政治统治者足够了解自己所处的境地,那么当他预期需要普通民众的长期合作而非一次性合作时,他就会支持将私权利和政治权利授予普通民众。但是,当他发现没有持久的理由证明那种合作在将来会对自己特别有用时,如果可行的话,他最终会收回前述权利。如果马基雅维利关于社会契约如何形成的理论是正确的,我们就可以预见到:按钮式先进武器的发展,会在一定程度上削弱统治者对于被统治者之福祉的关心,进而导致社会契约的倒退和一定程度的瓦解。

但是,即便封控下层民众的生活社区和持续营造监狱,也无法将富丽城堡中的安好岁月和穷巷陋室中的悲惨生活彻底隔绝,或者将市郊的繁华与贫民窟的穷困完全隔离开来。因此,即便是那些极力反对福利国家的人,例如撒切尔夫人和里根总统,也未曾丝毫缩减政府援助项目的规模。他们为何如此? 一种马基雅维利式的推测是:再分配绝非阶级斗争的一种表现形式,反而是阶级斗争的一种替代品。政治和经济精英阶层之所以主动接受有利于工人和消费者的法规,接受有利于弱势群体的再分配,是因为他们明白如此安排有助于政治稳定。毕竟,亚里士多德早已浅显易懂地指出,"当多数人既无财产又无荣誉时,就注定会成为威胁城邦的巨大力量"[2]。福利是穷

---

[1] Tocqueville, *Democracy in America*, 205.
[2] Aristotle, *Politics*, 1281b30.

人的财富。在私有财产制度下，一套覆盖面广的福利转移体系能给处于社会底层的群体带来利益。当普选开始时，他们就没有动力去破坏一个自己也能获得些许次要利益的制度。或许基于这个原因，那些与自由主义理论家对着干的保守派政治家仍然奉行某种形式的再分配。另一个相差不远的替代性推测是：福利转移项目服务于广义的各种"有影响力"群体的利益，这种影响力包括令那些真正的强者感到烦恼、睡不了安稳觉的事务。

在谈及穷人之前，我们先谈一下富人。富人的财产权利如何以及为何能免于政治权力的侵害？这就回到了最初的那个问题：为什么那些执掌武力的人，会服从没有武装的人所发布的命令？为什么军队和警察不直接没收富人和手无寸铁的平民的财产？为什么政治统治者允许财产权利变得日趋稳固？这并不一定是理智之举。因为这不仅要求统治者牺牲巧取豪夺所带来的快感，并且，一旦富人坚信自身财产是坚不可摧的，他们或许会开始和掌权者对着干。

掌握武装的当局有时会没收富人的财产，或至少设法令富人的财产权利处于极度不稳固的状态之中。不过，他们并不总是这么做。那什么时候不这么做，又为什么不这么做呢？马基雅维利式的推测是：政治性没收一旦走向极端就会产生反噬效应，掌握武装的人也明白这一点。但是，并不是所有掠夺者都明白把下金蛋的鹅大卸八块是愚蠢之举，只有少数精明人士才知晓此理。那些人会约束自己对于本地生产者和商家的"征用"，以免后者破产。Olson(1993)对"流窜的土匪"和"常驻的土匪"的著名区分，也以类似的假设为基础。公共掠夺者也可能是理性的，从而愿意约束自己。想要增加年度税金的收税员，显然会关心欣欣向荣的商业。[1] 他们在立法机关的同僚，也会因同样的动机而自我管束，并避免频繁修改商事法规。"倘若认识到在新的商业领域中，个人规划尚未实施就可能被判为违法，那么

---

[1] *Federalist Papers* 60.

哪个审慎的商人会冒险把钱投进去?"①

在《论商业》中,大卫·休谟提出了这一观点的雏形。他在开篇就指出,一旦西班牙舰队被摧毁,就得耗费数十年时间来重建,但荷兰舰队却可以在数月之内完成重建并下水。换言之,军事恢复能力在某种程度上取决于经济治理方式。西班牙政府专断独裁,这意味其行为反复无常,易于违背诺言,并且造船业完全被政府把控。荷兰政府奉行自由,这意味其行为基本是可预测的,至少对商界而言如此,并且政府为民营企业家提供了具有确定性的法律,令后者相信财产权利能够得到保障,从而能自由地经营包括造船业和长途贸易在内的各种工商业。商业化的造船业,是荷兰经济体中充满活力的一部分。因而,政府在紧急状态下可以暂时征用这一部分,并将其用于军事目的。商业海员也能临时被征召入海军,这么做不会损害到维系生计的国内农业生产力。

尽管税收可以强行征收,但那些被认为正当的税收更容易收缴。商界之所以会接受战时对国防事项的高额捐资,是因为知晓自身财富是在公权力的保护下积累起来的。离开政府,一位拥有财富的富人就像一条"拥有"骨头的狗,这种"拥有"是不稳固的,他无法对财产进行出售、租赁、抵押或遗赠。富人同样明白,外国军队的军事胜利可能摧毁或削减他们的个人财富,所以他们才会预付税款以阻止外国军队获胜。概言之,通过让自己的行为具有可预测性,荷兰政府从原本低迷的经济体中培育出了一批快速致富且感恩政府的"朋党"。"掌握武力的那些人"的自我克制,扩大了政府实现自身重要目标所需的资源。

前述分析性叙事表明,当政治统治者将私人商业财富的增长视为一种资产而非威胁时,他们就会选择自由主义。休谟对荷兰事例的详细描述,也让我们能更好地理解当前所构想的特殊利益观念。

①　*Federalist Papers* 62.

在任何民主政体中,特殊利益都发挥了重要作用。不管我们认为美国的法律具有多高的自主性,我们都不会断言它未曾受到美国商界的团体利益或阶级利益的影响。比方说,那些关系到法律职业或医疗职业的法律,在发展过程中也不会不反映律师和医师们的现实利益。法律起初是政治统治者的工具,但在某个时刻,它开始保护有组织的各种社会利益集团的利益。但这种保护仍然是服务于政治统治者的,因为统治者迫切需要那些利益集团的自愿合作。

那么问题来了,法律本应平等对待全体公民,而我们又该如何看待各种特殊利益对法律的影响?声称"法治"与特殊利益立法水火不容,无异于含蓄地承认法治从未在任何地方、任何时期存在过。杜绝特殊利益的立法影响并非实现法治的最有效途径,尽管那种主张不容置疑地表达了对立法不平等的合理道德担忧。

稍微岔开一下,或许有助于我们在此问题上另辟蹊径。在 20 世纪 90 年代初,有的国家的大量立法都是交由外国专家起草的,且令人吃惊的是,那些立法草案往往很快就上升为有效的法律,其通过方式要么是立法行为,要么是总统令。但令人费解的是,由那些信息不全面的外国专家主导国内立法程序这一现象,在这个国家看似获得了普遍认同。更令人奇怪并且与讨论主题密切相关的是,特殊利益立法几乎完全不存在。为什么在 20 世纪 90 年代早期几乎没有任何特殊利益立法?难道在一夜之间,法律就实现了别的国家只能在梦想中追求的高度公正或中立?真正的答案却发人深省。考察结果表明,几乎所有重要的主体都不期望法律或法令会得到可靠的实施。相应地,预期受法令调整的各方当事人,并不那么热衷于研究在议会阶段如何制定法律。相反,他们关注如何以低廉的价格在中央部级机关获得一次性货物出口许可证,以及在执法层面中获得临时豁免权。那些位高权重的人,从容不迫地将立法过程委托给外国顾问,同时将豁免权交易(实际存在但并不一定合法)控制在自己手中。

　　这个例子表明,特殊利益立法与法治存在一种有利有弊的关系;对于法治而言,它并非有百害而无一利的。就如我们通常理解的那样,当下述两个条件同时得到满足时,法治就会萌发。一是政治统治者有充分理由让自身行为具有可预测性,二是各种利益群体开始寻求规则。我们已经讨论了第一项条件,那么第二项条件又该如何探讨?审视各种利益群体何时开始寻求规则,就是审视法治是何时从特殊利益立法中萌发的。

　　随着社会在政治上变得更自由,各种组织化利益群体自然就会更频繁地表达自身的特殊关切,并要求修改过于概括化的法律规则以适应它们自身的具体情况。那些组织良好的集团,会竭力将一些特许制度——为其量身定做的法律——整合入律令典章之中。如此一来,"自我实现的自由"自然会促成"政府的扩张"。就如一些保守派人士所言,促成这一趋势的并非官僚主义者的野心,而是民间团体对自身需求的积极推行。政府规模会随着无法抑制的社会需求而不断扩张。这就是为何在人口持续老龄化、退休人群投票比例特别高的发达资本主义民主国家中,"缩小政府规模"被证明是根本行不通的。另外,事实表明转型国家能够缩小政府规模,并削减"从摇篮到坟墓"的公民福利。这是因为被政府抛弃的照顾老年人的责任,被转移到了妇女身上,而后者没有能力"发声"或拒绝。普选在这些国家似乎没有发挥任何影响力,原因或许是摇摆不定的选票可被轻易收买,或者明面上相互竞争的各个政党暗地里却沆瀣一气。不管怎样,精英阶层都知晓如何在国库看似一穷二白之际,还能够损公肥私、中饱私囊,从而背离了经济再分配的宗旨。保持高投票率的老年公民因为不掌握任何特殊政治资源,所以那些有影响力的群体对推动政府改善老人和病人的医疗服务没有丝毫兴趣。

　　我们往往认为,特殊利益立法缺乏具有正当性的规范内容。事实上,它有时被描述为某种形式的"腐败"。通过特殊利益立法,私人利益垄断了公共机构,而本应平等服务于全体公民的规则,被扭曲成了服务少数人利益的工具。立法过程的后台操作,似乎成了破坏规范公正性和民主问责制的最常见方式。个人和群体都会自我偏袒。因此,从公正司法的立场观之,人们不得担任裁判自身事务的法官。一旦各种自私的群体充当了裁判自身事务的法官(在实际运转的民主政体中普遍存在这种现象),法律就成为"代表立法者不当欲望的不当产物"。[①]

但经验提示我们,有必要暂时搁置道德诘问。这有助于我们从不同角度审视特殊利益立法。即使它并不理想,但已然存在,也并不一定是微不足道或无须代价的。从转型国家视角观之,特殊利益立法实际并不像是对民主和法治的背离,反而有助于实现民主和法治。压制民众发言的独裁政府垮台后,少数群体的自利倾向自然会得到释放。这些少数群体一旦组织得足够良好,就会充当裁判自身事务的法官。但大多数人是无法有效组织起来的,因此也无从施加政治影响力,所以沦落为体制中最大的输家。不过,一旦少数赢家着手将自身偏好规定在能确保施行的成文法典之中,那么他们所创设的体制就变得不像无政府状态,而更像是民主和法治的雏形。

特殊利益群体通过施加压力,将旨在促进自身私人利益的规则纳入普遍适用的法律中。如前面所言,这种做法被视同腐败。但这并不是一个完全贴切的标签,因为特殊利益立法的出现还意味着开启了这一进程:掌握压制性手段的政治权威,开始和非政治性的民间主体进行对话协商。为了获得自愿合作这一长远利益,采取这一路线的统治者以保护财产所有人的信赖利益为名,接受了对自身裁量权限的约束,尽管这么做可能会给自身的统治带来挑战。宽宏大度的事业并不清除这种腐败,反而会予以推广,以便纳入那些原本被拒之门外的群体。为继续探讨这一主题,对马基雅维利的借鉴就到此为止,现在我们来看看卢梭的观点。

---

① Rousseau, *The Social Contract*, II. 7.

法律面前人人平等的谱系

卢梭认为，特殊利益立法是腐败的典型形式："当特殊利益开始显山露水，并且一部分社会群体开始对整个社会施加影响时，共同利益就被败坏了。"一旦刑事审判的公正性取决于被告人所属的社会群体，我们就应当呵斥其为"腐败"，并控诉其破坏法治。卢梭还告诉我们，因为富人通常把持了立法过程，所以"法律一贯有利于有产者，而不利于无产者"[①]。他继续说道，在以往所有社会中，"那些只为保护特殊利益的不公正法令，在颁布时都盗用了'法律'之名"[②]。废除这种特殊利益立法的不二法门，是确保"一国范围内不存在任何阶层联合"[③]。但这是无法实现的。

卢梭坚持认为，腐败是不可避免的，因为任何社会都不可避免地存在各种组织化利益群体，而他们掌握着不同程度的权力。少数有权势的群体自然会脱颖而出，没有什么能阻止他们为了自身利益去操控法律。特殊利益立法尽管不公正，却是一种规律而非例外："所有国家通行的法律理念，一贯对强者有利而对弱者不利，对有产者有利而对无产者不利。这种烦扰不可消除，并且没有例外。"[④]一开始，穷人为社会契约感到欢欣鼓舞，认为它代表了一个互利共赢的联盟；但他很快就发现，那是一个为富人谋利而设计的骗局。富人总会运用他们的影响力去制定、解释和适用法律，以维护自身狭隘的阶级利益，而他们这么做时完全不考虑大多数公民同胞的需求和忧虑。

富人的这种做法，揭露了人性中最阴暗的事实。只要有可能，人

---

① Rousseau, *The Social Contract*, I. 9.
② Ibid. Ⅳ. 1, "不公正的法令盗用法律的名义通过，这些法令只保护特殊利益"。
③ Ibid. Ⅱ. 3.
④ Rousseau, *Émile*(1969:524).

们会避免公平地承担责任。若能侥幸逃脱,他们就会把吃力不讨好的任务和有害的生存环境留给别人,自己却和亲友们独享愉悦和满足。他们天生讨厌正义。他们希望拥有权利却不承担义务,渴望不受那些普遍适用的法律规则的约束。由于人类的心灵无法根除这种偏袒和私心,一位想要排放污染物的人就会如此算计:尽管我作为普通公民也会从禁止排污的规则中获益,但是我从自己的排污行为中获得的好处,要远远超过它给我个人造成的损害。当然,最好的结果是其他人都遵守规则,而我有豁免权。理性选择理论已让我们非常了解这条浅显的铁律。卢梭借此表明,人类是无法逃离原罪的。① 由于人类经常按照这种罪恶的方式去思考,所以人类制定的法律始终会反映特殊利益,因而绝不具有真正的正当性。公正的统治,也就是"法治而非人治",只有在天国才能实现。

卢梭认同这样一种自由主义观点:立法权和行政权的合一,是暴政的典型形式。这种统合之所以有害,原因是它允许特殊利益立法。尤其是,它允许立法者制定严苛的法律,并确保这种法律绝不会适用到自己或家人身上。与此相反,立法权和行政权的彻底分立,会迫使立法者在制定法律时采纳普通民众的立场,也就是说,对因违法而受惩罚的公民持有同理心。这一理想在现实中未曾实现过。例如,美国不存在卢梭描述的那种分权。当白人立法者对黑人吸毒者施以严厉的惩罚、对白人吸毒者施以宽厚的惩罚时,他们就是在推行卢梭所谓的特殊利益立法。这之所以可能,是因为行政权、立法权和司法权实际上都掌握在一个占据主导地位的群体手中。白人立法者知道,和自己同属于一个特权社会网络的那些人,不会受到严刑峻法的影响,因为后者主要针对黑人。对那些制定、解释和适用美国法律的人而言,一旦他们自己的子女像黑人那样被频繁地投入监牢,他们就不会轻易认可美国的高人均监禁率。用卢梭的话来讲,他们是自己案

---

① Rousseau, *The Social Contract*, IV. 1.

件的法官,他们似乎仍然生活在自然状态中。

　　尽管降低期望值是合理的,但放弃所有希望却不是。特殊利益立法这个顽疾无法治愈,但可以定期或暂时缓解其症状。法律永远无法为共同体的所有成员提供平等服务,但它可以为大多数普通公民服务,而不仅仅为富人服务。不平等无法被根除,但是,如果可以降低不平等的程序,那么弱势群体所面临的掠夺性暴力、贬损、从属性和不可预测性就可以得到控制。[①] 正是因为考虑到了这一点,卢梭提出了一条睿智的忠告:"倘若出现了部分人的联合,那么明智之举就是扩大这类联合体的数量并避免相互间的不平等。"[②]针对利益集团的祸害,自由主义提出了一条通常和詹姆斯·麦迪逊及罗伯特·达尔相联系的策略:我们应当尽力提升组织化利益群体的数量,而不是设法打压它们。

　　在一个完全公平的社会中,立法是十分中立和公正的。法律体现了绝对公平且未曾受到偏爱和偏袒的影响,卢梭认为这与公意相关。在这样的法律面前,组织良好的群体和组织不良的群体是平等的。不过,鉴于人性中的偏袒是根深蒂固的,那种理想社会实际并不存在。卢梭认为,与想象中的社会相反,在现实社会中法律永远是部分利益的工具。当然,这并不是说法律仅仅是强者用来欺压弱者的棍棒。承认法律和群体利益之间的这种关系,并不意味着要放弃法治和法制之间的重要区别。我们只需换种方式表述这种区别,从而使其能与观察到的行为相匹配。我们可以沿着卢梭的思路开展这项工作。

　　虽然卢梭并未使用这些措辞,但其观点代表了他对法律理论的首要贡献。他认为在迄今为止的所有社会中,法治和法制位于一个连续体的两端,而非相互排斥的两个选项。二者之间仅有程度差别,

---

[①]　Rousseau, *The Social Contract*, II.11.

[②]　Ibid.

并无性质之分。在某种程度上，所有国家皆通过法律实施统治。和其他工具一样，法律这个工具也不可避免地会对使用者施加一定约束。这些约束的拘束程度有多大？保留在政府手中的裁量权是如何规范的？基于谁的利益要求裁量说明理由？这些约束让政府行为对哪些群体具备了多大程度的可预测性？

在卢梭看来，法律历来是富人和权贵的工具。政治统治者和大资产者基于共同利益达成了一份总协议，并将其上升为法律。但在不同社会以及同一社会的不同时期，权力和财富的分配并不相同。权力和财富有时被少数人垄断，有时则分配得更为广泛。在最初阶段占主导地位的法制较为简陋，在之后的阶段出现了更公正的法治。在这两个阶段，法律都是工具性的。即便人们竭尽所能地去追求完美的正义，法律制度仍会偏向那些有影响力的群体。那些群体通过影响和适用法律，来实现自己那部分利益。因此，趋于法治的体制和依靠法制的体制之间的区别，并不是法律的本质，而是多头政治、主导性群体的多样化以及权力组织形式的多元化。当权力和财富变得日趋分散时，法律就不再是少数人敲打多数人的棍棒，而成为一把双刃剑。

从卢梭的分析中，可以推断出这一结论：社会趋于法治的前提是存在为数众多的掌权群体，这些群体在人口总量上占据了多数，并且没有哪个群体强大到能够完全控制其他群体。所谓正义，皆是赢家的正义。不过，如果一个社会越民主，那么赢家就越多，强大到能够有效运用法律"棍棒"的公民在人数比例上也会更高。我们无法清除特殊利益立法和执法，并代之以公共利益立法和执法。尽管卢梭的观点嘲笑了乌托邦式的空想，但它并不会让我们变得愤世嫉俗。因为，我们可以通过敦促少数组织化利益群体与其他诸多群体分享政治影响力，令前者放松对权力的把控。这就是所谓的多头政治。它代表了一种概略的正义，也是迄今为止人类实现过的唯一正义。换言之，对诸种偏袒进行平衡，就是最大限度的公正。这种公正听起来不那么理想，在历史上却是极罕见和很难实现的。

更常见的现象是，各种法律工具被用来维护政府和富人的个别利益或连带利益。其中的做法都是不公正的，只是程度不一而已。政府运用法律工具压制批评者，以及奴隶主运用法律工具抓回逃亡奴隶，就是这种法制的例子。卢梭的理论光谱偏向自由的那一端，法律被用来维护社会大多数人的利益，包括一些穷人和未曾受过教育的人。那些做法具有不同程度的公正性。相应地，犯罪嫌疑人运用法律工具揭露警察在办案时伪造证据，就是法治的一个现实例子。我们之所以将正当程序权利（包括获得及时"告知"的权利和不利证人对质的权利）与法治联系在一起，是因为相对弱势一方可以把它们用作自我保护的工具，以免受拥有更大权力一方的侵害。

当少数特权群体（例如地主、雇主、生产者和债权人）控制了立法、审判和执法过程中的裁量权限，法制就会处于支配地位。相反，当佃户和地主、雇员和雇主、债务人和债权人、妻子和丈夫以及消费者和生产者都能运用法律来保护自身利益时，法治就会方兴未艾。制度性安排的道德维度，可以通过下述考虑予以说明。倘若组织化利益群体全都放弃了暴力，并且诉诸同类法律规范、同一法律体系来保护自身利益及实现自身目的，那么他们就默认自己对集体资源的权利主张不是绝对的，默认自身观点是不完全的，也默认并非在所有案件中自己都理应获胜。让我们再次转述卢梭的观点：在这个世界上，正义是无法实现的，但正义是可以接近的，只要"腐败"（平等约束全体社会成员的法律，受到了持有特殊目标的那些群体的影响）在一个承认多元化具有正当性的社会中得到了广泛扩散，而不再被少数人垄断。

声称"法律是强者的工具"，并不是主张或推行犬儒主义。相反，它是支持想要帮助受压迫者的那些人的。倘若你想要保护妇女权利，那就去组织一场妇女运动。如果你想保护美国黑人的民权，那就去组织一场民权运动。法律之所以未被腐蚀，只因它是权力的工具。

公正或不公正的程度,取决于谁在运用权力,以及想要获得什么样的结果。

针对卢梭的多元主义法治理论,我们可以补充一种精英竞争理论,作为迈向自由正义的另一项条件。假设在某个社会中,规范医疗系统的法律,最初基本上是由那些想要维护自身利益的医生制定的。我们可以设定这一情形,即患者自己缺乏足够的政治影响力去修订法律以维护自身利益。在某个时候,另一个团体(律师)突然关注到了这一行业,他们注意到医生谋得了巨大利益,所以也想设法从中分得一杯羹。但是,除非假借重大公共利益的名头,否则他们很难实现分流医疗收益的企图。因此,律师会帮助修订规范医疗系统的法律,并将病人的权利纳入其中。他们之所以乐此不疲,除了可能抱有的善意动机外,还因为他们能让自己化身为患者正当利益的有偿代理人。作为不同精英之间竞争稀缺资源的副产品,公共利益就这样间接地得到了维护。因而,关于公正的那些规范,以及关于公共利益的一些理念,在政治活动中并不是软弱无力的;当相互竞争的不当利益得到相当好的平衡时,它们就能获得非常有力的声张。总的来说,在我们称为政治的这种组织化利益群体的相互斗争中,规范所拥有的力量是一种能够令天平发生倾斜的力量。如果其他力量能够恰当地联合起来,公共利益有时就能胜出。不过,就像卢梭不断提醒我们的那样,这种情况很少发生。

与侵权行为不同,犯罪被认为是对整个社会的侵害。但是,社会一般不会通过平等地考虑全体公民的利益和愿望,来决定重罪和轻罪的危害性程度。概括地说,我们通常将那些损害"统治阶级"利益的违法行为称为"犯罪"。但如卢梭随即指出的那样,统治阶级的范围可大可小。在美国,其范围相当大,但这并不能让美国的特殊利益立法具有道德吸引力。由于白人对法律的影响力比黑人更大,因而较之于违法持有"快克可卡因"(crack cocaine),违法持有"可卡因粉"

(powder cocaine)所受的处罚要轻很多。① 只要男性对法律的影响力比女性更大，那么法律对"侵犯"女性的行为方式（例如强奸、猥亵和骚扰）的规定，注定会带有明显的男权色彩。在某种程度上，所有法律体系都是不公正的。但按照卢梭的分析，如果被永久地困在失败境地中的公民所占的比例越高，他们始终未能运用法律来保护自身利益，那么我们可以肯定地声称，他们所处的法律体系越类似于法制，并严重偏离了自由正义。

卢梭认为，当富人和权贵为了他们的共同利益而联合起来"塑造"法律，同时又无视普通民众的利益时，他们实际上就脱离了社会中的大多数。基于相互间的合意，他们为自己建立了一个飞地式的小型共和国，并像对待牲口一样对待国土上的其他居民。自我孤立的精英政体可能是稳定的，也可能是不稳定的。卢梭坚持认为，这种做法意味着通过暴力去统治那些被排除在政治过程之外的民众，并为叛乱提供了正当理由。但是，这并不意味着叛乱就一定可行。对少数人可预测而对多数人不可预测的双轨制法律体系或二元化国家，在普通公民眼里是缺乏正当性的。不过，即便人们普遍认为当前的权力与特权分配缺乏正当性，统治集团也不一定会感到忧虑。他们只在意武装到牙齿的内政部军队和其他群体是否相信政权具有合法性，因为他们需要后者提供合作。差别对待的确会破坏合作意愿。倘若穷人发现，富人只遵守符合自身特殊利益的法律，并无视有碍于自身特殊利益的法律，那么穷人们就不会继续自愿守法。当底层人士认为整个体制道德败坏时，上层人士却不一定在乎他们的看法。上层人士只在乎那些自己离不开的合作伙伴的看法。至于其他人的看法，想必是可有可无的。

---

① 快克可卡因和可卡因粉都是毒品。快克可卡因由可卡因纯粉和苏打粉合制而成，因为价格低廉，受到低收入人群尤其是黑人的欢迎，而白人多吸食更贵的可卡因纯粉。依据美国1986年颁布的《反毒品滥用法》，法律对持有可卡因纯粉之人（往往是白人）的处罚，要比持有等量的快克可卡因之人（往往是黑人）的处罚轻很多。——译者注

唤醒沉睡权力的规则

到目前为止,我一直追随马基雅维利与卢梭的观点,认为法律是权力的工具。虽然这一看法是恰当的,并且相比于法律是从高级规范的天堂降临到人间的观念,它还更胜一筹,但是,它又是不完整的。因为法律规则可以创造或设立权力,或者从浩如烟海的法律规则中推导出权力。宪法性规则尤其如此,但不排除其他规则也存在这种情形。马基雅维利和卢梭对此洞若观火。

强者会选择借助法律进行统治,只要这种治理方法能增进和巩固自身的统治。严格地讲,增进权力的法律并非权力的工具,而是攫取权力的工具。例如,统治者可以选用一般性法律施行统治,因为就分布在广袤疆域中的成千上万个案件而言,他根本没有时间一一做出判决。统治者也发布书面令状,随着令状适用范围的扩大,一般性就会削弱自由裁量权。不过,统治者有可能主动接受这种局面,因为自由裁量权既是一种好处,也是一种负担。毕竟,它要花费太多的时间。

强者的最大弱点,是自身生命的有限性。沙皇和皇帝的财富可能取之不尽,但他们终究难逃一死并隐入尘土。面对这一特别让人头疼的身体局限,他们又如何弥补呢?首先,他们会在情感上认同自己的生物学子嗣。由于在未来和当下之间隔着一道无知之幕,他们无法知道自己的后人在未来社会的权力和特权分配中,最终会处于何种地位。因而,只要他们还有人伦之情,生命的有限性会促使强者以一种保护无权者免于有权者侵害的方式去组织社会。不过也得承认,将真实世界类比为罗尔斯假设的原初状态的做法,对政治决策的影响是微弱和偶然的。这有助于解释为什么自由主义的兴起过程一贯是缓慢、脆弱和反复的。

不过,一旦立宪政体的一些要素出现了(即便在独裁政制下),统治者生命的有限性就可以得到解释。从历史上看,在接受选举领导人这种民主方式之前,统治集团似乎已经接受了对于自身权力的宪法或准宪法性约束。以君主为中心的统治集团知道他终有一死,便在征得君主同意后创制了继位规则。君主之所以会同意,很可能是幻想自己的子孙后代能持续占有王位,从而化解凡人皆有一死这块心病。那些继位规则限制了裁量权限,提供了一些可预测性,也构成了君主政体下宪法的核心内容。君主立宪较之个人统治前进了一步,它创设了"国王的两个身体"。一旦老国王去世,他的继承者就会立刻登上王位。诚然,确定继承人的那些规则非常复杂,并且不一定能解决所有问题。所以仍需运用裁量权,尽管运用方式是隐秘的。

民选领导人也有去世的那一天,因而包括民主政制和君主政制在内的所有政制,都要面对一个永恒的难题:如何在权力真空期避免混乱。由此,人的根本性弱点——死亡——揭示了这样一种深层含义:所有权力,包括民主政制下的权力,都离不开法治。应对权力真空期的动荡是一种现实需要,这能够解释为什么强者有时会选择通过法律实施统治,而不论当时存在何种程度的外来威胁。法律可以提供支持或授予权力,而不限于实施限制或明令禁止。私法领域也是如此,继承法的内容并不全都是限制,它实际还创设了将财产遗留给继承人的权利。如果没有遗嘱法院去处理关于财产继承的争议(以及法院判决时所依据的法律),就无法让立遗嘱人的意愿在其死后仍发挥效力。无论是政权继承还是财产继承,法律都延长了遗嘱的效力范围并使其跨越了生死界线。鉴于法律既是实现遗嘱的工具,又是对遗嘱的约束,那些希望巩固和扩张自身权力的人都会(主动地)利用它。

作为马基雅维利的追随者,汉密尔顿在《联邦党人文集》第 28 篇中创造性地阐述了法律规则是如何创设权力的。由于一些无法预见的突发事件必然会发生,包括外国侵略和国内叛乱等,必须授权政府组建一支常备军,并拥有随机应变地使用这支军队的裁量权限。国外或国内的敌人不会按规则出牌,因而抗击这些敌人的权限,同样要保持不受羁绊的状态。但制宪者怎样才能预防这种危险的裁量权限被滥用? 更概括地说,一旦国民代表掌握了组建一支常备军的权力,怎样才能预防他们背叛人民而为自身谋利呢?

拿破仑与汉密尔顿同属一个时代,他的事迹表明,协商性论坛制约不了掌握常备军的政治统治者。汉密尔顿因而写道,唯有可预见的造反才能制约后者。现在我们回到了普沃斯基的观点,但做了些改动。由于各种各样的原因,武力造反的威胁在大多数共和政体中都是行不通的。第一,公民通常意识不到正在逼近的夺权,等意识到时已经晚了,而武装镇压也早已开始。第二,即便公民意识到了正在形成的暴政,但他们往往是一盘散沙,面对装备精良的中央武装部队,他们难以迅速组织起任何形式的有效抵抗。第三,即便他们意识到了并开始组织动员,那个想要成为独裁者的人也能发现反抗的苗头,并将其扼杀在摇篮中。

汉密尔顿认为,解决这一问题的出路是马基雅维利所提的联邦共和国。对美国制宪者而言,《罗马史论》是一本十分重要的著作,因为马基雅维利是最早、最著名的反殖民主义理论家。他的最大愿望就是找到一位国父,此人能在意大利各个共和国之间组建一个联盟,进而将西班牙和法国这两个外国势力赶出意大利。他认为,倘若意大利各个城市共和国不能团结起来并组成联盟,那么侵占国就会利用它们之间的冲突来巩固自己的统治。唯有在各个共和国之间组建一个以命运共同体意识为基础的强大联盟,才能够引导它们集中自身力量对抗分而治之的殖民政策。在君主统治下,这种共同的国家认同感是很难培养的。唯有整个意大利被组建成一个共和国(实际就是联邦共和国),这种认同感才会方兴未艾。马基雅维利将这种联盟视为一剂良方,用来治疗特殊意义上的"短视"。如果个别共和国还是一盘散沙,那么外国势力就会像切香肠一样将其一一蚕食。那些暂时未遭侵犯的共和国还会自欺欺人,以为永远不会轮到自己。他们迟早会发现自己是错误的。

这就是汉密尔顿的思路。由于州一级的地方领导人长期专注于政治事务,而通常忙于其他事务的民众很少关注联邦统治者,因而前者能更早地觉察到联邦统治者的篡权行为。根据《联邦党人文集》第28篇的立场,可以推断第二修正案并未授权持枪公民可以枪击私人侵害者。一旦那样授权,无异于为每个一心报复的潜在杀手提供了宪法依据。相反,第二修正案保护的是"自我保卫的原始权利,这种权利对所有组织良好的政府而言非常重要"①。也就是说,在存在州一级民兵组织的语境下,并在民选的州地方官员领导下,各州公民有权参与集体武装行动去反抗联邦政府的篡权行为。②

经由民选产生的各州政府,为反叛权提供了支持。它们解决了长期存在的集体行动困境,陷入这种困境的多数民众,往往难以有效对付那些组织良好的少数人的暴行。汉密尔顿就此提到的"正规防御措施"有别于公民私人的武力行为,后者不受地方官员领导,既不正规也不受认可。③ 由于"各种权力总是互相竞争的"④,公民就可以借助政府来保护自己免受政府的侵害。宪法是如此规定的,实际情况也这样。缺乏领导的大批群众,不足以成为一支政治力量。他们在遭遇对抗时会溃败,遭到攻击后也无法采取一致行动。只有获认可的政治领导人才能集结起部队,他们让群众队伍保持自律并团结一致,进而以人数上的优势击败组织良好的少数人。获得民选正当性加持的地方官员,将运用州议会和横向通信委员会去组织抵抗,并协调各州之间的任务。这样一来,暴政终将受到遏

---

① *Federalist Papers* 28.

② 在历史上,反叛权从未属于民众个人而仅属于地方官员指导之下的民众集体。参见(1978)。

③ *Federalist Papers* 28.

④ Ibid.

制。联邦领导人因为害怕"广大民众在州政府的领导和指挥下立刻起来反抗"①而受到了制约。由于联邦共和国领土广袤且分属不同的州,所以更容易秘密地将反抗力量组建成一支有效的战斗力量,并且联邦独裁者没有机会把它扼杀在摇篮中。一旦广大民众觉醒并和地方官员一致认为联邦政府在倒行逆施,他们会把相当大的自身力量投入反抗事业中去,而这项事业必然会取得成功。联邦政府预见到这种反应后,就不可能自寻死路。事实证明,手握枪杆子的人之所以服从那些没有武装起来的人,是因为后者的衣橱里藏着枪支。

对休眠权力和活跃权力的隐晦区分,是汉密尔顿的分析起点。民众有权抵抗暴政,但这种抵抗权只是一种潜在权力,因为民众往往散漫、忙碌且组织松散。就像汉密尔顿在《联邦党人文集》第 28 篇中描述的那样,联邦制并未凭空创造出权力,而是设置了一系列警示和动员措施;一旦发现联邦政府开始篡权,那些措施就会被启用。在紧急状态下,那些宪法性规则会将休眠权力转变为活跃权力。它们引导"民选代表"②——地方领导人——去征召人民后备军,否则民众就会过于分散和散漫,以至于无法及时作出有效应对。这种制度安排接近 Weingast(1997)所描述的机制:自由主义宪法画了一条政府不得逾越的"醒目界线"。一旦政府越过这条界线,所有社会群体——包括利益没有立即受到影响的那些群体——将联合起来一致反抗。因为只有紧密团结和一致反抗,才能阻止狡猾的独裁者策略性地运用切香肠战术。

---

① *Federalist Papers* 60.
② *Federalist Papers* 28.

富人的精神鸦片：否认依赖性

　　强者的最后一个弱点，是自我毁灭式的傲慢与自负。关于这一点，西方作品中充斥着各色各样的例子。这也是马基雅维利的主要关注点。一旦富人和权贵开始相信自己生来就该享福，他们就会陷入困境。那些"前腐后继"的首席执行官，充分利用自己掌握的公共服务职能和相关的海外资源，获得了众多利润丰厚的商业合同。但他们却声称财富全是靠自己赚来的，和自己的同胞没有任何关系。你偶尔会有这样一种印象：富人从未搭乘过公共电梯，或者曾在公共高速公路上驾车行驶。简言之，问题就在于健忘。富人和权贵往往会忘记，自己实际离不开弱者和穷人的合作，而我们共同的代议制政府管理着从后者那里汇集来的资源。大资产者似乎忘记了这一事实：若非普通民众以出钱出力的方式守卫国境，他们将一无所有。这可以解释为何大资产者的行为有时厚颜无耻得令人震惊，似乎其他社会成员无权对其提出任何要求。他们的胡作非为终将激起强烈的反抗，反抗的形式有可能是造反，至少是蓄意破坏。

　　面对如此健忘的精英阶层，一位马基雅维利式的制宪者将尽力抵制自己所属群体的傲慢倾向，这种倾向会导致自我挫败。首先，他会用选举制代替高级职位的世袭制。① 之所以如此，不是因为世袭制会让权力落入蠢人手里，而是因为定期选举有助于提醒精英阶层，他们需要穷人的自愿合作，而精英们往往会忘了这一点。马基雅维利

_____

① 专制政府的一个最大弊病，是专制君主倾向于将所有具有才干的同僚视为假想敌。这不一定是妄想症，但即便这切乎实际，还是会令社会失去能为公共利益作出贡献的才干之士。多党民主就是为解决这一问题而精心设计的方法。即便赫尔穆特·科尔能将全部才干之士——也就是说潜在的对手——从周围清除掉，他也无法将其排除在其他政党团体之外。借助这种方法，民主宪法可以避免统治精英的目光短浅。

为此树立了一位伟大的国父或制宪者的形象,因为他认识到特权阶级不可能意识到自身的自负倾向,或者不会自愿且周期性地令自己保持谦卑。它应当主动令自己不时受到鞭策,以便矫正自己的愚蠢想法——富人无须依靠穷人。为了长期维持自身的权力,特权阶层本应主动如此,但它并不会这么做。尽管相关制度无法事先设计到位,但碰巧的话,也可以自然成形。之后,那座幸运的城市凭借宪法所发挥的积极效用而欣欣向荣。马基雅维利说,罗马的故事就是如此。

马基雅维利及其前人所说的"混合政体"①是这样一套政治制度:大多数公民的基本自由得到了保障,他们在立法与政策制定过程中有"发言权",并且相当多的财富再分配也向他们倾斜(以公立教育等形式)。马基雅维利认为,这种政体之所以稳定,主要原因是它的喧闹嘈杂。也就是说,穷人绝不会让富人忘记穷人们的存在。因此,富人不会做得太过分,以免最终激起真正的叛乱。但是,如果富人完全听不到穷人的声音,往往就会做得很过分。

前述分析表明,公民积极地(甚至是吵吵嚷嚷地)主张自己的权利,对于法治而言至关重要。举例来说,若非公民参与打击反腐,并警觉地要求公职官员相互约束,那么反公共部门腐败的法律就会处于休眠或没有实效的状态。因为对那些公职官员来说,无论反腐败法做了何种规定,他们都不会心甘情愿地主动去遵守。换言之,在民主社会中,普通公民除了在选举日主动排队投票外,他们对公共事务的积极参与也是法律正常运转的一个前提条件。对个体权利的拥有者来说,需要他们积极运用权利去依法控告滥权官员,这种积极性的需要程度实际不亚于政治投票。这就是为何马基雅维利坚持认为,法律必须"仰仗于奋力推进法律实施的公

---

① 在马基雅维利之前,阐述过这一理论的人包括波利比乌斯和亚里士多德。

民,才能被激活"①。纸面上的权利无论如何大肆宣扬,一旦无法获得行使,那就一文不值。这可以解释为何在权利话语和道德话语之间,有时不存在实质性差别。倘若民众尚未学会如何有效地运用法律工具去实现自身的目标,那么政府官员及其特权伙伴就知晓下一步棋该怎么走了。

马基雅维利担心政治统治者那自我挫败的傲慢,这在胡安·林兹(1994)的一篇论文中获得了共鸣。较之于总统制政府,那篇文章更支持议会制政府。林兹的观点基本如下:经由大选产生的总统,会产生自己无所不能的幻觉。如此一来,他甚至会未征得社会中坚力量的认可,就采取一些极端政策,尽管事实上他需要那种认可。任何人一旦坚信自己一贯正确无误,就会"对来自其他人的一丁点反对迹象,皆表露出强烈的不耐烦和厌恶情绪"②。但一位联合政府的总理,可能会用一种完全不同的视角看事情。他的施政风格会更温和,并更注重协调。他知道,除非和联合政府内的合作伙伴保持持续协商,否则自己将一事无成。相应地,他不会因为自己无法凭空飞行或实现一些不可能的宏伟事业,而感到难堪和震怒。他之所以采取一种温和的施政风格,是因为联合政府这一形式提醒他:你需要与他人合作,因而也需要妥协。

(不)可以做什么?

认为富人和权贵有时会自愿交出部分财富和权力的观点,自然会招来怀疑。政治和经济精英在这方面都无法摆脱人性的弱点,他们经常无法正确行事,即便那样做明显符合自身利益。之所以如此,有时是因为彼此极不信任以致无法合作,即便他们知道合

---

① Machiavelli,*Discourses*,Ⅲ.1.
② *Federalist Papers* 71.

作能为自己带来切实的利益;有时仅仅是因为他们懒得从长计议,而做不到未雨绸缪。富人和权贵做不到未雨绸缪,但知识分子也经常犯这种错误。后者一再犯错的原因,或许是他们自诩善于克服短视,因而在某些时候盲目地以为自己可以扮演举足轻重的政治角色。

但与马基雅维利一样,林茨和其他宪法理论家认为,政治和经济精英也会被论证和证据说服,从而同意接受对于自身权力的限制。一般认为,一旦他们相信自我约束是克服(或至少是控制)自我挫败念头的唯一方式,那么他们就会接受约束。政治学家们往往认为,富人和权贵通常不会如此有远见。但在某些时候,他们却会看得足够远,并正确断定自己可以无所畏惧地拒绝分享财富或权力。只有当他们逐渐相信,自己需要那些被无视的利益群体的自愿合作时,他们才会改变想法。如前所述,老谋深算的统治者能让臣民陷入消极被动和一盘散沙的状态。运用各种分而治之的策略,一小群统治者能让自己免受叛乱的威胁。这种状态之所以能维持得相对稳定,是因为如果公民们不够积极主动,就不可能敦促顽固的精英阶层做出改变。

在此情形下,只有外来冲击才有望激起内部变革。如果当地的精英阶层突然受到外来精英的威胁,他们就会有充分的理由去约束自己。他们甚至会做出以下选择:向被统治群体提供具有确定性的法律、个人权利和民主参政渠道,扩大参与协商的主体范围,以法定的形式将政治参与权授予普通公民。如此一来,他们就有希望将臣民转变成当地政权的利益相关者。另外,如果当地精英成为外来精英的合伙人或代理人,他们很可能会建立一个缺乏参与、取消再分配、注重管控和压制的政权。这种环境中会诞生一种漫画式的"法治":只为极少数人提供可预测性,也只有极少数人能利用法律手段来维护自身利益。

参考文献

Aristotle. 1992. *The Politics*. Trans. T. A. Sinclair. Rev. Trevor J. Saunders. Harmondsworth：Penguin.

The Federalist Papers. 1961. New York：Mentor.

Hume，David. 1985. "Of Commerce." In *Essays Moral，Political，and Literary*. Indianapolis：Liberty Classics.

Linz，Juan. 1994. "Presidential or Parliamentary Democracy：Does it Make a Difference?"In Juan J. Linz and Arturo Valenzuela (eds.)，*The Failure of Presidential Democracy：Comparative Perspectives*. Baltimore：Johns Hopkins University Press.

Machiavelli，Niccolò. 1966. *Discourses on Livy*. Trans. Harvey C. Mansfield and Nathan Tarcov. Chicago：University of Chicago Press.

Machiavelli，Niccolò. 1985. *The Prince*. Trans. Harvey C. Mansfield. Chicago：University of Chicago Press.

Olson，Mancur. 1993. "Dictatorship，Democracy，and Development." *American Political Science Review* 87，3：567-76.

Rousseau，Jean-Jacques. 1969. *Émile. In Oeuvres complètes*，vol. 4. Paris：Pléiade.

Shakespeare，William. 1966. *The Tragedy of Coriolanus*. ed. Reuben Brower. New York：Signet.

Skinnner，Quentin. 1978. *The Foundations of Modern Political Thought*. Vol. 2. Cambridge：Cambridge University Press.

Strayer，Joseph R. 1970. *On the Medieval Origins of the Modern State*. Princeton：Princeton University Press.

Tocqueville, Alexis de. 1969. *Democracy in America*. New York: Harper and Row.

Weber, Max. 1994. "Suffrage and Democracy in Germany. "In Peter Lassman and Ronald Speirs (eds.), *Political Writings*. Cambridge: Cambridge University Press.

Weingast, Barry. 1997. "The Political Foundations of Democracy and the Rule of Law. "In José María Maravall and Adam Przeworski (eds.), *The Rule of Law*. New York: Cambridge University Press.

第二章　权力、规则与遵从

伊格纳西奥·桑切斯-昆卡[①]

　　1989 年 10 月,距离智利自 1988 年全民公决后首次民主选举尚有几周时间,皮诺切特将军发出警告说:"如果有人敢动我这个派系的人,法治就完蛋了。"将军的这一微妙警告似乎存在着某些严重的自相矛盾。它暗示法治的存亡取决于某人的个人意志,但法治的部分要义却恰恰在于:制度性秩序绝不应当是单一意志的产物。

　　法治的讨论者经常对此有所误解。他们常常断言,关键在于建立"法治政府",而非"人治政府"。但这种说法最多只能说是模棱两可的。一个政府不可能是由法律构成的。由法律构成的政府,只不过意味着统治者受到了法律规则的约束,也就是说,由法律构成的政府只是一个遵守法律的人治政府。在另外那些人们与法治联系在一起的、同样充满误导性的表述中,也隐含着十分明显的混淆之处,比如"法律主权"或"法律至上"。所有这些都只是空话。法律是人创造的,自然应当服从于人的意志。事实上,"法治"这一特定术语本身就

　　① 伊格纳西奥·桑切斯-昆卡(Ignacio Sánchez-Cuenca):胡安·马奇研究所社会科学高等研究中心政治科学教授。

是一种修辞。① 法律无法自行统治。统治是一项活动，而法律无法行动。

所有这些比喻性表述的共性，是认为法律以某种方式凌驾于人之上。因为当皮诺切特发出警告时，他是在表明自己有权力颠覆法律。有人认为，这足以让人放弃在此类情形中实现法治的可能性。但这一结论缺乏根据。我们经常会想到法律未曾凌驾于人之上的一些情形。假如发出声明的不是皮诺切特，而是中产阶级或者整个社会。显而易见，如果整个社会一致认为法律可有可无，并且这一看法成为常识，那么法律就是可有可无的。法律不可能凌驾于人之上，一如乔恩·埃尔斯特强调的那样，"任何事物都无法游离于社会之外"（1989：196）。因而总有一些时候，法律会遭到忽视、废弃、破坏或被悬置一旁。

对于法治，还有一种更为合理的表述。它不是说法律凌驾于人之上，而是说，法律已然存在并创造了各种激励，那么颠覆这一制度性秩序不会给人们带来任何利益。法治背后的理念，是人们普遍遵守那些界定了政治制度并规范其运行的规则。尽管任何事物都无法游离于社会之外，但一个在制度方面井然有序的社会，就是一个无人认为违背规则对其有利的社会。

就此而言，皮诺切特的警告揭示了智利的法治在那个特殊时期的脆弱性。规则能否存续，取决于某个人的意志。这意味着法治是不稳定的。当然，当颠覆规则需要更多人（最极端的情形是整个社会）参与时，法治就没那么脆弱了，但是破坏规则的可能性始终存在。这种可能性是无法消除的。

---

① 在其他语种中，指称法治的词语（e. g.，Rechtsstaat，Estado de Derecho）并无这些形而上学含义。就本文主张的观点而言，我认为盎格鲁-撒克逊世界所形成的法治信条，与欧洲大陆的并无显著差异。

我感谢亚当·普沃斯基所提的宝贵意见。

各种制度的一个主要特征是不带个人色彩,即制度的运行不依赖于个人习性。如果必须按照制度性规则采取行动的那些个人被替换之后,相关制度却未受影响,那么它就是一种设计得良好的制度。无论必须按照制度采取行动的个人持有何种偏好,当制度所激发的动力能引导个人去遵从规则,那么制度就得到了维系。在此意义上,法治就是政治的全面制度化,也就是说,法治要求每一项政治行为都是按照制度性规则实施的。法治所带来的挑战,在于能否设计出一套能够确保自身存续的规则。因为这些规则所包含的激励,能阻止任何人去颠覆它们。

我们很容易把法治理念和一种最古老的政治理论抱负联系在一起,即设计出一套稳定且可以无限期存续的制度体系。① 一套稳定的制度体系就是一个始终遵从规则的体系。所有冲突都必须根据这些规则予以解决。至少可以从形式和实质两方面来理解这一点。在形式意义上,稳定是遵从规则的直接结果。即便制度性规则不时发生显著变化,但整个体系是稳定的,因为规则从未瓦解。在杰斐逊式政治制度下,即使每一代人都会通过制宪会议对政治规则进行翻天覆地的改造,但只要这些规则得到尊重,无论它们在特定时刻呈现出何种面貌,这套制度也都是稳定的。在实质意义上,规则的稳定性不仅仅是遵从的问题,因为它还要求,界定具体政治制度类型的某些规则是相对持久的。

就像科学家们努力设计"永动机"那样,对实质意义上永恒的制度体系的追求,很可能也是一种空想。制度不可能无限期地存续。那些难以预见的社会变迁,会改变现存社会势力间的力量均衡,或者

---

① 关于美国制宪时期,汉娜·阿伦特写道:"对分权制衡这一宪法辩论之核心议题的所有讨论,仍然是按照古老的混合政体展开的。这套将君主、贵族与民主元素融于一身的混合政体,能够中止永恒的变动循环,结束帝国的治乱兴替,并建立一个不朽的国度。"(Arendt,1990:231)

摧毁某些旧势力并创造出新势力,进而可能会让现存制度归于无效。① 不过,宣称制度(除了罗马天主教会之外)无法永久存续,并不是什么奇谈怪论。但它确实提出了一个值得探讨的问题:制度稳定的目标是什么? 这个问题又催生了另一个更一般化的问题:为何遵从规则如此重要? 一旦规则被颠覆且制度不稳定,那又会如何?

有些人会拒绝回答这些问题,认为制度是无关紧要的问题。他们认为单凭这一事实就可以解释为何遵从规则,那就是规则反映了谈判能力在不同社会势力之间的分配情况。倘若法治之下的权力行使与相关社会势力的力量相一致,那么任何人都不会有违法的动机。任何相关势力都不可能通过违反法律,来提升自己的话语权。因此,法律内容的配置将取决于各方的权力分配,以至于一旦法律被颁布,就没有理由不遵从它。智利在 20 世纪 80 年代末的政治制度之所以稳定,是因为当时皮诺切特将军及其党羽的特殊地位得到了认可。如果这一特殊地位没得到尊重,皮诺切特就有了破坏规则的动机。

但这个论点是站不住脚的。它完全忽视了这一事实,即某些制度性规则可以创造出新的权力,这种权力不能简单地被归结为前制度阶段的谈判能力。在非制度性层面,什么能够与议会制定法律的制度性权力相对应呢? 当然,某些制度性规则会产生与非制度性事实相同或类似的制度性事实。但是,我们无须认为所有规则只不过是一种制度性包装——将非制度性的既有谈判能力之运作包装了起来。

---

① 拜占庭帝国的神权政治制度持续了 11 个世纪。尽管帝国缺乏一套皇位继承规则——这引发了接二连三的阴谋、政变、犯罪和内战,但它依然屹立不倒。对于一个神权专制政权而言,皇帝宝座的稳定性已相当之高:从公元 395 年至公元 1453 年,皇帝平均在位时间只有 9.9(根据 Finer,1997:636 的资料计算得出),这与 1945 年至 1996 年期间一些议会民主制国家中 45 个内阁(得票过半数的一党制内阁)8.0 年平均任期差距不大(Lijphart,1999:137)。尽管皇位继承引发了长期冲突,帝国却极为稳定,不过并未永久存在。至 10 世纪,当利奥六世允许公职人员在其派驻地拥有土地和房产后,帝国的制度便不足以应对地主阶级的登场。新兴地主阶级与军事贵族之间的冲突,引发了帝国体制的最终危机。(Finer,1997:644)

约翰·塞尔对调整性规则与构成性规则的区分，与此高度相关，这两种规则在我的论证中扮演了极重要的角色。构成性规则让某些行为成为可能，而这些行为离开了相关规则就不可能发生。离开那些界定投票、英语语法或棋盘上如何移动棋子的规则，人们就无法投票、讲英语或者下棋。构成性规则创造了制度性权力，但这种权力不必然与原始权力一致。只要某人依据构成性规则的授权或规定做事，也就是说，只要他依据构成性规则采取行动，那么他就是在行使制度性权力。

法治是指这样一项原则：每一项政治行为都必须是体系内部制度性权力分配的结果，以至于原始权力是从不动用的。这或许不是唯一的原则，但确实是最根本的原则。不过，避开原始权力究竟有何意义？唯有行使制度性权力与动用原始权力之间存在差别时，这一问题才有意义。概括而言，可以认为制度性规则存在的意义是驯服原始权力。人们可能想要某些依托制度才能实现的结果，并想避免其他一些源自原始权力的结果。在《心灵、语言和社会》一书中，塞尔对自己的哲学思想进行了总结，他认为"制度性事实存在的全部意义，或至少是大部分意义，在于实现对原始事实的社会控制"。(1998:131)在制度体系下，每个人都知道，谁有权依据何种程序去做些什么。如果这套制度体系是一套法治体系，也就是说，一旦这套制度体系的受遵从性获得保障并因此具备了稳定性，那么个人就可以确定某些结果会被接受，另一些则会被规避。一旦这种制度确定性被用来服务于我们认为公平的政治制度，例如民主，法治就会成为这一政治制度所青睐的伙伴。①

不过在本章中，我并未分析法治的效果。相反，我将考察法治的基础。我的论证分为两部分。首先，我将解释为什么遵从规则这一

---

① 也可能存在"原始确定性"，即运用原始权力所带来的结果，可能是完全可预见的。不过，倘若制度性规则的意义是驯服原始权力，那么制度方面的确定性才是有价值的。

问题,会出现在法治背景下。这似乎显而易见。遵从规则之所以成为问题,是因为对于有些人来说,违反规则比遵守规则更有利。但是,当我们以更为严谨的措辞重新表述这一回答时,最后就会形成一些关于制度性规则之性质的新想法。遵从问题的存在,迫使我们对塞尔的构成性规则理论做一些实质性修订。我认为,政治领域的构成性规则,并非总能让依据规则的活动成为可能,或者至少,让一项活动成为可能的途径,与让玩一场游戏或讲一门语言成为可能的游戏或语言规则大不相同。某些可以借助构成性规则而开展的政治活动,同样可以通过非制度性方式开展,并且具有非常相似的结果。一旦既存在制度性方式又存在非制度性方式去做某些事情,遵从就会成为问题。

对遵从的这一解释表明,不同于构成性规则的正统理论告诉我们的那些内容,至少在政治领域内,这些规则的"构成性"是一个程度性问题。此外,它还说明了制度性危机的存在及其解决办法,而构成性规则在这种危机中会土崩瓦解。为了说明这一点,我将考察1997年的厄瓜多尔,当时有三个人同时宣称自己是这个国家真正的总统。

在论证的第二部分,我将描述这样一些机制:当制度性权力的分配与原始权力的分配不一致时,这些机制能够解释为什么遵从是可以实现的。制度性规则可以实现相对于原始权力的部分自治,这要归功于制度所创设的利益,而只有遵从规则才能获得这些利益。这些制度性利益要么削弱了原始权力,要么弥补未在制度性体系内得到实现的原始利益。此外,我还引用了亚当·普沃斯基对于富裕国家民主稳定性的解释。正如他在本书中指出的那样,倘若行动者厌恶风险并且民主对其利害攸关时,民主方得以维系。倘若在某些情形中,因为对待风险的态度而导致颠覆规则会得不偿失,那么即使这些规则与原始权力的分配不相匹配,制度性规则也能得以存续。

法治的理念

迄今为止,我所称的法治是指遵从那些界定政治体系的制度性规则。这一用法过于宽泛。在那些完全不同的、未曾实现法治的体系中,也可能存在遵从规则的情况。因此,当我们讨论法治时,有必要更准确地界定遵从问题的独有特点。

人们尚并不清楚法治为何物。我建议,我们还是从讨论法治不是什么入手。法治不是一种政体。民主和独裁才是政体形式,而法治不是。即便"法治政府而非人治政府"这一惯用表述,意味着"法治"可能是一种特别形式的政体,但这也只是一种形而上学的可能性,并且它缺乏任何政治意义。法治不是政治的法律表达。我们可以想象这样一些政治体系:它们为了行使权力而运用法律技术,但不施行法治("通过法律来统治",而不是"依据法律来统治",参见Schmitt,1982,ch.13)。

一项更正面的描述或许是如此:法治是政治制度的一种属性。这不是一种用以区分的属性,因为没有办法画一条清楚的界线,将政治制度分为有法治和无法治的两种类型。或许,说法治是一种理想或愿望的那些人,实际上是说这一属性是逐渐变化的,只有少数情形才能接近纯粹法治的那一端。

法治所呈现的属性,在于遵从法律体系中的法律。[1] 对一套法律体系的要求,已经限定了待分析的遵从形式。就这一点而言,或许可以与罗伯特·达尔的多元政治定义作一类比。达尔认为,多元政治是这样一套体系,其中政府通过选举产生,而选举必须在某些条件下举行。达尔提出的多元政治的八项条件,已成为民主文献中的经典,包括结社自由、言论自由、选举自由等(Dahl,1971:ch.1)。为了尽可

---

[1] *On the concept of legal system*,Cf. Raz(1990a:ch.4).

能简化,我借鉴了达尔的策略:当法律得到遵从,并且法律满足某些最低条件时,法治才存在。说来有趣,一项对法律特征的经典表述也界定了八项条件。鉴于说明性的工作只是一种手段,用来捍卫当下我的一般性论点,所以我非常乐意略作提醒后就沿用朗·富勒提出的八项条件(Fuller,1969:ch. 2;类似的清单参见如 Raz,1979,1990b;Solum,1994)。这八项条件是:(1)法律必须具有普遍性;(2)法律必须公开;(2)法律不得溯及既往,除非有必要对法律体系进行矫正;(4)法律必须清晰易懂;(5)法律体系不得存在内在矛盾;(6)法律不得要求不可能之事;(7)法律不得朝令夕改;(8)官方行为应与颁布的规则保持一致。

前七项条件看似无可争议,但显然存在诸多疑问,例如法律适用之普遍性的含义就难以捉摸,或者宽泛地说,什么情形下需要解释法律并不明确。另外,这七项条件并不是轮廓分明的,都能得到不同程度的实现(这就是法治不具有区分性属性的原因之一)。例如,不可能存在一个完全一致、没有任何内在矛盾的复杂法律体系。最后,这七项条件没有提及一项更进一步的条件,即法官裁判必须以法律规范而非自身看法和意见为根据,这项条件对法律体系的维系而言是必不可少的。但是,除了这些条件以及诸多其他可能被提及的条件之外,我还想指出法治的理念类型,它清楚地表述了何谓法治之下的法律。将这些理念转化为现实,事实上并不容易,但只要这些理念的意义足够清楚,就不是一个无法克服的问题。在这里,我不那么关注讨论这个议题——既存法律体系中作为遵从现象的法律。

第八项条件与此不同,它并不是法律必须满足的一项条件。实际上,它涉及的不是法律本身,而是对法律的遵从。但是,对法律的遵从,并不是法律为了构建一个法律体系而必须具备的特征之一。只有当法律体系得以建立后,遵从问题才会出现。在回应批评时,富勒根据第八项条件界定法治,并表示这一条件与其他七项条件的地位不同,这并非偶然。他认为,法治的基本原则是"法律权力机构对

公民实施的行为,必须限定在已经颁布的一般性规则的范围内,如此才能获得正当性"。(1969:214)

在某种意义上,富勒的定义过于狭隘。没必要把遵从问题局限于政府对公民个人实施的行为上。当法治被限定在国家及其公民之间的关系时,它就变成了一个保障公民基本权利不受国家任意干涉的问题。[①] 但是,设想政府在未经授权的情况下通过法令制定经济政策,都是违背了那些已颁布规则的政府行为。然而,它并不一定是针对公民的,也不一定影响到个人的基本权利。为何政府这类破坏规则的行为,不应被视为破坏法治呢?

当法律是普遍、公开、可预期、明确、一致、可执行且稳定的时候,我建议将法治定义为遵从法律。在遵从问题上,这一定义包括两部分:一是对于个人基本权利的干涉,二是对规定谁拥有统治权力、如何行使这种权力的那些规则的遵从。

一旦这七项关于法律自身的条件并不具备,遵从问题就不再那么重要。如果国家制定法律却不公布,如果法律可以溯及既往,如果法律难以被遵守,那么,国家就可以随心所欲地恣意妄为。在此情形下,对遵从的讨论毫无意义。

或许有人认为,上述定义仍过于模糊。我尚未触及统治者的裁量权问题。"法治而非人治的政府"这一极具误导性的表述,可被理解为对统治者裁量权的制约。如果统治者受到法律约束,那么他们只能遵从法律。显而易见,统治者有遵从法律的法律义务,但是,并不能据此推断政治家在政府中拥有的裁量权幅度。与政治家可以自由施行自己偏好的经济政策相比,倘若对政治家的约束只限于宪法性规则(例如,确定货币政策的规则,以及禁止财政赤字的规则),那么就未能让我们更趋近法治理想。法治并不涉及规则与裁量权之间

[①] 在其他定义中也存在这种任意限制法治范围的错误,如 Hayek(1959),Dworkin(1985),an d O'Donnell(1999)。

的争论。

不过,统治者在立法之际受到的约束类型,和法治存在一定关系。在政策事务上,统治者的裁量权与法治无关,但是,一旦涉及界定和变更规则,事情就趋于复杂了。假设在特定体系中,只有某个人才有权力修改法律,而这些法律都遵循富勒的前七项条件。那么这个人始终会遵从法律。他没有任何违反法律的理由,因为现行法律就是其意志的产物。一旦法律的规定令他不快,他可以自由改变法律。[①] 按照我已提出的法治的定义,似乎不得不将这种政治制度接受为一种法治体系。既然我们遵从了一个法律体系,那么又有何理由反对将这种情况称为法治呢?

一旦我们承认这种体系是法治体系,那就不得不承认:通过法律体系进行的独裁统治,也可能是法治。对某些人来说,这几乎是异端邪说。对另一些人而言,这一结论不存在任何错误或荒谬之处,因为一些法治学说生来就缺乏民主血统。诉诸法治这一术语的规定性用法来解决相关争议,是一种非常专断的做法。合理的做法是区分两种不同意义的法治:弱的或静态意义上的法治,以及强的或动态意义上的法治。就法治的第二种意义而言,遵从性问题尤为重要。

遵守法律和受制于法律(受法律约束)之间的差别,是区别弱意义与强意义法治的一项要素。[②] 遵守法律这一观念,并不是以一些用来解释为何要服从法律的理由为前提的。就像我前面指出的那样,一些人遵守法律,仅仅是因为自己可以随心所欲地制定法律。受法律约束这一观念则要求更高:此时统治者所受的约束,限制了其改变

---

① 还是接着前文注所提到的拜占庭帝国的例子,拜占庭皇帝巴息勒斯一世以自己、他的两个儿子利奥与君士坦丁的名义,通过了一部法律。该法律禁止四婚并限制三婚的机会。当利奥即位为利奥一世后,他修改了这部法律并结了四次婚(Runciman,1977:97-100)。

② 通过区分法治的两种意义,我并非指政治体系可以按照各自拥有的法治类型进行分类。在一个政治体系内,权力主体可能只在某些领域受制于法律,在其他领域则不受法律约束,尽管权力主体在所有领域都必须遵从法律。

法律的能力。如果这些约束无法消除，那么除了遵守法律之外，唯一选择就是违反法律。受法律约束是一个程度问题，它取决于相关约束的力度。

弱意义上的法治，与规则的变化毫无关系。之所以称其为静态的，是因为它并未提出任何关于规则之命运的预设。强意义之所以是动态的，是因为它预设统治者在改变法律时，受到了不同程度的约束。一旦关于法治可行性的问题涉及了强的、动态意义的法治，也就是说，当实际的遵从问题面临风险时，那些问题就变得真正重要了。

政治领域的构成性规则

法治要求遵从规则。法治的要义，在于规则始终受到尊重。当一个政治体系从不诉诸法律外的资源去解决问题时，这个体系就是封闭的或自足的。一旦革命或政变摧毁了这套体系，也就是各种冲突不再依据规则进行解决时，法治就消失了。

但是，为何遵从会成为问题？个人有何理由不遵循现行规则呢？为了弄清楚为什么遵从从根本上成为一个问题，我们必须分析规则的本质。规则是政治生活的基本工具。此处我所说的"工具"，是就字面意思而言。规则是政治领域内最重要的技术性发明。多亏有政治技术，我们才能够创立制度、签订合同、选择政体和购买商品。规则令各种行为成为可能，如果没有规则，这些行为根本无法想象。哈特曾顺带提到，发明授权性规则的社会意义，同发明车轮一样重要（1964：41）。这一类比可以更推进一步。或许规则与车轮之间的相似点，超出了它们在社会意义上的共性，因为车轮和规则皆拓宽了可行行为的范围。

不是所有的规则都是授权性的。就此而言，有必要回想塞尔对

调整性规则和构成性规则的区分(1969,1995,1998)。[1] 调整性规则
的调整对象,是独立于规则的行为。在规则出现之前,这类行为可能
就已经存在。禁止在草地上行走的规则,调整的是步行行为,但并没
有界定何为步行。与此相反,某些活动离开规则就无法实施,构成性
规则就是令这些活动得以实施的规则。离开定义象棋游戏的规则,
就无法下象棋。离开定义何为有效语言的语法规则,就无法说一门
语言。离开规定投票和总统职位的规则,人们就无法为总统大选投
票。构成性规则往往采用"X 在特定背景下是 Y"的形式。塞尔承
认,构成性规则不仅可以建构一项离开自己就无法实现的活动,还可
以调整被建构出来的那项活动。

　　构成性规则涵盖了各种各样的规则,法律学者以不同的名称对
这些规则进行了考察:权限规范、哈特的次级规则(承认规则、变更规
则和裁判规则)和权力授予规范。所有这些规则的一个共同特征是:
相关活动在某种程度上依赖于规则。但是这种依赖性并不总是清晰
的。目前尚不清楚,这种依赖是否仅仅是定义性的(通过解释),或者
它是否展示了关于制度本质的一些更深层的东西。我将详细分析相
关活动对规则的依赖性。我认为,政治领域的构成性规则具有一些
独有的特征,这些特征是其他构成性规则所没有的,例如运用于游戏
或语言的那些规则。政治领域的构成性规则不同于其他构成性规则
的原因,或多或少有助于揭示政治活动的独特性。[2]

　　塞尔提出的关于构成性规则的第一类例子,都借自语言或游戏。
让我们从游戏开始。在个人生活中,游戏是一种非常孤立性的活动
(Raz,1990a:123)。它们所创造的活动,是完全自主的。这些活动在
现实世界中没有任何与之对应的事物。游戏所创造的行为领域,无
法在真正意义上同游戏之外的行为或事实联系起来。一旦某人开始

---

① 对塞尔这一区分的批判性讨论,参见 Raz(1990a:109-110)和 Schauer(1991:7)。
② 在此我提出的一些观点,源自我之前的作品(Sánchez-Cuenca,1998)。

玩游戏,他的行为就完全依赖于规则。除非与规则相联系,否则他的行为毫无意义。此外,当某人玩游戏时,他总有一个外部选择,即放弃游戏。一个人可能是被迫玩游戏,这不是因为他受游戏规则的约束,而仅仅因为有人胁迫他玩游戏。玩家不需要凭借一条构成性规则来离开游戏,只要他意愿退出游戏即可。在没有外部压力的情况下,退出永远是玩游戏时的一个选择。

游戏的孤立性和自足性,让违反构成性规则的行为在逻辑上是不存在的。在象棋棋盘上,参与者不能将车沿对角线方向移动。显而易见,他可以做出一些类似的身体动作,但是这些都与象棋无关。车之所以不能沿对角线方向移动,是因为存在一条构成性规则,规定了车只能沿水平或垂直方向移动。不过,即便有人不同意这一观点,但只要玩游戏是可以选择的,那么玩家就可以在认为不玩比玩更好时放弃游戏,就此而言遵从问题实际仍未曾出现。

需注意的是,作弊的可能性并不能否定我的观点。首先,作弊并不总是一项选择。我不知道作弊在象棋中会意味着什么(暂不考虑计算移动棋子可用时间的时钟问题)。其次,作弊并非真正意义上的违反规则。作弊者未遵守规则,但他同样没有违反规则。违反规则是可见的,而作弊往往是秘密进行的(在象棋中不可能存在作弊,因为一切都是公开的)。作弊欺骗的是其他玩家,这些玩家未曾意识到自己被骗了。显然,游戏规则是所有玩家共同遵从的规则,这样游戏才能继续。

仰仗于游戏的自足性,相关构成性规则可以永久持续。定义游戏的规则的稳定性,可以是永久的,因为玩游戏的活动完全依赖于游戏规则。如果遵从不是问题,游戏即可存续。法治的一个不现实的理想,是创设一套永恒的制度体系,但对游戏而言,这种理想并非不切实际。

类似的想法也适用于语言。语言也是一种自足的规则体系,这些规则创造了一个独立的行为领域。游戏与语言之间的主要差别,在于前者是更具竞争性的一种活动,因为存在赢家和输家,而后者更多涉及一种协同方案。在逻辑上,说话者不可能违反关于语法的构成性规则。除了这个原因之外,还有一个原因也能说明为何在语言交流中出现单方偏离是荒谬的:这种偏离将阻断说话者之间的沟通,而沟通恰恰是拥有一种共同语言的意义所在。单方面偏离语法规则的人,是无法与任何人交谈的。

与玩游戏或语言交流相比,政治代表了一种更为复杂的活动。适用于游戏或语言的理论,并不一定适用于政治。首先,与语言不同,政治领域的单方偏离行为可能是有意义的。其次,与游戏不同,参与政治不具有可选择性。多数情况下,不存在外部选择。如果某人不喜欢政治规则,他也不能决定退出相关政治游戏。他要么遵从规则,要么违反规则(假设他没有足够的权力来改变规则)。有时存在一项退出性选择,他可以离开这个国家。但这并不总具有可行性,而且往往代价高昂。[①]

尽管存在这些差异,也仍可以发现在某些政治领域中,构成性规则的运作方式与游戏中的运作方式基本相同。我们以存在不同大小选区的选举体系为例。例如在某个选区只有四个代表席位,但某个政党声称自己在该选区获得了五个代表席位。这一声明意味着什么呢?如果只能选举四名代表,一个政党如何能够赢得五名代表席位?这里似乎出现了逻辑上的不可能性。在选举体系中,规定该选区只能选举四名代表的那条规则是不可能被破坏的。没有任何行为可以被视为破坏规则。依据(选举四名代表的)规则方得实施的行为,是完全依赖于规则的。

选举制度与游戏还存在其他一些相似点。例如,存在作弊的可能性。选举舞弊就是一种作弊。它是秘密进行的,并且表面上来看,

---

① 对于理解某些独裁政权的存续而言,退出性选择仍然非常重要。(Hirschman, 1993)

构成性规则得到了遵从。在选举舞弊之后，情况仍然是获得更多票数的候选者赢得席位。舞弊并不出现在规则适用过程中，它出现在计票过程中，而计票这项活动在任何意义上都不依托于规定席位分配的规则。因此才有作弊的可能。

选举体系是一类独特的政治实体。它们创造了一种制度性的行动领域，这一领域在非制度性的现实中不存在对应之物。除非存在一些定义何为投票的构成性规则，否则就不存在投票。就此而言，可以将投票视为一种像游戏那样的孤立和自足的活动。但在政治领域，这种制度自主性是较为特殊的。事实上很容易理解，尽管投票完全依赖关于选举的构成性规则，但对投票结果的接受，却与在游戏中对相关结果的接受并无明显相似之处。考虑到在政治领域几乎不存在外部选择——即便有也很少，对于落选的候选人而言，不能说他放弃了游戏。他要么服从选举结果，要么组织一场政变或革命。如此一来，构建选举制度的系列规则就会被推翻。输掉总统竞选的候选人可以决定宣告此次选举无效。如果他拥有军队的支持，他就会推翻构成性规则。尽管输掉了选举，他还是会成为新任总统。他全靠武力登上总统宝座。显然，有人会拒绝称他为总统，因为他不是依据构成性规则所确立的程序选举出来的。不过，无论我们如何称呼他，这位新任统治者所行之事与前任真正的总统将无任何不同。

尽管从逻辑的角度看，撇开规定总统职位的构成性规则去谈论某人成为总统的可能性是荒谬的，但我们必须承认，这种荒谬性在历史中不乏记录。一位哲学家提出了一个收效甚微的反驳：执掌行政大权的人不再是构成性规则所定义的总统，这样在最后一个例子中，构成性规则并未遭到破坏。我们需要明白的是，这种荒谬性为何出现在政治中，而未曾出现在语言和游戏中。

现在，我们引入塞尔对原始事实和制度事实的区分。原始事实是那些无须援引构成性规则就能进行描述的事实。制度事实只能运用那些创造了制度性事实的构成性规则，才能予以描述。X 杀害了

Y,这是原始事实。候选人 W 比候选人 Z 赢得了更多的选票,这是制度事实。在游戏和语言中,制度事实完全独立于原始事实。这两种类型的事实之间,不存在任何对应关系。就车在棋盘上移动而言,并不存在对等的原始事实。因而,我们可以有把握地指出,这些制度事实完全依托于创制它们的构成性规则。

政治之所以不同于语言和游戏,是因为在某些情形中,政治能够在制度事实与原始事实之间建立起联系。一个人可能借助定义总统职位的构成性规则当上总统,他也可以通过使用暴力当上总统。在第一种情形中,我们有一位制度事实层面的总统。在第二种情形中,我们有一位原始事实层面的总统。一旦某位政治家无法获得足够的民意支持从而成为制度意义上的总统,却有可能成为一位原始意义上的总统时,政治领域的遵从问题就出现了。我主张,只要存在当上总统的非制度性渠道,那么总统职位只是在一定程度上依托于构成性规则。**一旦制度事实并未完全独立于原始事实,遵从问题就会出现。**

现在与象棋比较一下。在象棋中,不存在击败对手的非制度性方法。即使有人在物理上移动了被视为国王的那枚棋子,此人也未赢得游戏。在象棋中,我们无法区分制度意义上的赢家和原始意义上的赢家,原因是游戏的关键在于依规则取胜。但在政治领域,胜选的目标不是成为赢家,或是表明一个人比其他候选人拥有更多民意支持,而是掌控权力。有些人只想掌控权力,而不顾投票结果如何。

选举制度的例子展示了一种极端可能性——政治活动几乎完全依托于构成性规则,但另外一些例子展示了相反情形——构成性规则只是让一些无视规则而存在的原始事实得以制度化。在此,让我们援引塞尔自己提出的阐释构成性规则的一个例子(1995:89)。假设 A 国攻击了 B 国。依据宪法,当 A 国的国会正式宣战时,A 国与他国进入战争状态;若未经宣战,从法律角度而言就不存在战争。在A 国的国会发布宣战声明之前,我们如何理解 A 国对 B 国的攻击?

在这个例子中,显而易见的是,没有规则,活动也是可能的。我们不难想象,在不存在规定何为战争的构成性规则的情况下,A国如何能够与B国进入战争状态。塞尔认为,在这个例子中,如果宣战意味着一些未经宣战即不存在的后果,那么构成性规则就仍然是有意义的。虽然他并未对此详加论述,但不难想象在正式宣战后,政府必须遵守某些交换战俘的国际公约,或者政府可以暂停某些宪法性保障。但是,设想一下倘若宣战不产生任何后果,而仅仅是一项仪式。在此情形中,我们也许会怀疑,"当国会向另一国宣战时,战争开始"这项规则是不是构成性的。显然,该规则很容易被简化为"在特定情况下,X是Y"这一公式:"当国会在攻击另一个国家之前发出了宣战声明,那么这种攻击就是战争。"但是,这意味着我们已经大幅偏离了用来区分调整型规则和构成性规则的最初标准——相关活动是否可能先于规则而存在。

或许塞尔会说,发动战争的活动之所以能通过构成性规则得以实施,是因为构成性规则区分了归属于战争的攻击行为和不属于战争的攻击行为(制度意义上的攻击与原始意义上的攻击),就像我们在竞争总统的例子中所看到的那样。即便在这两种情况下,两种攻击行为在物理上是同一回事,但唯有宣战先于攻击,我们才处于战争状态下。就选举而言,规则在决定性意义上令选举活动得以开展。因为在既定选举规则下宣称赢得了五名代表席位,实际是毫无意义的。在战争情形下,特定活动得以实施的方式则大不相同。在开战的例子中,未经事先宣战而攻击另一个国家,在逻辑上却并非毫无意义。相反,它在我们的理解范围之内。攻击另一个国家无须规则,但选举产生四名选区代表,却需要依托规则才能展开。虽然存在一条定义何为战争的构成性规则,但战争的发生似乎并不那么依赖于这条规则。

倘若有人说,构成性规则的最初定义仍然成立,因为单凭自身存在这一事实,每一构成性规则就能创造一项缺了自己就不可能展开的活动,即规则所描述的那项活动。如此一来,就不存在任何标准去区分政治领域的构成性规则和游戏及语言中的构成性规则。定义车可以如何移动的规则与定义何为战争的规则，将具有同等的"构成性"。根据相关活动依赖于规则的程度进行任何区分，都成了不可能之事，因为在这两种情形中，规则所描述的活动都依赖于规则。不过我清楚，不同情形中的依托模式却是大不相同的。

战争事例的特殊之处，在于构成性规则仅仅是一项活动的制度性外衣；缺了这件外衣，这项活动也仍然可以实施。在这里，制度事实与原始事实之间的关系是一种同一性关系。现在，相关活动对规则的依赖消失了，制度事实（攻击在宣战声明之后发起）和实际事实（攻击发生）之间不存在任何差别：在这两种情形中，都发生了攻击。即使规则符合构成性规则的一般形式，但规则所构建的行为与撇开规则而实施的行为并无差别。

大多数政治活动所处的领域，介于战争事例与选举法事例之间。可以根据相关活动对构成性规则的部分或相对依赖，对大多数政治活动进行区分。换言之，在政治领域，许多制度事实可以与原始事实形成一定的对应关系。制度事实与原始事实之间的区分，也适用于权力。原始权力独立于构成性规则，制度权力则由构成性规则（具体而言是一些权力授予规范）创设。议会通过不信任投票罢免政府的权力，显然是制度性的：它依赖于授权议会采用该程序的一些规则。那么就权力而言，**一旦制度产出的某些结果也能通过原始权力获得，那么政治领域就会出现遵从问题**。这就是为何在政治领域，构成性规则总是存在崩溃的可能性。即使规则未获尊重，政治仍可以继续运行。因为在政治领域，既有原始权力，也有制度权力。1997 年的厄瓜多尔作为一个例子，或许有助于说明其中的关键点。①

---

① 讨论厄瓜多尔事件的文献并不多。关于新闻界的看法，参见科尔内霍所编文献的章节。（Cornejo，1997）

1996 年 6 月,阿卜杜拉·布卡拉姆(Abdalá Bucaram)以 52％的得票率,赢得了厄瓜多尔的总统大选。1997 年初,布卡拉姆听从了当时的顾问、阿根廷财政部前部长多明戈·卡瓦罗(Domingo Cavallo)的建议,实施了一项休克疗法,即冲击很大的经济调整计划。这一计划导致生活必需品的价格,猛然提升了 1000％。民众对这项政策表示非常愤怒。反对派组织了一场为期两天的大罢工。总统试图将罢工的影响降到最低,首先宣布罢工中的一天为全国性假日,然后又站出来支持一些实际直接反对他的抗议。尽管如此,罢工仍然获得了巨大成功。布卡拉姆的支持率明显在迅速降低。副总统罗萨莉娅·阿特亚加(Rosalía Arteaga)试图与总统保持距离:就在罢工之前,她提议应当举行一场全民公决,来决定总统是否还应继续留任。

在罢工结束后,厄瓜多尔一院制国会的主席法比安·阿拉尔孔(Fabián Alarcón)领导了一场政治行动,企图以布卡拉姆精神不健全为理由,罢免其总统职务。事实上,布卡拉姆以自己的著名绰号"疯子"为荣——他因行为异乎寻常和变化莫测,获得"疯子"这一名声。[①]阿拉尔孔利用这一名声启动了《宪法》第 100 条的审查,该条规定,倘若有证据证明总统精神失常,经国会多数票通过后可以将其罢免。在 2 月 7 日的投票之前,国会没有披露任何相关证据,也没有医疗报告,罢免决定显然是违法的。阿拉尔孔并未尝试弹劾总统,因为他一直知道自己无法获得宪法规定的 2/3 多数票,但他轻而易举地获得了根据精神失常罢免总统所要求的多数票。国会随后任命阿拉尔孔为布卡拉姆的继任者。

---

① 布卡拉姆在任期间,除了与"Los Iracundos"乐队录过一张唱片之外,最为古怪的举动或许要数在位于卡龙德莱特的总统府中,为厄瓜多尔妇女洛伦娜·巴比特(Lorena Bobbit)举办了几次国宴。洛伦娜·巴比特曾在美国切掉了自己丈夫的生殖器,并声称丈夫之前经常虐待她。

接下来的局势实在匪夷所思。有三个人同时宣称自己是厄瓜多尔的总统。布卡拉姆认为自己是被非法罢免的。副总统阿特亚加提出,根据《宪法》,她才是新任总统(如果总统未能完成任期,副总统将取而代之)。最后,阿拉尔孔说国会已经任命自己为总统。这一局势导致了各种荒谬事件,例如国防部部长宣布进入紧急状态,但阿拉尔孔回应说国防部部长无权发布任何命令,因为后者不再是部长了。最高法院的大法官们拒绝对相关冲突做出裁决,并且在危机出现之际,军队也未对三位总统中的任何一位表示支持。

这场关于总统职位的冲突,揭示了在没有外部选择时,构成性规则在争夺权力的政治竞争中的特殊功能。在象棋中,当一位棋手宣称自己有三个而不是一个国王时,我们完全可以置之不理。但在政治中,我们却不得不考虑到这种可能性:三个人同时宣称自己是一个国家的总统。与游戏不同,政治会受到制度性危机的风险的影响。在这类危机中,构成性规则会遭到搁置,但并不是完全搁置。在危机期间,关于总统职位的制度既不会消失,也不会根据宪法规则运行。当原始权力介入并修复制度性故障后,危机就被化解了。

在制度层面,布卡拉姆有理由主张总统一职,因为国会滥用了《宪法》第 100 条赋予的权力。但是,没有人承认布卡拉姆的制度权力,民意、军队和反对派都反对他。副总统阿特亚加也拥有一些理由以要求获得总统职位,但她同样未在体制内获得支持。最终,军队倾向于支持国会主席阿拉尔孔。最初,国会在 2 月 9 日选择阿特亚加担任临时总统,条件是若干年后她把权力移交给阿拉尔孔。阿特亚加在掌权之后,试图拒绝移交权力,声称若要令权力交接合法化,首先应修正《宪法》。但是,来自军队的压力最终迫使她在 2 月 12 日完成了交接。制度恢复了正常。

布卡拉姆之所以失去支持,是因为实施休克疗法让他陷入了完全孤立的状态:除了制度性规则授予的资源之外,他没有任何其他政治资源。经济危机让国会有机会"剥夺"总统的制度权力。但是,只有当军队决定站在国会多数派这一边时,制度性冲突才得以解决。显而易见,原始权力做出了干预:根据厄瓜多尔《宪法》,军队无权决定谁是总统。不过,新总统因为自己作为国会主席所拥有的制度权力而当选,这也是事实。

有人会主张,军队不属于原始权力。军队显然是一种制度产物。成为一位将军或上校,不属于原始事实。但是,尽管军队拥有一套制度组织体系,它仍可能违反那些界定了自身权限的构成性规则。当它这么做时,就是凭借自身原始权力行动的。军队可以撇开构成性规则采取行动,因为在最终情形中,所谓的"枪杆子"并不是制度意义上的。军队面临着一个遵从问题,因为它的制度权力并不独立于它的原始权力。这与司法机构完全不同,司法权完全是制度性的,就像汉密尔顿在很久之前就认识到的那样,他将司法机构描述为政府机构中"危险性最小的"部门。① 由于不存在原始权力,遵从的困境在司法领域并未表现得如此明显。在司法领域内,制度事实是独立于原始事实的。

厄瓜多尔的例子揭示了以下几点内容:首先,当制度权力与原始权力发生冲突时,制度权力是脆弱的。即使布卡拉姆不是根据法定程序予以罢免的,只要国会、民意和军队全都收回了对他的支持,那么他就无法让自己的制度权力站稳脚跟。其次,也是更重要的一点,这证明构成性规则有可能陷入危机。原始性总统与制度性总统的共

---

① 当行政权极度弱势,或者法官们寻找盟友以抗衡其他权力时,司法部门将变得极其危险(参见 Maravall,本书第 11 章)。布内特和曼托瓦尼(Burnett and Mantovani,1998)认为,法官们之所以能摧毁意大利第一共和国,仅仅是因为法官、媒体以及掌握媒体的重要经济团体结成了临时联盟。早在 1992 年之前,法官们就已了解政治腐败的程度,不过直到赢得媒体的支持后,他们才发起了针对政治腐败的法律斗争。

存会触发一些情形,但从纯分析性的角度看,这些情形不具有任何意义。①

在厄瓜多尔,法治在制度性危机期间遭到了搁置。法治意味着绝不使用原始权力,因而政治行动必须是行使制度权力的结果。遵从法律相当于规避原始权力,但这并不意味着原始权力就消失了。原始权力显然会影响构成性规则的内容,以及对这些规则的遵从,但法治意味着原始权力不直接干涉政治进程。一旦制度事实相对于原始事实保有一定的自主性,也就是说,一旦制度权力分配所产生的结果不同于原始权力分配所产生的结果,这一前提条件才具有意义。如果法律只是原始权力分配的制度性外衣,那么法治就不能增进我们对政治的理解。仍未回答的一个问题是:这种自主性究竟是如何实现的?

政治领域构成性规则的部分自主性

并不是每个人都认同制度事实拥有相对于原始事实的自主性,记住这一点很重要。有些人认为,就像宣战事例中的那些构成性规

---

① 较之厄瓜多尔,更有趣的例子是罗马天主教会中"敌对教皇"(伪教皇/antipope)的历史[我要感谢巴勃罗·莱多(Pablo Lledó),他让我注意到了这一极具吸引力的例子]。在漫长的教会史上,教会承认了大约40位"敌对教皇"。《大英百科全书》第15版就"敌对教皇"给出了如下定义:"敌对教皇反对合法选举的罗马主教并企图登上教皇宝座,某种程度上这种企图获得了实质性成功。"违背定义何为教皇的构成性规则,通过一些非制度性手段也能成为教皇(这些非制度性手段是实质性的,正如《大英百科全书》贴切表述的那样),这意味着教会也会面临服从问题。这一问题最突出的阶段,是1378—1417年期间(see Schatz 1999:ch.5)。这一阶段被称为西方教会大分裂时期,最初特征是存在两位教皇,他们都自诩正统,并相互将对方逐出教会(一位在亚维农,另一位在罗马)。至1409年,为了解决这一冲突召集了一场会议,会议选举出了一位新教皇以代替另外两位教皇。但情况进一步恶化,因为受这一决定影响的那两位教皇拒绝退位,所以之后很多年一直存在三位教皇。直到康斯坦茨会议确定教会大公会议——类似于拥有制宪权的议会——的权力在教皇权力之上后,这场危机才得以化解。尽管原始权力并未像在厄瓜多尔那样扮演了重要角色,但当我们看到对不同教皇之权威的承认,是如何关联到不同君主国家给予不同教皇的支持时,我们就会发现其中的有趣之处。

则,所有构成性规则的"构成性"程度都是零或接近于零。在1862年所做的关于宪法意义的演讲中,斐迪南·拉萨尔(Ferdinand Lasalle)极力维护了这一观点:宪法所包含的那些规则,完全是由原始权力决定的。法律意义上的宪法,只是这种原始权力的书面表达。[①] 实际上,拉萨尔将宪法区分为两种类型:纸面宪法与真实宪法,后者源自社会的权力结构。真实宪法的要素不是那些书面规则,而是国王、银行家、贵族、大资产阶级、工人甚至是整个国家的政治文化。中国古代法律曾规定,如果子女实施了抢劫行为,那么父母就得接受惩罚。拉萨尔认为,这条规则对德国人来说过于奇特,倘若在德国施行的话,不会得到德国民众和行政机关的遵从。因而,"当纸面宪法与真实宪法——它扎根于统治这个国家的权力结构——相匹配时",宪法方可长存(Lasalle,1984:109)。

虽然拉萨尔的分析较为复杂,但与一个世纪后Cohen(1978)在重建历史唯物主义时提出的那个观点几乎完全相同。柯亨提出了一个大得难以置信的主张:全部所有权都是"上层建筑",也就是说,可以为每一项所有权找到非制度性的"匹配性权力"。在每一项法律权利的背后,总是存在一种原始权力。他所提的例子都在这一抽象层面:使用生产资料的权利,与使用生产资料的权力相匹配;扣留生产资料的权利,与扣留生产资料的权力相匹配;依此类推(第220页)。在柯亨看来,遵从规则仅仅是权利(制度权力)与权力(原始权力)相一致的结果:"在守法社会中,人们的经济权力与他们在生产力方面所拥有的权利相匹配。"(第232页)就此而言,构成性规则只是上层建筑;它们不过是原始权力的制度性外衣。

[①] 在对美国《宪法》的解释中,比尔德更全面地发展了这种宪法研究方法(Beard,1986)。关于这种方法的理性选择版本,参见Knight(1992)。

这是最糟形式的历史唯物主义。它忽视了规则的能动性。[①] 本文无意详细讨论柯亨的著作,仅用一个例子就足以说明,他的观点为何只在最抽象、最无趣的层次上才有意义。让我们考虑一下所有权领域的一项极重要的内容:继承法。除非存在一些构成性规则,它们创设了将死者财产转移给生者的权利,否则不可能存在继承。继承法不仅仅是原始权力的外衣。国家可以决定,继承是否发生、遗产如何征税、财产是否可以自由转移或者是否存在某些确定性义务等等。[②] 退一步说,一旦我们深入这些细节问题,就更难确认那些"匹配性权力"。继承法不同内容背后的匹配性权力,将会是些什么呢?

倘若放弃这一荒唐计划——确认与每一种制度权力相匹配的原始权力,那么我们需要回答这个问题:对那些无法还原为原始权力的构成性规则来说,该如何解释对它们的遵从。我认为,当人们遵从政治领域的构成性规则时,这些规则具有了相对于原始权力的部分或相对自主性,并且制度权力和原始权力之间不存在一一对应关系。因而,对构成性规则之相对自主性的解释,就是对政治领域的构成性规则何以得到遵从的解释。

现在,有必要对拟分析的问题略加说明。就政治领域的构成性规则而言,面临着两个不同的问题。第一个问题关切的是:一些构成性规则创设了无法被还原为原始权力的制度权力,那些具有原始权力的人是如何接受这些规则的。他们的原始谈判能力,对采纳某些构成性规则的协议产生了怎样的影响?第二个问题把一些创设制度

---

① 说来奇怪,某些关于马克思的黑格尔主义解释,更支持构成性规则这一观念。在批评柯亨时,德里克·塞耶写道:"国家和法是固有社会关系的总和,后者实际组成了看似'非个人化的'资产阶级财产权,正是这种权力维持了社会秩序。在这个秩序中,政治统治看似采取了一套纯粹的'经济'形式。它们建构了资产阶级的统治:若非如此,资产阶级统治就不复存在。"(1987:100)

② 埃尔斯特(Elster,1985:403)表达了类似的观点。尽管他并未提到构成性规则,却以可申请专利的知识为例,对柯亨进行了批驳:除非存在一部界定专利申请权的法律(构成性规则),否则无法申请专利。

权力的构成性规则视为既定前提,一旦这些构成性规则开始运行,又是什么保障了对这些规则的遵从呢? 因而,第一个问题与达成协议的可能性相关,该协议用来议定一些制度性规则,并且是在未受这些规则的影响下进行协议(这一情形可能是一种"自然状态",或者是之前一种不同的制度性秩序)。第二个问题涉及一些前提条件,一旦形成了采纳相关规则的协议,这些条件就能保证对这些规则的遵从。要注意的是,只有当制度权力无法完全还原为原始权力时,这两个问题才有意义。

这两个问题似乎不可分割。当规则处于自我实施的均衡状态时,才存在对规则的遵从。不过,一旦规则进入了自我实施状态,那么当解释为何存在关于规则的协议时,就已经在解释为何存在对规则的遵从。但情况并不总是如此。个人或许会遵从既存的构成性规则,但只要他有权力影响相关规则的接受过程,他就不会支持既存规则。也就是说,个人同意或不同意接受构成性规则的那些理由,并不必然等同于协议达成之后遵从或拒绝遵从规则的理由。

一旦构成性规则创设了一种(并不改变潜在博弈的)制度性均势,那么就规则达成协议的理由与遵从规则的理由是相同的。[①] 举例来说,这就是我们在卡尔弗特模型中的发现(Calvert,1995a,b)。卡尔弗特分析了一种囚徒困境:一群参与者,他们相互成对交流,并且每组互动都代表了一个囚徒困境。这个博弈存在若干非制度性均衡,但还存在一种基于构成性规则(尽管卡尔弗特没有使用这个词)的高级制度性均衡。构成性规则创造了一位监督者,他集中掌握了关于参与者互动过程的所有信息。参与者在付出一定代价后,可以

---

①　当规则产生的结果,不同于之前就规则达成协议的当事人所预期的结果时,唯一可能的例外就发生了。倘若规则太过复杂,以至于不能事先确定其结果,或者规则纳入了一些随机机制,就会发生这种情况。民主就建立在这样一条结果不可预测的规则之上。事先知道谁将赢得选举,是不可能的。正如普沃斯基在本书中展示的那样,这解释了民主制度下为何有些人虽然同意民主规则却不服从选举结果。

向监督者获取其他参与者以往是否存在合作的信息。这一信息维系了有条件合作的均衡。当监督者不存在时,收集所有其他参与者信息的成本太高,所以无法实现这种均衡。因此,构成性规则让一种新的均衡成为可能,这种制度性均衡扩展了均衡的范围。在这个模型中,监督者的创设并未改变潜在的博弈。无论有没有监督者,每组成对互动仍然是一个囚徒困境。

比较一下这个例子和经典的霍布斯契约理论。在自然状态下,同样存在囚徒困境。但是,社会契约被认为是一系列创造了政治秩序的构成性规则,它完全改变了博弈的性质。利维坦比卡尔弗特的监督者走得更远。参与者的原始权力,在制度上被集中到了利维坦手中。在利维坦的强迫下,每个人都在社会互动中进行合作。除非经过利维坦的授权,否则不能实施惩罚(即背叛)。在卡尔弗特模型中,惩罚仍然是分散化的,倘若每个参与者知道其他参与者在上一轮囚徒困境中曾经背叛,那么他就可以决定背叛。在卡尔弗特模型中,惩罚是对原始权力的行使,而在霍布斯模型中,惩罚是对制度权力的行使。一旦利维坦被创造出来,遵守命令的决定就无法仿效囚徒困境了(Hampton,1986)。构成性规则的引入,就这样改变了游戏规则。

在此情形中,潜在博弈遭到了改变。在新博弈中遵从规则的那些理由,并不一定要与根据之前潜在博弈而同意采用构成性规则的那些理由相一致。具体而言,创设利维坦的那些理由,可以不同于利维坦存在之后选择去遵从它的那些理由。

唯有业已存在一些不能还原为原始权力的构成性规则时,我才对遵从问题感兴趣。倘若这些规则与原始权力不匹配,为什么还要遵从这些规则呢?值得考虑的潜在答案,至少有两个。第一个答案是这些规则创设了新的利益,即依赖于现行制度的利益。这会引导行动者去遵从规则,即便行动者的原始利益未曾得到满足。第二个答案涉及构成性规则的惯性效果。构成性规则的破与立,是一个代价高昂的过程,因而一旦这个代价大于另一套更趋近原始权力的构成性规则所带来的收益,那么最初的构成性规则就会得到维系。

关于第一个答案,有必要引入一种新的区分。就像之前对制度性和原始性的区分被适用于事实和权力,现在可以运用原始利益与制度利益的区分展开论述。构成性规则不仅创设了制度事实或制度权力,它们还创设了制度利益。① 倘若有人想成为一国宪法法院的首席大法官,对这一利益的追求就无法绕过创设宪法法院的那些构成性规则。这是一项纯粹的制度利益。唯有构成性规则创设了宪法法院,这一利益才能形成。我之所以将它界定为一项纯粹的制度利益,是因为缺乏相对应的原始利益。显然,如果构成性规则的"构成性"程度更低一些,原始利益和制度性利益之间或许会存在某些对应关系。再分配利益的实现,既可以通过制度性手段(例如向富人征税),也可以通过非制度性手段(例如抢劫富人的财富)。

对遵从构成性规则的一个极简单的解释是:制度利益可以弥补原始利益。因而,一些人之所以遵从构成性规则,是因为制度性偏好的满足,抵消了其他违反法律的动机。一位革命领导人,可能被体制内某些官方职位收买了。一些奖赏(权力、信息、影响力、荣誉等)的存在依托于对构成性规则的维系,这些奖赏让制度体系得以形成一些制度层面的选择性激励,而这些激励能加固相关的构成性规则。有些政治家之所以能在权力场中生存下来,是因为他

---

① 现在可以对构成性规则的授权性质进行更系统化的梳理。授权性规则可以创造出新的权力、事实以及(或者)利益。用萨维奇(Savage)的本体论来表述就是:构成性规则会影响行为人可以作出的行为(权力),也会影响发生在行为人身上的结果(事实),还会影响行为人对结果的偏好。构成性规则的授权能力,则是一个程序问题。例如,卡尔弗特关于监督者的规则,只影响到行为(现在行为人会询问监督者关于另一行为人的合作状态),而不影响仍属最初囚徒困境的结果或偏好。因而这是一条低授权能力的规则。将它与民主制度中创设总统这一职位的规则相对比,可以发现后者影响了行为(民众拥有投票选举总统的制度权力)、结果(没有这条规则就没有总统)以及偏好(人们不得不选择不同的总统候选人)。后一条规则拥有高授权能力。

们善于分发这些激励。就吸纳或招安体制反对者而言,乔利蒂(Giolitti)显然是一位顶尖大师(Clark,1984:ch.7):一些激进分子被整合进了政府,其中一位还成了众议院议长,同时社会主义代表也被邀请加入政府;尽管后者拒绝了,但他们(以及由这些代表所控制的工会)出于对各种政府恩惠的妥协而保持了中立。只有民族主义者未被吸纳进来。

但制度利益和原始利益之间的关系,也可能变得极为复杂。例如,对制度利益的追求会削弱原始权力,从而更有可能让人们遵从规则。在某种程度上,这是西方社会主义政党在20世纪上半叶面临的一大困境。可以在原始意义或制度意义上,转述普沃斯基与斯普瑞格(1986)对该困境的描述。一旦社会主义政党参加选举竞争,他们就会发展出与其原始权力来源——即阶级支持——相冲突的制度利益(获得多数选票)。因为工人从未构成选民中的多数主体,只有以拓宽选民支持为代价,他们才有可能获得多数选票。不过,这将意味着他们的阶级形象会被削弱,而社会主义政党的原始权力却源自他们组织和动员工人阶级集体行动的能力。[1]

尽管关于美国《宪法》的辩论处在一个非常不同的背景之下,但我们还是能从中发现一些相似之处。联邦党人明白,制度利益能够让原始权力的组织与动员效果变差。实际上,这是《联邦党人文集》中一个反复出现的主题。由于担心在一个完全奉行多数主义的共和国中,穷人会剥夺富人的财产,于是麦迪逊提出了能够最小化这一危险的一些制度性手段。[2] 因而,他认为在一个幅员辽阔的共和国中,大部分穷人会发现很难运用自身原始权力的主要渊源——穷人的绝

---

① 社会运动经常遭遇这类困境。当一场运动打算参与制度性政治时,它就会失去动员能力。在制度权力与原始权力之间,存在一种取舍关系。

② 正如他在费城会议中指出的那样,"人口的增加必然会增加这类人的人口比例,他们背负着生活的艰辛不断劳作,并暗自渴望一种更平等的福利分配。他们早晚会在数量上超过那些感受不到贫困的人……在共和制原则下,该如何抵御这种危险呢?"(Madison 1987:194)

对数量。在提及国家规模时,他建议,"把领域范围扩大,就可容纳更多种类的党派和利益集团;就可以减少这一可能性,即全体公民中的多数人持有侵犯其他公民权利的共同动机;换句话说,即便存在这一共同动机,所有相关人等也较难**显示自己的力量,并协调一致地联合行动**"(*Federalist* 10,黑体后加,以下同)。制度体系不会反映穷人的原始利益,即便如此,体系也能得以存续,因为只要规则运行就可以对抗作为一个集体行动者的穷人。考虑到体系所创设的制度利益,穷人缺乏实施"一致行动"的能力。

一种类似逻辑也被应用到分权与制衡这一问题上。此处的危险不是多数人侵害少数人,而是统治者利用自己获得的制度权力对抗被统治者。为避免这一危险,有必要将权力划分为几个分支部门,以便这些分支发展出自身的制度利益。否则,统治者之间的勾结将促成一个独裁政府。关键在于权力的不同分支会具有不同的制度利益,因为各自的选任模式、职权和职能并不相同。一如麦迪逊在《联邦党人文集》第51篇中所言,"各个部门都应拥有**它自己的意志**"。依据这一观点,制度性规则应当赋予这些部门"不同的选任方式和行动原则,在它们共同职能的性质和它们对社会的共同依赖所许可的范围内,彼此之间存在一些很少的联系"。

联邦党人认为,唯有引入制衡机制,权力分立才会起作用。一旦缺失制衡,更强的权力分支部门将试图侵犯更弱的分支部门。为了让每个分支部门遵守各自的权限范围,有必要通过赋予它们在决策过程中的相互否决权,让它们互相依存。

政治体系的内部分化——源自共和国的扩张和分权制衡——是为了创设足够强大的制度利益,以便压制大多数穷人的原始利益。只要穷人在组织和运用原始权力时面临这类障碍,他们就可能遵从那些并未反映社会群体之原始权力的制度性规则。

因而第一个答案是:创设不能完全被还原为原始利益的制度利

益,有助于解释构成性规则的自主性——要么是因为对制度利益的追求削弱了原始权力,要么是因为制度利益抵消了原始利益。第二个答案与此不同,它关注违反规则的成本。成本越高,制度性规则相对于原始权力的自主性就越高。例如,Hardin(1989)认为,人们之所以遵守宪法,是因为协同反抗宪法所要付出的成本过高。在他看来,这是一种集体行动困境。此外,他还认为,构成性规则在过去起作用的时间越长,人们对该宪法继续存续的期望就越强烈,因而联合民众反抗相关规则的难度就越大。由此可以推测,在那些经常以政变或叛乱形式破坏现行构成性规则的国家,制度的稳定性是无法实现的。因为无论批准什么样的构成性规则,都没有人会预期它们会持久存续。那些国家如何走出这个陷阱,是一个值得研究的问题。

在本书中,普沃斯基提出了一种不同的机制。他分析了一个主题更窄的问题——民主的存续。结果表明,在一定的收入水平之上,民主可以无限期地存续。相关解释如下:当行动者不愿承担风险时,倘若国家越富裕,那么不遵从确立民主制度的那些构成性规则将带来更高的风险。倘若选举的失败方试图实施独裁统治但未成功,那么收益的损失会大到足以阻止他们考虑叛乱。如此一来,即便是民主竞争中的长期输家,选择遵从规则也比反对规则要好。关键在于国家越富裕,构成性规则的惯性就越强。随着财富的增加,不遵从规则所带来的风险会随之升高,这一事实可以解释构成性规则的惯性。政治领域的构成性规则之所以具有部分自主性,是因为任何企图改变现状的非制度性手段都面临着风险。

这种惯性与制度惯性极为不同。制度惯性与按照既定程序改变构成性规则的难度有关。根据乔治·特瑟伯利斯(Tsebelis,1995)的政策稳定性理论,可以主张:倘若改变既有规则所需的票数越高,那么规则的制度稳定性就越强。宪法往往比普通法律拥有更强的制度惯性,因为宪法改革所需的票数高于普通法律改革所需的票数(例如特别多数决、权力分支部门的一致同意和全民公决等）。制度惯性与普沃斯基的收入惯性并无明显关系。倘若制度惯性达到了最大化，但社会中的大部分人希望改变规则，那么制度惯性可能触发相关规则的非制度性变革。[①] 收入惯性可以强化制度惯性，尽管本章并不讨论这个假设。

迄今为止，无法从这两个答案中合乎逻辑地得出这一结论：构成性规则一贯独立于原始事实。我的主张仅仅是：没有任何理由认为，构成性规则在任何情况下都只是原始权力分配的表述形式。我也从未主张，构成性规则的作用或功能始终是抵消原始权力。事实上，许多构成性规则与原始权力无关，因为它们对再分配不产生影响。例如，卡尔弗特关于监督者这一角色的构成性规则，只是用来在潜在博弈中实现帕累托最优的一种制度性设置。相反，关键是构成性规则针对原始权力所具备的相对自主性，这归因于（1）规则所创设的激励和权力，以及（2）规则一旦存在就会引入制度惰性或者抵制变革。

终究而言，该结论只是一个理论起点，目标是解释原始权力与制度权力在具体情形中如何相互作用。在此，我只想找出问题的根源，这个问题一直未得到应有的关注。对制度性规则的分析，必须说明原始权力施加的约束如何影响了对这些规则的遵从，以及这些规则可以在多大程度上抵消那种约束。

---

① 在分析美国的宪法变迁时，阿克曼（Ackerman，1998）认为，一些最重要的宪法变迁之所以不是根据宪法实现的，要归因于美国宪法的巨大制度惯性。另外，阿克曼的分析挑战了我正使用的对于原始手段与制度手段的明显区分。他认为，美国的宪法变迁既不是制度性的也不是原始意义上的，"对美国人而言，违反法律并不必然意味着无法无天"，"通过违反法律，我们可以找到更高级的法"（p. 14）。在此我并不准备讨论阿克曼对于宪法瓦解的解释，尽管那是所有法治理论都直接关注的问题。

结论

存在两种同等极端的政治观念,它们都歪曲了制度的本质。一种观念认为,政治可以参照游戏或语言进行模式化建构,可以将其视为一系列制度性规则,而这些规则创设了个人据以做出决定的一些权利和义务。另一种观念将政治视为更深层、更基础的前政治现实的显现或反映。这两种观念皆未展开讨论制度事实与非制度事实之间的互动。前者孤立地看待制度性规则,脱离了周边现实。后者否认制度性规则具有任何自主性。

就法治而言,第一种观念持有一个荒谬的观点,即认为制度性规则在统治,而非人在统治,并且法律至高无上,具有最高权威。第二种观念将法治理念视为意识形态的抽象化。

就制度性规则的本质而言,我试图给出一种更合理的解释。构成性规则塑造了一种制度事实,但与游戏或语言相比,至少在政治中,这种制度事实并不独立于这个世界的其他内容。政治领域的构成性规则在既有权力和利益的背景下,创造了政治事实。正因为政治不是完全自主性的,所以才会产生遵从问题。当政治领域的构成性规则与周边现实发生冲突时,对相关规则的遵从就会成为问题。一旦可以通过制度性和非制度手段获得同样的结果,那么政治领域构成性规则的"构成性"就是一个程度问题。当各种情形交织时,遵从问题将更为麻烦。

法治代表了一个不大现实的愿望:创设一套稳定的政治体系,在这个体系中,对规则的遵从可以得到保证,并且这些规则符合我在本文第二部分讨论过的某些条件。在法治之下,所有政治活动都是有法律依据的;政治体系是自足的,因为原始权力绝不能直接干预。不过,政治体系并不完全独立于原始权力,因为法治的可行性与持久性依托于原始权力的分配以及颠覆规则的成本。民主是一种与经济发展相关联的政治体系，至于民主与发展相结合能否实现这一愿望，目前未有定论。

参考文献

Ackerman，Bruce. 1998. *We the People. Transformations*. Cambridge，Mass：Harvard University Press.

Arendt，Hannah. 1990. *On Revolution*. 1965. Reprint，London：Penguin.

Beard，Charles A. 1986. *An Economic Interpretation of the United States Constitution*. 1935. Reprint，New York：Free Press.

Burnett，Stanton H. , and Luca Mantovani. 1998. *The Italian Guillotine：Operation Clean Hands and the Overthrow of Italy's First Republic*. Lanham：Rowman & Littlefield.

Calvert，Randall L. 1995a. "Rational Actors，Equilibrium，and Social Institutions. " In Jeffrey S. Banks and Eric A. Hanushek (eds.)，*Modern Political Economy*，216-67. Cambridge：Cambridge University Press.

Calvert，Randall L. 1995b. "The Rational Choice Theory of Social Institutions：Cooperation，Coordination and Communication. " In Jack Knight and Itai Sened (eds.)，*Explaining Social Institutions*，57-94. Ann Arbor：University of Michigan Press.

Clark，Martin. 1984. *Modern Italy，1872-1982*. London：Longman.

Cohen，Gerald A. 1978. *Karl Marx's Theory of History：A Defence*. Princeton：Princeton University Press.

Cornejo，Diego (eds.). 1997.¡ *Qué se Vaya*! *Crónica del Bucaramato*. Quito：Edimpres.

Dahl, Robert A. 1971. *Polyarchy*. New Haven: Yale University Press.

Dworkin, Ronald. 1985. "Political Judges and the Rule of Law."In *A Matter of Principle*, 9-32. Oxford: Clarendon Press.

Elster, Jon. 1985. *Making Sense of Marx*. Cambridge: Cambridge University Press.

Elster, Jon. 1989. *Solomonic Judgements*. Cambridge: Cambridge University Press.

Finer, S. E. 1997. *The History of Government*. Vol. 2, *The Intermediate Ages*. Oxford: Oxford University Press.

Fuller, Lon L. 1969. *The Morality of Law*. New Haven: Yale University Press.

Hampton, Jean. 1986. *Hobbes and the Social Contract Tradition*. Cambridge: Cambridge University Press.

Hardin, Russell. 1989. "Why a Constitution?"In Bernard Grofman and Donald Wittman (eds.), *The Federalist Papers and the New Institutionalism*. New York: Agathon Press.

Hart, H. L. A. 1961. *The Concept of Law*. Oxford: Clarendon Press.

Hayek, Friedrich A. 1959. *The Constitution of Liberty*. Chicago: University of Chicago Press.

Hirschman, Albert O. 1993. "Exit, Voice, and the Fate of the German Democratic Republic. An Essay in Conceptual History." *World Politics* 45: 173-202.

Knight, Jack. 1992. *Institutions and Social Conflict*. Cambridge: Cambridge University Press.

Lasalle, Ferdinand. 1984. ¿*Que es la Constitución*? Barcelona: Ariel.

Lijphart, Arend. 1999. *Patterns of Democracy. Government Forms and Performance in Thirty-Six Countries*. New Haven: Yale University Press.

Madison, James. 1987. *Notes on the Debates in the Federal Convention of 1787*. New York: Norton.

O'Donnell, Guillermo. 1999. "Polyarchies and the (Un) Rule of Law in Latin America." In Juan E. Mendez, Guillermo O'Donnell and Paulo Sérgio Pinheiro (eds.), *The (Un)Rule of Law and the Underprivileged in Latin America*, 303-37. Notre Dame: University of Notre Dame Press.

Przeworski, Adam and John Sprague. 1986. *Paper Stones: A History of Electoral Socialism*. Chicago: University of Chicago Press.

Raz, Joseph. 1979. "The Rule of Law and Its Virtues." In *The Authority of Law*, 210-29. Oxford: Clarendon Press.

Raz, Joseph. 1990a. *Practical Reasons and Norms*. Princeton: Princeton University Press.

Raz, Joseph. 1990b. "The Politics of the Rule of Law." In *Ethics in the Public Domain*, 370-8. Oxford: Clarendon Press.

Runciman, Steven. 1977. *The Byzantine Theocracy*. Cambridge: Cambridge University Press.

Sánchez-Cuenca, Ignacio. 1998. "Institutional Commitments and Democracy." *Archives Européennes de Sociologie* 39: 78-109.

Sayer, Derek. 1987. *The Violence of Abstraction: The Analytic Foundations of Historical Materialism*. Oxford: Blackwell.

Schatz, Klaus. 1999. *Los Concilios Ecuménicos*. Madrid: Trotta. Spanish translation of Allgemeine Konzilien (1997).

Schauer, Frederick. 1991. *Playing by the Rules: A Philosophical*

Examination of Rule Based Decision－Making in Law and in Life. Oxford：Clarendon Press.

Schmitt, Karl. 1982. *Teoría de la Constitución.* Madrid： Alianza. Spanish translation of Verfassunglehre (1927).

Searle, John R. 1969. *Speech Acts：An Essay in the Philosophy of Language.* Cambridge：Cambridge University Press.

Searle, John R. 1995. *The Construction of Social Reality.* New York：Free Press.

Searle, John R. 1998. *Mind, Language and Society：Philosophy in the Real World.* New York：Basic Books.

Solum, Lawrence. 1994. "Equity and the Rule of Law." In Ian Shapiro (ed.), *The Rule of Law. Nomos XXXVI.* New York：New York University Press.

Tsebelis, George. 1995. "Decision Making in Political Systems： Veto Players in Presidentialism, Parliamentarism, Multicameralism and Multipartyism." *British Journal of Political Science* 25： 289-325.

第三章　法治国中的服从与义务

米歇尔·托珀[①]

　　对于一位法学学者而言,服从问题可能显得生疏。律师们从不与服从打交道,而仅同义务来往。他们追问的并不是"实际发生了什么行为",而是"应当如何行为"。根据主流学说,实际行为对规则的有效性毫无影响。换言之,一项规则是否具有约束力,与它被服从(或不被服从)的事实无关。这只是表达"是与应当"之差异的另一种方式,法律只涉及应当是什么,而不涉及实际是什么或将是什么。另外,一般认为,是什么与将是什么之间并无因果关系。某件事应当发生这一事实,并不会促成其发生。某件事实际发生这一事实,对其是否具有强制性或禁止性也毫无影响。也就是说,一项规则的有效性并不取决于它的实效性。实际可以说,规则区别于自然规律的独特性,在于它是可以被违反的。

　　因此,律师与法学学者将人们为何服从法律这一问题,交给了社会学家与心理学家。但事实上,对人们为何守法这一问题,那些制定规则的人必须有所了解。如果他们制定并颁布那些规则,那么他们

---

　　① 米歇尔·托珀(Michel Troper):巴黎第十大学教授、法兰西大学研究院研究员、法律理论中心主任。

就必须假定，知道一项规则的存在将会对实际行为产生一些心理影响。并且，他们应当根据自己所预期的行为来起草规则。大多数立法者主要依靠制裁——一般而言包括惩罚与奖励——引导人们服从规则。但这是不是服从的真正原因？律师无法讲清楚这个问题。但他们可以告诉我们，依据法律，这种或那种行为是否应当发生；以及依据法律规定，应当实施的行为实际上并未发生，那么又应当发生何种后果。但律师并不关心行为人的心理状况——行为为何发生或不发生。再者，这个问题对律师来说是完全不相干的。如果我服从一位政府官员让我纳税的命令，我这样做可能有许多不同的原因：我认为这是一项道德义务，我害怕制裁，我期望通过让公众知晓我所缴纳的巨额税款来获得社会声誉，或者我梦到之后我将赢得百倍于税款金额的彩票奖金。从律师的角度来看，所有这些原因都是无关紧要的，唯一相关的是纳税的义务。

但在法治国学说的特定脉络中，却可以发现服从问题与义务问题之间的联系。如果公民询问：为何我应当纳税？法律上的回答是：你是政府官员所发命令的对象；这位官员并非基于自身意志和自身利益如此行动，相反，他是服从法律的规定而发出命令的。公民直接服从官员的义务，是一种间接服从法律的义务。公民的服从义务是以官员对法律的实际服从为基础的。政府官员实际服从法律，为我的服从义务——服从官员——提供了正当性依据。类似地，服从法律的义务源自立法者实际服从宪法这一事实。宪法要求，法律规则必须具备某些特征：规则必须是普遍性的，并不得侵犯公民基本权利。

这就是法治国为何会被定义为法治而非人治的缘由。这种状态具有双重优势。首先，法律是普遍和稳定的。倘若法律不会因为法律实施者的个人好恶而改变，那么即便它们是严苛且不公正的，我也可以说自己是自由的，因为我能够预测自身行为的后果。这恰恰是启蒙运动思想家们给出的政治自由的定义。① 另外,倘若法律是由公民自己制定的,就像在民主国家中那样,那么这些公民从另一种意义上来说也是自由的,因为他们服从的是自身意志。因此,卢梭才会写道:"当一位公民被关进监狱时,他只是被迫自由而已。"

在法律体系的经典表述中,由各种规范组成的等级体系是一项服从义务的正当基础。但是,这项义务并非简单地源自另一项义务,它源自另一项义务已被实际服从的事实。我服从税务官命令的义务,源自他自己业已服从法律的事实。当且仅当官员的行为确实依据法律做出时,我才负有一项义务。在规范等级体系中的每一个层级,实施一项规范的个人都是在遵守上位规范。只要法治国准确表述了这种实际服从,那么它就构成了一项正当理由。它既有可能被认为是法律义务的一个正当理由,也可能被认为是一项道德义务的正当理由:倘若存在一项服从正当之法的道德义务,并且下级官员的命令源自正当之法,那么我就负有服从官员命令的道德义务。

应当强调的是,法治国理论明显不同于法治理论。让我们审视一下法治的经典定义,比如菲尼斯提出的那个。菲尼斯认为:

> 一个法律体系体现了法治,只要(1)规则是可预期的、不溯及既往的;(2)规则绝不能难以遵守;(3)规则得到了公开;(4)规则清晰;(5)规则相互融贯;(6)规则足够稳定,让人们能够根据对规则内容的了解去规划自身行为;(7)适用于少数特别情形的法令及命令,在制定时必须遵循公开、清晰、稳定且相对普遍的规则;(8)那些有权以官方身份制定、执行与适用规则的人:a.有责任遵守那些规范自身行为的规则;b.执行法律时实际做到了前后一致,并符合法律的宗旨。(1980:270)

---

① Montesquieu,*De l'esprit des lois*,Ⅺ.3:"但政治自由并不意味着想做什么就可以做什么。在一个国家中,也就是说在一个制定了法律的社会中,自由仅仅意味着一个人可以做自己应该做的事,且不被迫去做自己不应该做的事……自由意味着有权利去做法律所允许的任何事情。"

因此,法治是对预期状态的描述,而不是对实现该状态之方式的描述。没人能保证上述第(1)至(7)项条件都能得到有效满足,即便第(8)项也是如此。与此相应,法治国理论似乎更有抱负,因为它自诩是实现下述状态的门径:只要每一条规则都是对更高层级规则的准确适用,例如要求法律必须具备可预期、清晰、公开、融贯等特征的宪法,那么法治理论所列举的全部条件,即规则必须可预期、清晰、融贯等,都将得到实现。如此一来,法律为何得到准确适用,不仅在社会学或心理学视域下成为一个重要问题,在法学理论视域下也是如此。如果说政治自由或者守法义务以政府官员的实际服从为基础,那么就很有必要审视如下问题:政府官员对上位规则的服从是否确实是政治自由的保证,以及政府官员是否确实服从了法律,而不是基于自己的个人偏好做决定。

传统的法治国学说未曾讨论这些问题,而仅仅假设各种国家机构实际适用了那些上位规则,所以无法解释它们为何如此。我首先将考察传统法治国学说的不足之处,指出它并未兑现先前承诺的保证。因为严格地讲,国家机构甚至不存在服从上位规则的义务,更不用说实际服从了。但不能据此认为,这些机构是在按照自己的各种兴致行使裁量权限。本文第二部分探讨了源自法律体系的那些约束,而约束是有别于义务的。

法治国理论

德语中的法治国一词,以及欧陆其他语种在翻译该词时所用的语词,例如"etat de droit""stato di diritto""estado de derecho",其语义都非常含混。法治国一词存在两种不同用法,有时是指一个遵从法律的国家,有时是指国家机构皆依据其他机构所立之法而行动的国家。

法治国作为一个服从法律的国家

服从法律之国家的理论假设，是存在一种并非由国家创制或认可的法律，并且这种法律有两种不同版本。依据第一种版本，法律对国家而言是外来的、更高级的，因为法律就是自然法。无须展开自然法是否存在这一传统话题，也可以强调：一旦公民服从一个受到自然法约束的国家，就不能说他们处于自治状态。因为此处的自治意味着不受任何限制，所以相当于主权。用卢梭的话来说："主权的实质在于不受限制；它能做任何事，否则它就什么也不是。"[1]

一种观点认为：倘若国家服从自然法，那就有悖于民主制。常见的反对意见是：人民主权恰恰是以自然法为基础的。相应地，倘若国家或人民的所作所为违反了自然法，那么就不再拥有主权。反对意见的缺陷在于：即便存在自然法（声称它存在的那些人负有证明责任），并且它是人民主权的基础，那也只可能是一些形式化的程序性规则。那些规则用于确定谁是主权的持有人，它们并非实体性权利义务规则。指定一位主权者，同时又对其施加一些限制，是自相矛盾的做法。拥有主权的人民，只服从自己创制的规范。因而，一个国家若服从未经自身认可的法律，例如自然法，那就不是实现自治，而是违背自治。另外，在这套体系中，即使每一项具体的命令都是从自然法中严格演绎出来的，仍然不能证实公民所服从的是法治而非人治。因为即使是那些认为自然法客观存在的人，也说不清楚自然法明确或确定的含义。对自然法的解释是必需的，而这项任务只能由人来完成。

根据第二种版本——有时被称为"法律实证主义者"的理论，国

---

[1] Rousseau, *Lettres ecrites de la Montagne*, 2ème partie, lettre 7; see also Neumann (1986).

家服从的是实证法,而非自然法。实证法由人类制定,它无须仰仗任何外在基础。常举的例子是梭伦(Solon)或吕库古(Lycurgus),他们制定了约束后世立法者的规则,或者说制定了一部权利法案。

该理论的最大问题是:国家机构所服从的法律,并非完全游离在国家之外。权利法案是一项国家行为。因而在这种体制中,国家实际上只受自身意志的约束。即便当我们谈论的是国家机构,而非整体意义上的国家时,它们所服从的实际并不是以往的旧法律,原因类似于前面提到的自然法。那些旧规则,例如权利法案规定的规则,必然是用模糊的日常语言表述的。它们需要解释,而解释者往往是拥有宽泛裁量权的权力机构。如此一来,与其说其他国家机构服从的是旧规则,还不如说它们服从的是那些掌控了旧规则的机构。

另外,只有当国家机构不可能对权利法案的规则进行修改或设置例外时,我们才能说它们服从了权利法案。尽管对权利法案进行修改或设定例外有时很难实现,但并不是不可能的。欧洲国家经常发生这种事:倘若宪法法院宣布一条规则违反宪法或权利法案,那么它就丧失了法律效力,尽管如此,一旦这条规则以宪法修正案的形式通过后,它就获得了法律效力。

也许有反对意见认为,即便作为整体的国家并未服从更高层级的法律,但各种国家机关必然会受到制约,因为权力分立让所有权力不再集中于一人之手。不过,这种反对意见未曾考虑到如下事实——权力是在一个等级体系中组建起来的。立法权高于行政权,司法权与制宪权又高于立法权,所以掌握最高权力的机构被恰如其分地称为主权者,它不受法律的约束。对不受成文宪法和宪法法院约束的英国议会而言,情形确实如此。但对于存在成文宪法的国家而言,情形也可能如此,因为立法机构往往能够以宪法修正案的形式,避开对立法权的那些约束。所以制宪权意义上的主权者仍然存在。有时,制宪权被分配给了若干个机构;有时候,宪法修改因为修宪程序很难实现。但是,权力分立对主权原则(不存在任何法律约束)造成的影响,不会大于非法治国体制中的专制者因为身体或心理缺陷而受到的影响。因此,难以想象存在这样一个国家:它确实服从于法律,但法律既不是它自己制定的,也不能予以改变。这种意义上的法治国是不存在的。

法治国:以法律形式存在的国家权力

根据法治国理论的另一版本,即便国家不受那种并非自己制定且不能予以改变的法律的约束,但只要国家机构适用了更高层级的规范,那么自由仍会得到保障。遗憾的是,这一版本实际指向两种判然有别的理论,关系到"法律适用"这一措辞的两种截然不同的含义,以及两条规范之等级结构的两种理解。第一,上位规范可以规定国家机构应以特定方式作出行为,例如,国家机构所发布命令的内容与对象必须具体明确。当刑事法院在刑罚方面没有任何裁量权限时,刑法与刑事法院判决之间呈现的就是这种关系。倘若法院的判决被称为"决定",那么这个名称实际是不恰当的,因为法院的判决只不过是演绎三段论中的必然结论。这就是为何孟德斯鸠将法官视为法律的喉舌,并认为司法权无关紧要。[①] 在此情形中,当且仅当判决是从上位规范提供的大前提中合乎逻辑地推导出来的,那么法院的判决才具有法律效力。

但二者之间的关系,往往并非如此。上位规范可能授权某国家机构做出某个具体决定,但它不会规定那个决定的具体内容。一旦决定是由适格的机构做出的,那么不管内容如何,该决定都将是有效的。或者,上位规范可能在规定决定的内容时,使用了非常概括性的措辞。例如,规定了一项目标或目的,而将选择何种手段交给了国家机构。或者,授权之际对国家机构的权力设置了约束。在此情形中,

---

① Montesquieu, *De l'esprit des lois*, Ⅺ. 6.

国家机关拥有裁量权限。其决定无法以逻辑的方式从上位规范中推导出来。决定与一般性上位规范之间的关系，不是一致性关系，而仅仅是相容性关系。

当谈及法律适用时，如果每个人想到的都是第二种关系或等级结构，就会得出一个非常重要的结论：不应将法治国命名为某种类型的国家（例如自由国家），相反，应当将任何具备这样一个等级化法律体系的国家命名为法治国。[①] 但因为某些原因，这种法治国既不能保障政治自由，也保障不了民主。

第一，法律的制定主体可能是民选的代表，但很少是由他们单独制定的。在大多数现代国家中，法律会受到司法审查。为了起到制衡作用，法院必须解释宪法、权利法案和许多不成文的原则。但是法律解释——包括对一般法律的解释以及对宪法的解释——从来都不是一项认知活动，而是一项意志活动。法院在解释宪法的含义和决定法律是否有效时，拥有广泛的裁量权限。简言之，立法权在理论上是民选代表单独拥有的，但法院实际与民选代表共享了这项权力。

第二，在现代国家中，行政职能包含着颁布规章的权力，规章在实质上与法律相似，因为它们都高度一般化，制定时所依据的也是一些政策性理由。因此，尽管行政权是在立法者划定的权限范围内活动的，但不能将其行为等同于服从法律。还需强调的是，行政权可以通过各种方式对立法机关，从而对法律的内容产生重要影响。

20世纪后半叶见证了所谓的专业性行政机构的兴起。这类机构不听命于行政长官，在法律适用领域拥有广泛的裁量权限。实际上，它们的职能远远超出了纯粹的行政执行，因为它们中有许多机构还同时负责政策设计（起草相关一般性规则并适用到具体个案中），

---

① 凯尔森认为，由于法律与国家是指代同一对象的两种名称，而且每种法律体系都有着同样的等级体系结构，因而每一个国家都是法治国。

以及负责裁决相关行为是否违反了自己制定的规则和命令。

虽然如此,也不能把司法功能等同于机械地适用法律。现代法律并未追随启蒙运动时期的那种观念,法律并没有事先要求法院做出具体的决定。至少,刑法典授权法官可以在最高刑与最低刑之间选择刑罚。另外,民事法院在分配损害时拥有极宽泛的裁量权限。尤其是,法院有权解释那些有待适用的法律文本和待决事实。对准备予以适用的法律,解释者能自主地确定其含义。此外,他是以回溯过往的方式进行解释的,因为就典型情形而言,他所发现的文本含义被视为自法律颁布之日起就已存在的了。一如荷德利(Hoadle)主教在17世纪恰如其分地所言:"无论是谁,一旦拥有解释书面或口口相传之法律的绝对权威,那么他就是实际给出法律意图和目的之人,而不是最先写下或说出法律的那个人;拥有绝对权威去解释法律和确定法律内容的人,才是真正的立法者。"(引自 Kelson,1961:153)

因此,我们会很容易得出一个结论——法治国其实是一个神话:无论是作为整体的国家还是其机构,都不能说是在服从并非自己制定且不能予以改变的规则。但更深入的考察将表明,即便国家机构不受规则的约束,它们还是通过某些方式受到了约束。需要考察的是这些约束能否产生类似效应,从而形成一个不同类型的法治国。

法治国中的实际约束

国家机构在某些情形中受到了约束——行为必须遵循某种方式,但这种约束就其实质而言并不是履行义务或遵守法律。因为这种约束,国家机构的行为具有了可预测性,公民也至少可以从法治国中获得一些可期待利益。我们简要地审视一下这方面的几个例子。这些例子源自以下几个因素:构成性规则的存在,机制式宪法的组织过程,以及法院必须理性地采取行动。

构成性规则

根据经典理论,我们可以区分出两种类型的法律规则,对这两种规则的遵循方式是截然不同的。第一种规则的一个例子,是"禁止在法国高速公路上以高于每小时 130 千米的速度行驶"。对这样的规则,我可以选择是否遵守。我知道,如果以更高的速度行驶,我就面临被捕和被罚的风险,但我仍然可以决定去违反规则。与此相反,"土地和房屋只能通过由公证员起草并经国家登记的合同出售"或者"结婚仪式必须由市长主持"就不能被违反。未经公证而出售或购买房产,或者让市长之外的人来主持我的结婚仪式,在我看来甚至是难以想象的。试图不经公证而起草购买房产的合同,或者试图不在市政厅由适格官员主持结婚仪式而结婚,这些行为即便不服从,我也不会面临被惩罚的风险。唯一的后果是这桩交易或婚姻归于无效。实际我没有买到房产,或者我并未完婚。所以,倘若我想购买房产或结婚,不能说我应当遵循规则,而是说我必须遵循规则。

关于国家机构的一些规则就是如此,尤其是(但又不完全限于)程序性规则。倘若宪法规定,一部法律只有在议会中经三读之后获得简单多数同意方可被通过,那么即便议会两次以绝对多数投票通过(但未经三读),该法律实际也并未获得通过。

遵守这些构成性规则的行为,不能称其为服从,因为根本无法选择不服从。尽管如此,倘若法治国的全部目的在于通过这个观念——国家机构适用了上位规则——使公民对国家机构具体命令的服从义务正当化,那么这个目的在以下两种情形中都得到了实现:一是国家机构服从了规则,规则从而得到了适用;二是国家机构以一种自己无法避免的行为方式去服从规则,规则也从而得到了适用。

宪法的机制式构想

启蒙运动时期的一些政治思想家们相信，一部设计良好的宪法能够产生类似的效应。他们认为，宪法不是一种可以被服从或违反的规范，而是一种能产生某些特定效果的机制。这种机制的典范是英国宪法，或者至少是一种源自英国宪法的理想模式。在该模式中，立法权属于一个复杂的机关，它由下议院、上议院和国王这三个机构组成，而行政权属于国王。因此，国王参与行使了两项权力。所有这三个机关都完全独立，并且不会因为自己作出的决定而受到惩罚。问题源自国王的特殊地位。作为行政长官，他有义务适用法律，但法律又是他参与制定的。倘若他违反法律并发布与法律不一致的命令，他又不会受到惩罚，因为他具有独立地位。但是，如果他保持不受惩罚的状态，那么所有事情似乎都在说明，他是唯一的立法者。因此，这种分权是自我解构性的，因为国王既是立法权的一部分也是唯一的行政机关，他同时掌握着这两种权力。

问题的解决办法在英国大臣制度之中。对于代表行政权的国王所颁布的法案，大臣们有权联署或会签自己的名字，并对这些法案负责。因为大臣们需要承担责任，当法案违反法律时，人们预期他们会拒绝签字。从而法律总是会得到正确适用，而国王无法再同时操持两种权力。另外，上下议院也可能会提出侵犯行政权的法案，但作为立法权一部分的国王，将捍卫自己的权力并否定那类法案。如此一来，人们认为权力分立——以及代言权力分立的宪法——将自动得到维护。它之所以得到维护，不是因为各个权力机关品行高尚且主动服从，甚至也不是那些机关被引导去服从，而是因为无论他们怎么做，甚至都想违反宪法，但最终还是会失败。倘若机制设计得好，那并不意味宪法不应被违反，而只意味宪法实际上是无法违反的。

如果机制如期发挥了效用，那么最终结果仍将如下：公民服从了行政机关发布的一般性命令，而命令的内容不受法律适用机关之个人好恶的影响;并且,公民在服从行政机关命令之际,也间接服从了更高层级的法律。

在倡导者的心目中,这种宪法机制还会影响到法律的一些实质性特征。如果三个立法机构之间存在利益冲突,那么制定新法会变得困难重重。这被视为一项优点,因为倘若法律为数不多,那么对私人领域的干预也就很少,个人与市场的自治也就得到了维护。另外,最终获得通过的法律,必然是各方妥协的产物,这意味着法律的立场将是温和的。要求立法者制定温和的法律并尊重个人自治的宪法规定,例如颁布权利法案,不一定会得到遵守。因此,宪法没有那么规定,而是通过更睿智的权力分立实现了同样的结果。

当然,如此完美的设计不可能真正得到实现,但其中蕴含的洞见很重要:依靠这种机制,我们有希望用必然的服从来取代服从义务。

对裁量权的约束

当权力机关拥有法律意义上的完全裁量权时,例如制宪会议、立法机关、行政机关或者法院在解释法律时,另一种类型的约束就出现了。对于这种约束,在此我只举两个例子。

第一个例子是 1795 年的法国国民公会。① 在 1792 年废除君主制后,该公会被选举出来制定一部新宪法。在罗伯斯庇尔的领导下,法国实际上在 1793 年 6 月就通过了一部非常民主的宪法。它规定了男性普选权。尽管如此,因为战争延续和革命情势所迫,它被延期适用。在罗伯斯庇尔下台后,国民公会决定制定一部更保守,但仍然维持民主表象的新宪法。新宪法的一个显著特征,是那些因生活拮据而无法纳税的男性丧失了选举权。但是,国民公会不愿承认自己废除了普选制。这种局势导致了一个异乎寻常的结果:新宪法采用了两种新的公民概念。

① 关于法国大革命时期公民身份的概念,参见 La Torre(1998)。

在大革命初期,公民只是指社会的一员。每个人,无论其性别、年龄或出身,只要是社会的一员,就都是公民。但这并不意味着所有人都有投票权。显然,那些生来就缺乏能力的人被排除在投票主体之外,"天生无能力"当时是指被认为生来就丧失了能力。因此,未成年人、智力障碍者与女性都被认为天生不具有投票能力。根据1793年宪法,他们拥有但不能行使公民权利。

但到了1795年,国民公会却无法继续将权利与权利行使区别开来,因为贫困很难被认为是"天生的"无能力。倘若国民公会要继续维持普选制假象,即所有公民拥有投票权的体制,那么唯一的出路就是更改公民的定义:对于国民公会而言,公民是指21周岁以上,在同一个城镇居住1年以上并且缴纳了最低数额之税款的男性。这些男性既拥有权利,也能行使权利。所有符合这些条件的人都是公民,而所有的公民都可以投票。某种意义上可以说,"公民"的新定义源自制宪权所受的一些约束。

但事情并未到此结束,因为在此之后,位列公民的女性、儿童、智力障碍者与穷人都失去了这一资格。如果他们不再是公民,那他们又是什么呢?而这就是托马斯·潘恩所提的问题。他曾是国民公会的一员,并偏向于国民公会中更为开明的一方。这一难题的解决办法,仍然是创制一个新的概念:广义上的公民。这一意义上的公民是指任何居住在法国的本国人,无论其是不是严格意义上的公民。因此,国民公会在新宪法的末尾写道:外国人在法国享有"与法国公民相同的"购买或继承财产的权利。这些公民显然包括女性与儿童。添加这一特殊条款,对于保护外国人权利而言几乎毫无必要。实际上,外国人甚至不属于一种法律范畴。大革命初期,所有居住在法国的人都是公民并享有平等的权利,至1795年也仍如此。"国籍"一词直到19世纪才被使用。但是,如果国民公会想要再次宣告所有人都享有平等权利这一原则,它就不得不寻找一个新的表述。所有公民之间的平等是不可能的,因为外国人不是公民。所以,只能是外国人与所有在法国有权拥有和继承财产的人之间的平等。这一范畴超越了严格意义上的公民,因为女性和儿童当然也可以拥有财产。因此,我们不得不创制出这一范畴并给其命名。由于缺少一个独特的名称,这一范畴被称为"公民"。广义上的公民指所有居住在法国的本国人,即拥有法国国籍的人。因此,这一新的概念是指"国民"。值得注意的是,它最初被创制出来不是出于区分法国人和外国人的需要,而是出于区分这类法国人和那类法国人的需要。

显而易见,国民公会对是否授予投票权具有完全的裁量权。并不存在一项义务,要求其将投票权限定在 21 周岁以上的这部分人,或者要求其创制出公民或国民那样的概念。但是,一旦作出决定拒绝给予未纳税者以投票权,给出正当理由的需求就促成了这两个新概念的诞生。

第二种情形关系到最高法院,它的判决不受更高级别法院的拘束。倘若人们普遍认同,最高法院能够自由地解释准用性法律,从而还能够重塑这些法律,那么为何最高法院的司法理念还能保持一种相对稳定性?毕竟,倘若它能自由地重塑法律,那么它为何不按照其成员不断变化的政治立场,来重塑这些法律呢?对于这一问题的经典回答是:尽管不会受到制裁,最高法院仍然负有适用法律的义务。不过,这种回答差强人意。原因有二:首先,我们想知道法院为何要服从那种义务;其次,法院应当适用的法律并不是明白清晰的,其文本的含义是需要予以解释的。

另一种回答来自以下事实:法院的成员组成,以及法院作为一个整体较之于其他机构所具有的特征。法院是一个合议制机构,其成员在许多问题上都会产生分歧。在其内部讨论过程中,某些类型的论点永远不会被采纳,主要不是因为这些论点不能拿到台面上来,而是因为它们绝不可能说服他人。例如,声称某人的立场符合自己的个人价值观,并不能让这一立场得以正当化。为了说服他人,有必要展示自己提出的决定符合那些获得一致认同的理念,从而被认为是

"客观的"。而且，即便是最高法院，也只是在法院系统内具有最高性，在更大的法律体系范围内却并非如此。相应地，各种政治机构都可以推翻最高法院的判决：立法机关可以推翻最高法院的判决，制宪权可以推翻宪法法院的判决。就算没有这些制约，最高法院仍然会被自身的最高性约束。最高法院的判决都与具体案件相关，都是针对这些案件的具体判决，这些判决的正当化过程，离不开法院对相关一般性命题、规则、原则等的陈述。最高法院能够影响到下级法院，此外还能影响到公民的行为。但是，只有当公民在采取行动前考虑到了相关后果时，也就是说，当他们能够预测到法院将以特定方式回应其行为时，最高法院才能影响到公民个人的行为。唯有法院的司法理念未遭受频繁更改时，这种效应才会出现。如此一来，法院就遭遇了一个悖论：自己受以往判决的约束越多，自身的权力就越大（也就是说，它对实际行为产生的影响会更大）。

这些约束不同于法律义务，行动时将它们考虑进来也不意味着服从。尽管如此，我们仍可以说，这种结果类似于人们对法治国的预期：在法治国中，公民服从义务的正当性依据，是政治机关对一般性规则的服从，因为后者意味着公民自身间接地服从一般性规则。不过，倘若政治机关和法院的决定并不是在适用一般性的上位规则，但其决定不能以个人偏好为基础，它们还被强制要求前后一致地行事，那么公民仍可以预期同样的利益。就像在法治国中那样，那些机关也受到了制约。它们实际没有适用上位规则，未曾受到规则的具体限制，但它们仍然因为自身在法律体系中的地位或法律论证的结构而受到了约束，所以公民依旧享有政治自由，因为他们可以预见到自身行为的后果。

但基于一些理由，我们不能将法律约束理论当作法治国理论的一个新版本。第一个也是最重要的理由是：法律约束的存在可以解释一些决定，但不能解释所有决定。实际上，无论是立法机关还是最高法院，其大部分决定只能通过法律创制主体的意识形态获得解释。

如果最高法院能够以5∶4的微弱多数做出决定,这表明所谓约束仅仅是导向了一种可能的选择,但这种选择不是约束所带来的结果,并且选择的内容实际可以是不同的。第二个原因是:即便制定规则和发布命令的那些机关不能依其意愿自由地采取行动,并且它们被要求以特定方式做出决定,那么它们也没有在适用上位规则。因此对普通公民来说,当他们服从那些规则和命令时,他们并非在间接地服从上位法律。第三个原因是:法治国理论的优势,在于它和民主理论之间的关系。如果人民制定了一部高级法律,并且特定命令源自那部高级法律,那么我们总是间接地服从了被假定的人民意志。一旦行政机关和法院拥有裁量权限,这种情况就不复存在。因为在那种情形中,行政机关和法院的意志,就是让公民服从自身意志。不过,一旦行政机关和法院受到了约束,前述情况又不复存在了。因为在那时,公民既不服从人民意志也不服从高级法律,而服从于该体系所创制的盲目必然性。

参考文献

Finnis, J. 1980. *Natural Law and Natural Rights*. Oxford: Clarendon Press.

Kelsen, Hans. 1961. *General Theory of Law and State*. New York: Russell & Russell.

La Torre, M. (ed.). 1998. *European Citizenship: An Institutional Challenge, The Hague*. London: Kluwer.

Neumann, Franz L. 1986. *Political Theory and the Legal System in Modern Society*. Heidelberg: Leamington Spa.

第四章 《民主与法治的政治基础》附录

巴里·温加斯特[①]

在本书开篇处,马拉瓦尔与普沃斯基提出了一个难以回答的问题:为何政府会依法办事? 就事实而言,无论是在当代还是在历史上,为数众多的政府都难以做到依法办事。这表明问题的答案并不那么清晰。本书的主要观点是:法律的力量并非规范性的——公民和政府官员之所以遵守法律,并不是因为负有遵守法律的义务;相反,政府官员之所以遵守法律,是因为他们有这样做的动力。

马拉瓦尔与普沃斯基对这一逻辑进行了完善。例如,他们认为宪法对于法治十分重要。"不过,宪法之所以重要,并不是因为政府自认为有遵守宪法的义务。相反,宪法作为一种重要的制度设施,能让一个个公民推测到其他人所认为的重大违法行为是什么,从而就如何行动达成共识。"为了监管政府官员的行为,"不同利益群体的行动必须协同起来"。

马拉瓦尔与普沃斯基还强调了法治的另一个重要方面:"法律告诉人们可以对他人持有何种预期……同时有助于公民协同起来,对

---

① 巴里·温加斯特(Barry R. Weingast):斯坦福大学胡佛研究中心高级研究员,政治科学系主任、教授。

一个出尔反尔的政府进行追责。就此而言,那些公开颁布的规则,提供了一份达成均势的指导性手册。"他们还提到,"法律指示公民何时可以反抗政府。通过整合各种预期,公民们就追究政府责任达成集体行动"。

简言之,对马拉瓦尔与普沃斯基所提问题的一种回答是:政府官员之所以遵守法律,是因为不这么做的话,会令自己的政治前途面临风险。这个回答的说服力在哪里?

在 1997 年发表的一篇论文中,我提出一种方法以完善这一主张的立论逻辑(普沃斯基提出了另一种)。尽管那篇论文使用的模型主要适用于民主,但也能以更概括的方式(正如其标题所示)适用于法治。和其他采取"均衡性制度"视角的著作一样,该文也认为各种制度,例如宪法、民主、司法独立和自由市场等,必须得到有动力尊重这些制度的政府官员的支持。唯有政府官员有动力去尊重公民权利、尊重选举结果,并避免使用武力解决冲突,民主才能得以存续。唯有政府官员避免动辄干预和调控,自由市场才能得以存在。唯有民选官员与官僚集团遵从司法判决,司法独立才能得到维系。

一如马拉瓦尔与普沃斯基指出的那样,政府官员必须具有尊重法律的动机。戴蒙德(Diamond,1999:70)在论及民主时指出:"唯有(公民)监督官方行为的努力十分有效时……执政党、总统或者元首才会在遵守游戏规则的前提下促进自身利益,从而让那些宪法规范主动得到实施。"公民必须有能力去捍卫法治的基本制度。

均势论法治的逻辑

霍尔姆斯与普沃斯基(本书第一、五章)都认为,唯有符合自身利益时,统治者或元首才会服从那些对自身权力的约束。在我的分析进路中,法治的根本问题是公民如何监督政府。当公民们能够协同一致地对抗潜在的政府违法行为时,他们就能够威慑政府。因为这样一来,当领导人侵犯公民权利时,就会面临被罢黜的风险。于是,他们就会避免侵犯公民权利。这和霍尔姆斯的主张相符,即唯有符合自身利益时,统治者才会服从对于自身行为的约束。

因而,监督政府就是一个如何协力合作的问题:一旦公民们能够协同一致对抗君主或统治者的违法行径,那么统治者就不敢侵犯公民权利。霍尔姆斯(本书第一章)业已指出:"事实上,相比让官员受到人身伤害的威胁(最初由马基雅维利提出并得到了普沃斯基的强调),公民们不再提供服从性合作的威胁为政府权力的规范化提供了更持久的动力。"然而,借助一致行动去监督政府是存在困难的,这很大程度上是因为对于何为善恶,也就是何为侵犯性行为,公民们天然地抱有分歧。这些分歧自然会导致公民们对政府的恰当角色、政治体制与公民权利等产生大相径庭的看法。这些严重分歧反过来又阻碍了公民协同一致对抗政府。

我论文中第一个模型的结果,是为了证明这一点:当公民们对于政府的恰当角色和公民权利存在分歧时,领导人可借助周知的"分化—控制"机制操控后者。君主会在侵犯某些公民的权利之际,维持足够数量的其他公民对他的支持,以便自己继续掌握权力。这一场景曾经跨越时空,无休无止地重复上演。在 17 世纪的英格兰,某个群体(在 17 世纪末被称为托利党)一直支持斯图亚特王朝,而斯图亚特王室经常侵犯后来被称为辉格党的那些群体的权利。与此类似,在 1973 年反对民选总统萨尔瓦多·阿连德的智利政变中,保守派地主支持了皮诺切特和军方。

该模型表明,这种分化控制模式可以促成一种均衡状态,从而获得稳定性。鉴于公民协力合作存在各种困难,我认为该模型是一种最为自然的均衡状态。当然在这种背景下,不可能出现一种完整形态的法治(尽管巴罗斯在本书第八章提出,即便在独裁统治下也能萌发出一些法治元素)。

若要促成法治，公民们必须设法解决协力合作问题，以便一致对抗潜在的政府违法行为。但是，他们关于政府的重大意见分歧，令协力合作困难重重。

需要构建一种协同装置来解决这种协力困境，这种协同装置往往是一部宪法，但更常见的是达成一份协定。这一新装置的关键，在于能协调公民们对政府的反应。因此，作为协同装置的宪法与协定，往往会创设新的政府决策程序和公民权利。这些更具体的规定界定了什么是违法行为，从而有助于公民协同合作。因为依据定义，政府对相关程序或权利的侵犯，就属于违法行为。

我在新近一本著作中提出，当合作协定满足四项条件时，它就能够自行获得实施（2002 年，以及后续出版的新著）。第一，该协定必须创设（或者在已有文件中予以增补）一套关于公民权利和政府决策规则的框架和程序，它们界定了施加在政府身上的一系列约束。第二，达成该协定的各方都相信，协定会让自己的处境变得更好。如果其中一方的处境并没有因协定而变好，也就是说还不如没有协定，那么该协定就会落空。尤其是，各方都必须相信，那些框架性和程序性限制在总体上会敦促政府改善他们的处境。第三，各方同意按协定内容调整自身行为，当一方调整自己行为时，作为回报，其他方也会同步这么做。第四，协定各方都愿意捍卫协定并反抗政治领导人的违法行为。换言之，他们不仅愿意捍卫协定中对自己有利的那部分内容，还愿意捍卫有利于其他人反抗政治领导人违法行为的那部分内容。只有在下属情形中，第四项条件才会得到满足：协定各方皆预期自身利益会得到其他方的捍卫；比起没有协定，达成协定对每一方都更有利；倘若一方未能维护其他方的权利，之后就得不到其他方的援助。换言之，当各方在协定之下的处境变得更好，并认识到单方不履行义务会导致他方也不履行义务——背弃协定，那么协定就能得到自行实施。

简言之，法治的一个关键性要素是用宪法与协定解决公民的协同困境,让公民们能够协力一致对抗潜在的政府违法行为。当公民们获得这一能力时,就能威慑统治者的违法企图。

共识的意义

我在之前的著作中使用了"共识"这一术语,并尝试将我的模型适用于别人业已研究过的问题。但选用"共识"一词,或许是一种无奈之举。我对这个概念的用法,迥异于以往的民主研究。以往文献将共识视为一个自变量。一些政治文化中存在共识,因而出现了民主,但其他文化却并非如此。相应地,共识的程度(概括而言就是政治文化)成为自变量。

霍尔姆斯和普沃斯基的论文(皆收录在本书中)否定了这一逻辑,我的模型也是如此。在这个模型中,共识不是一个自变量或因变量。相反,因果机制涉及协同问题——某个社会中的公民是否拥有一种对抗政府的协同机制?

假设在某个社会中,宪法性机制建构了让公民监督政府的重要合力点。我发现,对奉行行为主义的政治科学家而言,这一内生性行为——能够协力合作——就是共识。这种进路将文化视为一种自变量。

从均势状态研究文化的新进路(Chwe,2001;Fearon and Laitin,1998;Ferejohn,1991;Przeworski,本书第五章)认为,政治文化产生于一个群体的均势行为之中:一旦所有公民在特定情形中都按既定方式行事,并且,如此行为又是出于自身动机时,文化就产生了。

我所持的均势论表明,那些业已解决了自身协作问题的社会,看上去似乎拥有了共识。然而,这并不是因为公民们达成了一致,而是因为他们能够搁置分歧,并就监督政府的协同装置达成一致。

换言之,就均衡状态下的行为视角而言,基于政治文化的研究进路和我的进路"看上去是相同的",但二者的内在机制却截然不同。

结论

本书收录的论文加深了我们对法治的那些基础性机制的理解。本章和下一章的共同主题是：当符合自身利益时，领导人和政府都会遵从对自身行为的约束。本章揭示了支撑这一论点的一种机制。

参考文献

Almond, Gabriel A. and Sidney Verba. 1989. *The Civic Culture: Political Attitudes and Democracy in Five Nations*. 1963. Reprint, Newbury Park: Sage Publications.

Chwe, Michael. 2001. *Rational Ritual: Culture, Coordination, and Common Knowledge*. Princeton: Princeton University Press.

Diamond, Larry. 1999. *Developing Democracy*. Baltimore: Johns Hopkins University Press.

Fearon, James and David Laitin. 1996. "Explaining Interethnic Cooperation." *American Political Science Review* 90: 715-735.

Ferejohn, John. 1991. "Rationality and Interpretation: Parliamentary Elections in Early Stuart England." In Kristen Renwick Monroe (eds.), *The Economic Approach to Politics*. New York: HarperCollins.

Lipset, Seymour Martin. 1960. *Political Man*. Garden City, N. Y.: Anchor Books.

Weingast, Barry R. 2002. "Self-Enforcing Constitutions: With an

Application to American Democratic Stability. " *Hoover Institutions*, Stanford University. Unpublished manuscript.

Weingast, Barry R. Forthcoming. "Constructing Self-Enforcing Democracy in Spain. "In Joe Oppenheimer and Irwin Morris (eds.), *From Anarchy to Democracy*. Stanford:Stanford University Press.

第五章　政党为何服从选举结果？

亚当·普沃斯基[①]

民主要想存在，至少有一项规则必须得到遵守，那就是明确规定哪一个政党应该执掌政府的规则。本章意在探究，在选举中相互竞争的政党在何种条件下会服从选举结果。

有一种观点认为，当人们共享某种特定的文化时，他们就会遵守法律。这种文化会重视法治本身，而不考虑其引起的结果。这样的文化会令民众形成这样一种义务观——必须遵守业已同意的规则所带来的结果。或者，它会促成一些令民众倾向于遵守法律的性格特征。但无论这种文化的具体特征是什么，当且仅当一个社会拥有某种特定文化时，法治才会持久。

另一种理论认为，法治的出现是利益冲突的结果。尽管每个人依法行事的情形可以用术语来描述，但在这种理论看来，当相互冲突的政治力量在考虑到他人行为之后，认为依法行事符合其最佳利益时，就会出现这种情形。

争论起源于促成相关情形的因果关系机制：它们到底是某些既

---

　　①　亚当·普沃斯基（Adam Przeworski）：纽约大学卡罗尔政治学讲席教授。

有文化模式的表现，还是利益追求的结果？上述两种观点都导向了同一结论——存在某些政治主体依法行事的情形。因此，观察法律规定的情形不足以确定产生这些规则的机制。如果我们要对这些解释加以评判，就必须考察据以产生这些情形的历史形态，然后审视这些解释是否可以说明历史。以下是若干事实。

当一国的人均收入高于阿根廷在 1975 年的人均收入，即 6055 美元时，民主制度就不会消亡。[①] 这一事实令人吃惊，因为仅在 1951 年到 1990 年，就有 39 个更为贫困的国家的民主制度陷入崩溃；相反，在 31 个更为富裕的国家中，民主制度却持续了 762 年，并且无一消亡。富裕的民主制度国家挺过了战争、暴乱、丑闻、经济危机和政府危机等各种困难。

民主制度存续的可能性随着人均收入的增长而单调递增。在人均收入低于 1000 美元的国家，民主制度在特定年份消亡的可能性为 0.1636，这意味着其预期寿命大约是 6 年。在 1001 美元至 3000 美元这一区间，这一可能性为 0.0561，其预期寿命是 18 年。当人均收入居于 3001 美元至 6055 美元之间，这一可能性为 0.0216，这大约可以换算为 46 年的预期寿命。我们已经知道在 6055 美元以上会发生什么了：民主制度会永久持续。

此外，相比于在野势力所建立的独裁政权，民选的在任者所建立的独裁政权会在收入更低的国家出现。在极度贫困的国家，选举的赢家或输家建立独裁政权的可能性刚好相等。在中等收入水平（1001 美元至 6055 美元）的国家，选举的输家更有可能这样做。在 6055 美元以上的国家，赢家与输家都不会这样做。

与人均收入相比，其他因素的重要性就显得黯然失色。尽管如此，还是有一个因素能够说明问题。当一个政党占据了立法机

[①] 这些数据都是根据 1985 年的美元购买力平价换算而来，数据来源是 Penn World Tables，release 5.6。

关下院超过 2/3 的多数席位时,民主制度就更有可能消亡。另外,当政府首脑不时更换,并且比 5 年一换更为频繁(但是没有 2 年一换那么频繁)时,民主制度将最为稳定。这些观察结果表明,当任何政治力量都无法取得完全和永久支配地位时,民主制度就更容易存续。

在本章余下部分,我将考察究竟是文化选择还是理性选择理论能解释这些模式。首先,我将探究文化解释的结构,并认为所有现存的文化理论都不具有足够的体系性,以提供令人信服的解释。由于这些歧义貌似是文化观点所固有的,所以我首先将对它们的历史进行简要重述,然后对其逻辑结构加以分析。我也汇总了一些统计数据,这些数据表明,在解释民主制度的稳定性方面,至少就可观察的文化模式而言,它们并没有起到任何作用。在得出了关于文化解释的负面结论后,我总结了自己在其他地方(2002)所提出的理性选择模型,并表明该模型不仅能够完美解释已观察到的模式,而且能够解释,为何即便在任者在立法中享有完全的裁量权限,民主政府也还是受到约束的。

文化与民主[①]

竞争性的与非竞争性的解释

文化解释认为,某些确定的文化模式,也可以称之为"民主文化",它们对维系民主而言是必不可少的。这一说法可分为两部分:(1)唯有得到一个社会的文化模式支持,民主方可维系;(2)特定文化可能是民主文化,但也可能不是。然而,这种说法尚不足以构建出一

[①] 本节是对 Przeworski,Cheibub 和 Limongi(1998)观点的总结。

种能够与基于利益追求的解释相互竞争的解释。各种文化解释若要具有竞争性，必须满足一项必不可少的前提条件——它们所声称的、对维系民主而言必不可少的民主文化，在起源上独立于民主发展进程，它并不是民主制度的产物。如果这种文化是经济发展的法律结果，那么这两种解释在经验上就难以区分了。如果这种文化是民主制度的结果，那么它就没有起到因果关系式的作用。为了区分竞争性解释与互补性解释，我将首先对文化理论的历史进行简要概述，然后对其结构加以分析。

文化观的历史

在《波斯人信札》[1993（1721）]和之后的《论法的精神》[1995（1748）]中，孟德斯鸠首次提出，所有的政体倘若想要得以存续，就都需要呈现出确定的文化模式。[①] 每种政体都有一个支配性原则：专制政体依靠恐惧，君主政体依靠荣誉，而共和政体依靠品德。正是这些原则才使每种政体得以运作（III.1）。但是，反过来它们也要与其他文化要素相互契合。维西尼（1995：24-25）认为，随着对不同国家历史的了解不断增多，孟德斯鸠的清单也逐渐在演变：在《思想录》中（no. 645 of 1737-1738），文化要素包括"宗教、礼仪（les moeurs et les manières）"；在《论法的精神》中，这些清单首次变成"宗教、先例（les exemples des choses passées）、习俗（les moeurs）、礼仪（les manières）"。之后变成"居民的宗教（la religion des habitants）、他们的倾向（leurs inclinations）、他们的习俗（leurs moeurs）、他们的礼

---

① 卢梭[1985（1771）]进一步阐述了这一观点，他认为特定类型的民主制度只有在特定社会的习俗兼容的情况下才能繁荣昌盛。即便他对波兰的看法非常民俗化，他的观点也具有一般性："人们必须清楚地了解自己所要建设的国家；否则无论最终产品本身如何精美，它在遭到外力作用时就会显现出它的不完善——当一个国家业已形成时更是如此，它的喜好、习惯、偏见与缺点如此根深蒂固，以至于新的种植物无法将其扼杀。"（1985:1）

仪（leurs manières）和他们彼此之间的关系（des rapports entre elles）"。以下是一个开放式清单：从婚姻制度到牧师独身主义，再到宗教宽容，最终似乎一切事物都是重要的。

此外，文化因素并非唯一的原因：气候至关重要，土地的质量、领土的大小和"商业"（经济）也是如此。那么究竟是什么引起了什么呢？维西尼（1995：38）认为，"道德依据最终在法律精神中占据主导性地位"。不过，他只是从孟德斯鸠所探讨的主题的最终顺序推导出这一结论，而不是从这方面的任何明确表述中得出的。就像"什么样的立法者能向人民提出人民政府的建议？"（XIX. 2）那样，孟德斯鸠有时只使用附会式语言，而不是因果分析性语言。然而，他一直在寻找"事物的顺序"（XIX. 1）。不久之后，他观察到"有几件事支配着人"，而且"在每个国家，随着其中一项事业起到的作用越来越大，其他事业也就越屈服于它"（XIX. 4）。自始至终，孟德斯鸠强调的都是法律教化，而不仅仅是效果。因此，无论是在原则和文化之间，还是在法律和原则之间，其间的因果关系都不是一目了然的。

孟德斯鸠对政体的比较研究，预示了文化主义观点自那以后将面临的困难。第一个困难是确定那些对于政体而言实属重要的文化特征。第二个困难是确定经济、政治制度和文化之间的因果关系。

孟德斯鸠的一般性假说，在之后苏格兰道德哲学家的著作中得到了发展。那些哲学家"将孟德斯鸠的社会状态，转变为了市民社会历史发展过程中的一个精确排序阶段，以便解释一种过程，为此，必须造出新的名词来对其加以称呼，也就是'文明'"（Collini, Winch, and Burrow, 1983：18）。后者带来的改变在于，文化被认为持续从原始向文明演进，并且某些形式的政治生活被认为唯有在文明社会中才能得到维系。在他们看来，政治制度无法被凭空创造出来，无法通过人为设计而产生,相关制度必须与同情感、社会性、顺从习性以及对公共效益的后天感知相一致。

在《代议制政府》[1991(1861)]的第一章,约翰·密尔提出了这样一个问题——"政府的形式在多大程度上是个选择问题"。密尔确信,某些文化模式与民主是不可兼容的:"尽管在某种程度上感受到了文明社会的好处,但是粗俗之士或许还是不能表现出这样的社会所要求的忍耐;他们的激情会太过强烈,或者他们的自尊太过严苛,以至于不能摒弃私人冲突,从而把对他们(真实的或假象的)的错误伤害交由法律来解决。"(p.15)人们可能会认为代议制的政府形式令人反感,他们或许渴望它,但却不愿或不能满足它的条件,或者在技术上没有准备好将它付诸实施。然而,密尔(pp.18-19)坚持认为,这些条件是可塑造的:"这些所谓的政治制度要素只是实现这三项条件的工具……将这些帮助和工具提升到必要条件的做法是一种夸大之举。人们更容易被引导着去做并且更容易做那些他们已经习惯的事,但是,人们同样会学习那些对他们而言全新的事物。"人们或许没有为民主做好准备,但是,他们可以被教导着去扮演民主主义者的角色。

问题的复杂性在于因果关系的方向和链条。从亚当·斯密(Winch,1978:ch.3)开始,经由大多数阶段性理论(仅列出一些人,如孔德、梅因、剑桥"比较政治学派"、滕尼斯、涂尔干),再到当代的现代化理论,就它们对相关因素——技术,财富,被理解为信念和习惯的文化,以及被理解为践行各种观念和象征的文化——的区分程度而言,大多数发展主义观点对推动文明从一个阶段前进到另一阶段的因果关系链条的理解,皆存在矛盾之处。到底是物质文明推动了文化和政治制度,还是文化变迁促进了物质文明和政体?

阿尔蒙德和维巴的著作(1965)是解决这些问题的当代尝试,该书开创了一种新的方法。阿尔蒙德和维巴首先指出,西方文化的技术部分很容易传播到新的国家,而西方政治文化的可传播性却并不明显。并且,文化和民主之间存在着因果关系:"如果参与式政府的民主模式想要在那些国家生根发芽,那就不仅需要形式上的民主制度……一种民主形式的参与式政治制度另需一种与之契合的政治文化。"(p.3)尽管阿尔蒙德和维巴也认为,在现代化理论的一般脉络中,经济发展是民主的必要条件,但是,正如李普塞特发现的关于二者的事实证据表明:经济发展远不是民主的充分条件。

阿尔蒙德和维巴认为,文化为民主制度奠定了"心理基础"。另外,不同于 Laswell(1946)和其他从心理学角度所做的研究,他们采用的是心灵主义心理学。文化是"社会目标的心理导向"(p. 13)。"当我们谈及政治文化时,"阿尔蒙德和维巴解释道,"我们是指内化于民众的认知、情感与评价中的政治制度。"最后,"一国的政治文化,就是该国民众间对政治目标导向模式的特定分布"。

根据这一概念化方式,我们可以通过向个人提问来研究文化,而一国的文化只不过是相关答案的分布。所谓方法上的创新,其实就是通过考察历史将过去研究的"国民性"定性为"众趋人格",或者通过调查育儿模式,询问人们知道什么、喜欢什么以及珍视什么。因此,尽管阿尔蒙德和维巴的研究,因为概念与方法方面的原因而受到了批评(Barry,1978;Wiatr,1979),但它却衍生出了一个新的研究领域。

在当今世界范围内,询问民众对于政治制度的知识、对于政治体制的偏好以及对于政治进程、政治主体和政治后果的评价,都已成为一项常规性作业。对于这些问题的回答,被解读为民主稳定性的征兆,而这些解读往往是忧心忡忡的。例如在 1991 年,当仅有 39% 的受访者认为民主制度永远是最好的政治体制时,巴西貌似处在危险边缘。相比之下,在 1990 年的智利,这一比例高达 76%。Almond and Verba, Inglehart (1990) 与 Granato, Inglehart and Leblang

(1996)都试图表明,对于这些问题的回答,能够预示民主制度的存亡。但是,他们的分析在方法上存在着严重缺陷。事实上,关于"民主态度"的调查在新旧民主制度国家中反复进行,学术期刊论文中充斥着诸如美国人、西班牙人、智利人、波兰人或哈萨克斯坦人等各国民众喜欢或不喜欢民主制的百分比数据[仅举一例,参见 *Journal of Democracy* 53(2001)]。但是,没有丝毫证据能够表明这些回答与民主的实际存续有任何关系。

什么是重要的文化,以及如何重要?

这段简要的历史概述表明,认为民主制度需要一定文化基础的观点,具有很强的生命力。文化领域的某些事物似乎是民主产生或持续的必要条件。但是这种事物是什么?孟德斯鸠认为,那是一种非理性的激励性因素(III.1)——恐惧、荣誉、美德——反过来则反映了宗教、风俗和习惯。阶段性理论家找到的是情感与习惯,以及一种理性的公共事业意识。密尔的观点更为体系化,它区分了对于民主的偏好、维系民主所必需的性情特征以及社群感。阿尔蒙德和维巴着眼于信仰、效果以及对政治进程和政治结果的评价。英格哈特希望了解的则是人们对其生活是否满意,是否彼此信任,以及是否喜欢革命性转变。其他调查研究者则询问:人们是否重视民主本身,而不论民主需要应对何种情况,以及会导致何种结果。

然而,如果文化主义观点打算为民主的起源和生命提供一种令人信服的解释,它们就必须具体说明什么是重要的文化,以及为何重要。让我们区分一下在文化中有可能很重要的那些内容。

第一,人们重视民主本身,而不论它会导致何种结果。他们之所以希望实现民主,并且保卫它不受威胁,是因为——民主以政治平等为基础(Tocqueville),民主是自由的表现形式(Dunn,1992),或者任何非工具性的其他理由。他们相信民主无论如何都是最佳的(或者是最不坏的)政体,一旦被问到他们就会这样说,或者他们表现得好像自己的确如此认为。

第二，人们认为自己有义务遵守那些自己"业已同意的"规则所导致的结果。[①] 我之所以给"同意"加上引号，是因为我们所谈论的同意有可能是推定的同意，也就是说，一旦被问到，人们就会选择这些规则。民主之所以有正当性，是因为只要这些决定是规则适用的结果，民众就乐于接受目前尚无确定内容的决定。即便人们不喜欢这些决定，他们也会遵守民主互动的结果，因为这些决定是他们认可的那些规则的适用结果。Neubauer(1976:225)认为，"'游戏规则'的社会化是民主的前提条件"。

政治义务理论还有第二种变体，它强调参与而非默示同意。在这一版本中，倘若人们认为自己有机会参与促成结果形成，那么他们就有义务服从该结果。与其他人一样，人们若有机会公开陈述自己的理由(Cohen,1998)或至少有机会投票，拥有这种机会就能使结果具有规范约束力。于是，"参与式文化"就成为民主稳定性的关键。

第三，人们身上具有某些支撑着民主的价值观或者性情特征。Lipset(1960:153)认为，"倘若一种政治体制缺乏一套允许权力和平'竞争'的价值体系……那么就不会有稳定的民主制度"。这些特征可能包括"共和美德"、信任[②]、同情、宽容、温和或耐心。人们有可能热爱集体胜过爱自己；即便自己的对手把持了政府，他们也还是相信政府不会不当利用自己；他们愿意尊重那些不同观点的合理性，尊重那些与己不同的利益；他们乐于接受其他人也应享有的权利；或者，他们乐于等待轮到自己的那一天。

---

① 关于这种构想作为一种实证主义行动理论的困难之处，参见 Dunn(1996:ch.4)。同样需要注意的是凯尔森[1988 (1929):21]的下述看法："一条纯粹消极的假设——没有哪个人比另一个人更重要——不允许推导出这样一条积极原则，即多数意志应当占据支配地位。"

② 信任是民主理论家们最近关注的话题。不过，人们可能想知道民主制度下的人民，是否应当充分信任自己的政府；相反，难道他们不应当监督政府的行为，并恰当地对其施以制裁吗？

最后，对于民主的存续而言，更重要的不是人们共享什么，而是人们相互之间可以就共享达成"共识"。[1] 在关于文化和民主之关系的各种讨论中，Mill（1991：230）或许是最早指出下述现象的人："在一个由不同的民族构成的国家里，自由制度几乎是不可能存续的。在一个缺乏共同感情，特别是语言不同的人群中，代议制政府运作所必需的一体化民意是不可能存在的。"除非人们共享一些基本特征，例如语言、宗教或民族，否则他们缺乏足够多的共识去维系民主。不过，倘若这些基本特征的同质性程度不够，就无法对基本价值观、游戏规则或者无关民主运作之事务等议题达成"一致"（Dahl，1956；Lipset，1959；Eckstein，1961）。[2] 所以 Weingast（1997：254）认为，拉美地区的民主制度之所以不稳定，是因为"拉美国家缺乏一套关于政府之恰当角色的公民共同价值观"。

显然，民主制度的这些文化基础并不必然相互排斥。但是，如果文化主义观点要想具有解释力，就必须对其加以相互区分并进行具体说明。否则，永远不能得出文化无关紧要的结论。

第二个问题涉及因果关系。因为，即便人们发现所有持久的民主国家都共享一定的"民主文化"，这一观察结果也不足以确定（如果要选一个的话）何者为因何者为果：民主文化还是民主制度。尽管可能被批评为过于吹毛求疵，但我们仍需对各种因果关系链条加以区分，这些链条可能连接着经济发展、文化转型和政治制度。

第一种观点：文化既促进了发展也催生了民主，而不论后两者之间存在何种因果联系。这是一种"强文化主义"观点。

新教是一种能够促进发展和民主的文化——至少李普塞特是这样认为的（1959，1994）。反过来，Wiarda（1981）认为，天主教阻碍了

---

[1]　这种共识可能会"相互重叠"（Rawls，1993），因为在持有不同"基本"价值观的各个群体之间，人们接受特定制度框架的原因可能各不相同。

[2]　埃克斯坦（以及 Eckstein and Gurr，1975）认为民主政治还要求民主价值渗入更缺乏包容性的社会单元，例如家庭、社区或工作场所。

拉丁美洲的发展和民主。① 在不久之前,儒家学说还被认为有碍于发展和民主,但现在它似乎有利于发展。另一些人仍然认为它与民主是对立的。

第二种观点:民主要想成为可能,发展和文化是两个各自独立的必要条件。即便发展引发了一些文化转型,这些转型也不足以形成民主文化,而民主文化反过来又是民主存续的必要条件。阿尔蒙德和维巴持这种看法,我们在前面对此有过讨论,这依然是一种强文化主义观点。

第三种观点:民主要想成为可能,就需要某种特定文化,但这种文化是经济发展的自然结果。Lipset(1959,1960)描述了经济发展衍生出民主之文化条件的几种途径:通过促进温和与宽容,以及促使下层民众"接受长远观点,以及更复杂和渐进式的政治观"(1959:83)。显然,按照这种观点,随着经济的发展,多元化的文化具有足够的可塑性并会走向"现代化"。所以,因果链条的轨迹是从发展到文化再到民主。这种观点属于"弱文化主义"。

第四种观点:某种特定文化是民主存续的必要条件,但是,这种文化的出现却是民主制度的结果,一旦民主制度就位,这种文化就会应运而生。这是约翰·斯图尔特·密尔的观点,他认为尽管人们更喜欢做他们知道如何去做的事,但他们仍可以被教导着去做新的事。法律的教化功能,是孟德斯鸠和托克维尔长期关注的主题。按照这种观点,我们应该期望所有持久的民主国家都会具有相同的政治文化,并且这种文化会作为民主制度建立的结果而出现。

---

① 威亚尔达认为,当代拉美的政治制度源自一种该地区所特有的并与民主不相兼容的政治文化。这种被他称为"法团主义模式"的文化,直接来自"汇集了功能主义、世袭主义、庄园制度、法团主义以及封建主义于一身的西班牙殖民制度"(1981:p.39)。当这种方法适用到特定国家时,就会导致如下观察结论,例如"多米尼加的政治文化在历史上是不利于民主治理的。我们认为这是一个非常重要的因素。多米尼加的政治文化承袭自西班牙,这使其呈现出专制主义、精英主义、等级主义、法团主义和威权主义的色彩"(Wiarda,1989:450)。

只有两种"强文化主义"观点能与经济解释相抗衡。唯有宣称相关文化独立于经济发展的因果效用时，文化解释才具有竞争力。如果"文化"仅仅是一种对人们在为利益所支撑的民主均衡下相信什么和做什么的描述，那么与其说它是经济解释的竞争对手，不如说它只是对经济解释的详细阐述。

文化与民主文化

特定的或者可识别的文化，对民主的产生和持续究竟是有利还是有害？这一问题可以展开如下。假设我们观察到，与其富裕程度无关，大多数具有一定文化特质的国家都是民主国家，而没有这种特质的国家则很少是民主国家，那么我们即可初步证明：无论"民主文化"是什么，这种特质都是它的必要成分。但需注意的是，如果我们未曾发现这样的文化模式，那可能是出于以下两种不同的原因：要么是因为，民主的产生和持续不需要一种特殊的文化模式；要么是因为，尽管民主确实需要一些文化要素并面临一些文化上的障碍，但是所有的文化都可以——或至少可以变得——与这些模式相兼容。

从历史上看，关于该话题的讨论，主要围绕主导性宗教所确立的文化。认为宗教是主要原因的观点，肇始于 Weber[1958（1904—1905）]。韦伯认为，宗教驱动的禁欲式积累财富的"使命感"，是资本主义经济成功的关键。"现代资本主义精神以及现代文化的核心要素之一：以使命感为基础的理性行为，来自……基督教禁欲主义精神。"（p.180）这种"资本主义精神，作为一种承载了伦理约束的、确定无疑的生活准则"（p.58），为新教徒（或至少是其中的禁欲主义者）和其他宗教信徒在经济行为方面的差异（p.40），提供了一种根本性的说明。

这种资本主义精神对政治和民主的影响如何，韦伯几乎未置一词（他对民主的看法好坏参半，并且时有变化）。在《新教伦理与资本主义精神》的一个段落中,韦伯引用了孟德斯鸠的观点,即英国人"在三件重要事情上,走在了全世界各国人民的前列:虔诚、商业与自由"。然后他反问道:"孟德斯鸠指出他们行事虔诚,那么这种商业成就以及他们对自由政治制度的适应,难道与虔诚不存在某种联系吗?"但韦伯并没有展开这一想法,在文本结尾处(p.182),他只是宣称"下一项任务大致是揭示禁欲式理性主义的意义……它对实践性社会伦理规范之内容的意义,以及由此产生的对各种社会团体(从秘密宗教团体到国家)的组织类型和功能的意义"。至此,他结束了讨论。

我们有理由像马兹瑞那样,去质询文化或文明究竟是为民主提供了必要条件,还是构成了阻碍民主的顽固屏障(Mazrui,1997:118)。

第一,将文明和民主联系起来的观点,看起来属于典型的事后诸葛亮。倘若许多信奉新教的国家是民主国家,那么我们会从新教教义中寻找那些促进民主的特征;倘若信奉某种宗教的国家没有一个是民主国家,那么显而易见,该教必然存在某些反民主的因素。

第二,在包括新教主义在内的所有文化中,我们既可以发现与民主看似兼容的因素,也可以发现与民主看似不相兼容的因素。新教对经济不平等的正当化(更不用说利己主义伦理),对共同生存和以和平方式解决冲突,给出了一个糟糕的道德基础。其他文化是威权主义的,却又是平等主义的;有等级制度,却又尊重反抗的权利;是集体主义的,却又容忍多样性。于是,研究者们就可以仔细挑选各自所需的因素。①

第三,在历史上,每一种宗教传统都曾与各种各样的实际政治制度相兼容。突尼斯不是阿富汗,哥斯达黎加不是萨尔瓦多,战后的德

---

① 因此 Nathan 和 Shi(1993)在中国发现了民主文化,而 Gibson,Duch 和 Tedin(1992)也在俄罗斯发现了同样的东西。

国不是希特勒时期的德国。尽管在不同的宗教传统下，广泛性的程度各有不同，却也足够证明这些传统在政治制度领域具有很大的灵活性，以致能够与之兼容。

最后，并且最重要的是，传统并非一成不变：它们不断地被改造和再造（Hobsbawm and Ranger，1983），埃克尔曼和皮斯卡托里（1996年）强调了这一点。事实上，刚才提到的那些对于儒家传统的分析，最好被看作发明一种民主性儒家学说的尝试。文化都是由"衣裳"组成的，但在不同的"裁缝"手中，文化的"布料"却会有所不同。

这种观点最近受到了亨廷顿（1993a：40）的激烈批判。他首先指出："西方的观念与其他文明中盛行的观念存在本质不同。西方的个人主义、自由主义、立宪主义、人权、平等、自由、法治、民主、自由市场、政教分离等理念，在日本、印度教国家、佛教或东正教国家往往很少引起共鸣。"

与李普塞特以及阿尔蒙德和维巴的观点相反，韦伯本人认为，有组织的宗教所扮演的政治角色，取决于那些宗教组织的利益，而不是它们的教义内容："在面对政治行动时，历史上的各个宗教曾摆出了各种各样的立场，那些立场取决于如下因素：宗教组织在争权夺利时所处的复杂关系网络……宗教组织在对群众进行政治驯服时的用途和作用，尤其是当权者需要借助宗教仪式来加持自身正当性"（Gerth and Mills，1958：337-338）。凯里维斯（1996）对欧洲基督教民主兴起过程的研究表明，天主教义和民主制度之间的关系，体现了天主教的相关策略性考量。最后，莱丁（最新的总结，参见 Laitin，1995）考察了不同背景下"文化企业家"在文化变迁过程中扮演的角色，他提出大量证据证明：尽管文化冲突会以不同结果而告终，但是这些冲突其实都是利益和策略问题，而非最初给定的文化内容问题。与此相应，若主张"文明"的反民主倾向是一成不变的，则违背了历史经验。让我们回到密尔——"虽然人们容易被诱导着去做事，也更容易做他们已经习惯的事，但他们仍可以被教导着去做新的事。"

经验证据

测试文化对民主存续的重要性程度,几乎是不可能的。但财富的预测能力是如此强大,以至于完全没有为文化——无论是何种文化——留有用武之地。如果单独以人均收入为基准,分析 1950 年至 1990 年间的一些政治制度,就能准确地从全部 4126 条年度观察结果中挑拣出 3199 条(77.5%)(Przeworski et al. , 2000)。因此,经济解释本身大有用武之地。

当加上经济变量尤其是人均收入后,我们采得数据的三个宗教的函数返回值对民主存续没有任何影响。只有以往政治的不稳定性——根据该国历史上转向威权主义的次数来计算——被纳入考量之后,有一种宗教的函数返回值才与该国民主存续的概率呈现出正相关关系。这个宗教就是天主教。

为了检验关于文化异质性影响的假说,我们采用了民族语言和宗教分化指数。[①] 异质性会令民主存续的可能性进一步降低,这证实了普遍存在的看法。但是,它同样会令专制存续的可能性进一步降低。也就是说,异质性只会使政治体制更不稳定。[②] 因此,需要用共同价值观来支撑民主的说法,可以化约为这一观察结论:在异质性国家中,所有政治制度的稳定性都会变差。

这一证据并不够充分,但文化本身不会自我分类,所以数据分析的用途受到了限制。人们显然希望能对文化进行分类,等级化的或平等主义的,普遍主义的或特殊主义的,宗教的或世俗的,共识性的

---

① 分化指数测算的是两位被随机选中的个人不属于同一团体的概率。民族语言分化指数引自网络(源自 Easterly and Levine)。他们的数据集还包括测算不讲官方语言以及使用最广泛语言的人口比例。这两个指数对政权稳定性毫无影响。

② 事实上,民族语言的分化所带来的影响,会在以往政治动荡得到控制之后趋于消散,但宗教分化却不会如此。

或冲突性的等等。但我们拥有的证据并不支持这一主张，即某些文化与民主不相容。对民主能否存续，文化似乎毫无影响。

利益与民主

一个模型

相关分析所依托的民主政治原型，反映了近代对民主的两种理解：熊彼特（Schumpeter，1942）注重通过选举来填补政府职位空缺，而孟德斯鸠［1995（1748）］强调将政府行动限制在法律允许的范围内。

假设一个社会的人均收入为 y，并存在三种类型的收入者：穷人、中产阶层和富人。穷人和中产阶层的收入低于平均水平；富人的收入则高于平均水平。

该社会有两个政党（或政党联盟）：左派政党代表穷人，右派政党代表富人。在选举来临之际，两个政党都打算对收入进行再分配。他们有两种手段：要么通过最低工资、工会立法、劳动力市场监管、货币政策或贸易政策等手段，改变市场收入；要么通过税收和转移支付，改变税后收入。左派政党主张向富人征税，将富人的收入转移至穷人甚至中产阶层手中。右派政党主张减少穷人的收入，再分配给富人甚至中产阶层。每个政党都可以向自己的支持者征税。请注意，与标准模型相反，劫贫济富的再分配也是可能的。

某条规则定义了何为选举获胜：例如，规则可能规定无论是谁，只要赢得多数选票就是赢家。任一政党获得胜利的概率都可以事先推知，但即便宣布了选举政纲，某次选举的确切结果还是不确定的。一旦计票结束，某一方就会根据这条规则被宣告为赢家。

对政党来说，"赢家"和"输家"的称呼是一种指令：告诉它们什么应当做,什么不应当做。赢家应当入主白宫、"粉宫"或者"蓝宫",甚至也可能是皇宫,在执政期间,它不应当让再分配超出自己之前的主张,并且在届末还应再次举行选举。输家不能登堂入室,但应接受自己该得的那一份,并再次参加选举。

政党可以决定服从或违背相关指令。服从之所以成为问题,是因为投票是一种意志对另一种意志的压迫(Schmitt,1988)。各种选举是对强制的认可:它们授权政府——统治者——从某些人手中夺取财富然后转交给其他人,把人民投入监狱甚至有时剥夺他们的生命。这就是"统治"(Kelsen,1988;Bobbio,1984)。在获得强制力授权后,选举的赢家可以违背输家的意愿,推进自己的价值观与利益。输家因此失势。正如孔多塞所指出的那样(Condorcet,1986:22):"一部未经全体一致同意而通过的法律,必然会让人们服从一种并非出自其本人的意见,或者服从一项他们认为抵触自身利益的决定。"①尽管赢家得势,但他们的权力仍会受到限制。有的赢家会温和行事,并冒着失去执政地位的风险举行选举。有的赢家觉得与其那么做,还不如横征暴敛或者不再举行选举。

如果赢家和输家都选择服从,成效就会出现,收入会根据获胜的政纲得到再分配,新的选举会再次举行。一旦任何一个政党选择背叛,冲突就会接踵而至。随后会发生些什么,取决于武装力量的平衡——军队的政治倾向,或者支持者的实际力量。结果可能是民主得以存续,但这种状态将是短暂的。因为颠覆民主的反复尝试,迟早会令民主陷入崩溃。如果反叛的政党取得胜利,或者两方政党都反对民主,那就会迎来独裁统治。

在独裁政权下,获胜的政党会如此进行再分配:施与输家勉强维

---

① "[I]l s'agit, dans une loi qui n'a pas été votée unanimement, de soumettre des hommes à une opinion qui n'est pas la leur, ou à une décision qu'ils croient contraire à leur intérêt..."

持生活的收入，并将余下收入分给自己的支持者。① 但独裁政权不仅会对收入进行再分配，他们还会使用武力镇压反对者。集中营，拘留营（例如 1964 年之后的印度尼西亚安汶岛，1973 年之后的智利道森岛，以及南非的罗本岛），柬埔寨的"杀戮场"，以及阿根廷的"失踪案"，都是独裁统治的常规性展示。即便在这类野蛮行径不那么猖獗的地方，入狱、酷刑或死亡的威胁也都足以预示：尽管那些被独裁政权控制的人们会得到与选举输家一样的收入，但他们的预期效用不会均匀增加。当人们的人身安全遭到威胁时，同样的收入只会带来更低的效用。

任何模型都会包含某些无害的假设，因为即便放宽这些假设，定性结论也不会改变。所有关于收入的假设均是如此。但读者应警觉的是，这一假设——同样的收入会给处于独裁政权之下的人们带来更低的效用——对于主要结果来说是至关重要的。一旦你采信了这一假设，你就得相信余下部分，所以现在可以质疑一下。

重述一下要点：两个政党在选举中相互竞争，他们打算对收入进行再分配；一旦政纲宣布，投票就开始了；其中一个政党将被宣布为赢家；赢家和输家会决定是服从选举结果，还是背叛民主制度；如果都选择服从，那么收入将被再分配，又一场选举将开始；倘若至少一方选择了违反，随后要么民主存续一段时间，要么独裁政权被建立起来。

我首先要呈现这些假设对于民主存续的影响，其次是对民主制度下行得通的收入分配方案的影响，最后是一些延伸和解释。

---

① 独裁政权可能是狭隘的、自我遴选的或来源广泛的。一个狭隘的独裁政权，会把自己圈子外的所有人都当成敌人：左派政党只代表穷人，右派政党只代表富人。一个自我遴选的独裁政权，会把投票支持另一政党的所有人都当成敌人。最后，一个来源广泛的独裁政权会包括中层民众以及获胜政党的核心支持者。由于后面将阐明为何如此，我就暂时假设独裁政权是狭隘的。

富裕程度和民主的存续

倘若市场收入分配、选举制度和军方关系构成了国家最核心的特征,那么每一个国家都存在一个人均收入门槛,即 y^H;在门槛 y^H 之上,选举中的赢家与输家都会无条件接受选举结果,以及其中所涉及的再分配结果。因此,当 $y \geqslant y^H$ 时,民主才可存续。

这一结论背后的直觉是:在那些富裕国家中,即便是选举中的输家也会因为牵涉的利益过大,以至于不能忍受反独裁斗争最终失败的风险。在贫穷社会中,因为没有什么可分配的,以至于对抗民主的那个政党即便遭到了挫败,相对来说也不会有太多损失。然而在富裕社会,选举中的输家与独裁政权下受压迫的民众之间,存在很大的福利差距。因此,尽管只有个别群体预期自己背叛民主后的收入会高于在民主制度下的预期收入,但在富裕社会中,仍存在反独裁斗争最终失败的可能性。随着人均收入的增长,相对于民主"彩票",独裁"彩票"会变得更缺乏确定性。因此,在某些收入水平上,民主比独裁更好。正是风险规避,才令富裕社会的民众服从了竞争性选举的结果。

我们可以从图 5.1A 中得出这个结论,该表描绘了穷人在不同状态中,以及由此带来的不同瞬时效用下的人均收入函数,所谓不同状态包括成为独裁者、胜选、败选以及被独裁政权控制。随着人均收入的升高,颠覆民主时涉及的重大利益或赌注也会上升,此处的"赌注"是指两种结果——输掉选举和反对独裁政权但最终失败——之间的利益差别。相应地,在图 5.1B 中可以看到,当处于平均收入水平时,无论是对选举赢家还是对选举输家而言,民主的价值都比独裁的价值增长更快。对富人来说,情形也全都如此。

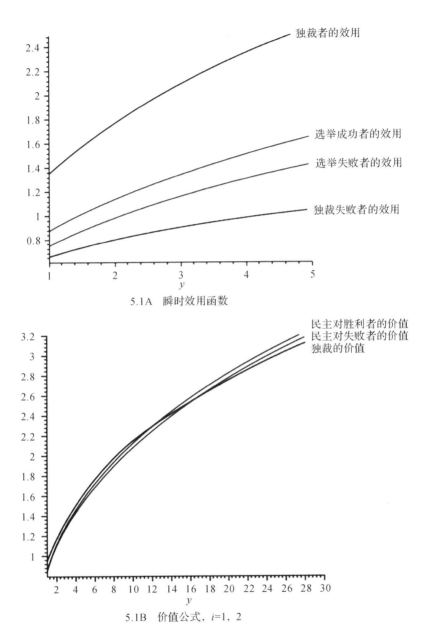

5.1A　瞬时效用函数

5.1B　价值公式，i=1，2

图 5.1　人均收入函数：穷人作为独裁者、选举成败、被独裁统治的价值

　　这种结果也说明了经济危机对于民主政制的危害性。重要的不是经济增长率，而是经济危机对人均收入水平的影响。每一个国家

都存在特定的收入门槛 y^H，当收入高于这一水平时，民主才可存续，而不论选举结果如何。一旦经济危机导致人均收入从高于这一门槛，下降到了低于这一门槛，就会对民主产生重大影响；当经济危机发生时，人均收入水平低于或者远高于这一门槛，则它不会对民主产生多少影响。在特立尼达和多巴哥，人均收入从 1981 年到 1990 年下降达 34％，但是它在 1990 年的收入仍是 7769 美元，于是民主制度得以存续。在新西兰，人均收入从 1974 年到 1978 年下降了 9.7％，但 1978 年的收入是 10035 美元。在民主制度存达 51 年的委内瑞拉，人均收入从 1978 年到 1989 年下降达 28％，人均收入达到 5919 美元之后它就一直在下降。相应地，这种收入下降可能是导致国内出现了反民主势力的一个因素。

民主也可以在穷国存续，但前提条件是：每个人至少都愿意适度规避风险，没有人掌握着压倒性的军事实力，并且分配模式反映了军事力量。收入分配同样扮演了重要角色：在收入平等化的社会中，存在更多令民主得以存续的条件。在收入分配高度平均主义的国家，例如印度，当成功建立独裁政权的赔率小于 4：1 时，左派政党就会选择民主制度；在收入高度不平等的社会，譬如菲律宾或巴西，只有赔率低于 2：1 时才会如此。

在一方掌握了压倒性军事实力的情形中，即便所有人都高度规避风险，但民主仍然会遭背叛。不过在贫穷国家，即使各方军事实力更为均衡，也只有当预期的再分配反映了军事力量之间的均势，民主才能得到存续。相应地，在收入分配高度平均化的社会，即使左派政党成功阻击独裁政权的赔率高达 16：1，民主仍有存续的可能。但这种可能性需要具备一定条件：左派政党几乎没有机会赢得选举，而穷人的收入因为右派政党——它在选举中占据了主导性地位——的政策而被削减。当左派政党自己建成独裁的赔率是 4：1 时，民主也是有可能存续的，但必须附加这一条件，即左派基本能赢得选举并会对富人征收高额税率时，民主才可存续。最后，当军事胜算势均力敌时,民主存续就需要广泛的胜选概率以及再分配方案。不过,富人不会主动接受高额税率,穷人也不会主动接受自己的收入大幅降低。

因此,倘若民主要在穷国得以存续,政治权力就必须与军事实力相匹配。要注意的是,这是古代社会中多数统治的正当性基础。布莱斯(1921:25-26)特地补充指出,希罗多德使用的民主概念是"就其古老的严格意义而言的,它是指受到多数以上有资格的公民之意志统治的政府……**从而公民的武力就能与他们的投票权相一致(广义上来讲)**"。孔多塞也是如此,他将近代投票制度解释为一种理由宣读,并指出在远古野蛮时代,权力必须授予有力量之人。①

印度在 1947 年独立,当时该国人均收入为 556 美元,而民主在印度得到了存续。依据前述模型,可以给出如下解释。在 1947 年,印度的人均收入非常低,此后也只是缓慢增长。但印度的收入分配却高度平均化。至 1951 年,从上层到底层的五分位比率是 6:14。至 1990 年,收入分配甚至变得更平等,那时比率是 4:30。因而这一模型说明,即便人均收入很低,穷人也会支持民主,因为他们占有的收入份额非常高。印度军队不过问政治,以至于没有哪一方可以仰仗军方。选举获胜的概率更难评估:在印度独立后,尽管国民大会党接连几次以压倒性的议席分配赢得大选,但是它从未获得过 50% 以上的选票。

民主对于赢家的价值高于输家。相应地,一个政党会在赢得选举时支持民主,在输掉选举时却不这样。再次审视图 5.1B 可以发现,当收入处于低水平时,无论胜选还是败选,左派都会反对民主;在收入处于中等水平时,选举的赢家会接受选举结果而输家会反对民

---

① "当社会普遍接受了所有个人都服从于众人意志的做法,人们同意将众人的决定视为所有人的意志时,他们采用这种方法并不是为了避免错误或按照真理的决定行事;但他们将会发现,为了实现和平和总体利益,**有必要将权力置于强力所在之处**。"(Condorcet, 1986:11)

主;接着,当收入高于一定水平时,即便败选,政党也会服从选举结果。需注意的是,这种结果再现了我们最初提到的经验模式:一旦另一个政党能接受自己的失败,选举结果就得到了服从,但这只是因为选举结果是以特定方式得出的。因而人们会看到,在某些国家同一个政党会反复赢得大选,并且赢家和输家都服从选举结果;但在有的国家,上一次获胜的赢家发现自己在当下的选举中失败了,就会否认投票结果的有效性,Alvare et al.(1996)将这种情形称为"博茨瓦纳"现象。

收入再分配

选举期间的执政党都会面临关于再分配的两种约束。我称第一种约束为"反叛性约束",它源自以下担忧:倘若再分配规模很大,选举的输家就会反对民主。一旦左派政党赢得大选,倘若要富人接受失败,那么左派政党对富人征收的税率不能超过 X,而 X 是如此设定的:当富人败选并以 X 的税率被征税时,民主对于富人的价值刚好等同于独裁之下富人所预期的价值。倘若左派政党在税率低于 X 时支持民主,那么这一税率就是一种反叛性约束。

另一种约束是纯粹的经济性约束。倘若再分配减少了投资或劳动力供应,或者再分配经由其他方式导致了扭曲,那些无谓的成本就会削减再分配之际的收入最大化程度。由于富人的收入需要以穷人的合作为前提,右派政党必须关心穷人的就业机会,这意味着穷人必须获得至少能勉强维持生计的收入。反过来,左派政党也必须关心这一情形:一旦再分配之后富人的收入低于中产阶级,那么富人就懒得运用自己的天赋,他们所创造的收入会和中产阶级一样低。因而设定一个远低于100%的税率点,会让选举中获胜的穷人再分配之后的收入实现最大化。我称这种情形为"动机性约束"。

在民主制度下再分配的可行最高税率,是一个能与反叛性约束相容的税率,它会随着人均收入的增长而增长。因而在不会危及民主制度的前提下,贫穷国家可以进行再分配的收入规模会更小。最低税率也可能会下降,因而在更富裕的国家,实施更大范围的再分配方案不会影响民主的存续。在足够富裕的国家,不管选举对收入再分配有无影响,也不管赢家是否每次都通过再分配获得了很大一部分收入,民主都能够得到存续。

因为在足够富裕的国家,民主能在高税率下实现维系,动机性约束会首先发挥作用。在此情形下,在反叛性约束起作用之前,动机性约束就缓和了左派政党的再分配激情。

这些结论能够解释:为什么在穷国,即便是那些收入分配高度不平等的穷国,收入再分配的程度也会低于富国。虽然在贫穷国家,税收占 GDP 的比例远远达不到理想的再分配水平,但令人吃惊的是,在民主制度下,这一比例却会急剧增加。另外,尽管 Milanovic(1999)的报告表明,那些加入了经济合作与发展组织(OECD)的国家的收入再分配程度相当高,那些市场收入分配更不平等的国家较多地通过财政进行再分配,然而在一些收入分配更不平等的贫穷国家,几乎没什么收入再分配(Cortés,1997;Deininger and Squire,1996)。在贫穷国家,执政者因为害怕激起富人反抗,所以没有动力实施收入再分配。

延伸与解释

胜选概率的作用。必须区分这两种解释:一是依据风险规避所做的解释,二是强调胜选概率之作用的解释。Przeworski(1991)认为,倘若某次选举中参与竞争的那些输家仍有足够机会在将来取胜,那么对他们来说,等到下一次选举时东山再起是更好的选择,而非抵制当下这次选举败绩。如此一来,民主就能存续。理由不外乎如下:倘若选举获胜的价值高于独裁下的价值,而后者反过来又高于选举失败的价值,那么若有足够理由预期自己在下一次选举中获胜,政治主体就会接受暂时的选举败绩。依据本章提出的模型,对于民主维续而言,这一预期既非充分条件也非必要条件。在贫穷国家,它们不是充分条件。反过来,在某些收入水平以上,即便将来没有机会赢得选举,输家也会接受败选。原因很简单:即便是那些永久的输家,也会因冒险对抗民主而失去太多。在富裕国家,各种政治力量之所以会"去激进化",是因为他们已经"资产阶级化"了。

不过,胜选概率的分配对收入门槛 y^{H-}——收入高于 y^H 后输家就会接受选举结果——有重要的影响。具体而言,贫困是制约选举制度之可行性的一个因素。如果民主想要在相对贫困的国家存续,那么在设计选举制度时,必须令它以特定方式分配胜选概率。反过来,在更为富裕的国家,制度设计对于民主维续来说相对不那么重要。

投票的作用。以投票而不是博彩方式来选举统治者,这二者有何不同?[①] 若要研究投票分布对民主稳定性的影响,就必须对基本模型做两方面修改。首先,假设独裁的成功概率取决于在选举中支持特定政党的人数。[②] 其次,假设一旦围绕独裁的冲突爆发,各路势力就不再匿名了,因而每个政党都能确定自己的支持者和对手,从而确定未来独裁政权下相应的分赃份额。

有了这些假设之后,当左派政党遭遇压倒性失败或者以微弱劣势失败时,民主就会更为脆弱。当左派政党以大幅优势获得选举时,就有很大机会成功地实施自我政变(autogolpe)——建立独裁;与此同时,右派政党会执迷于这种可能性——独裁政权的统治

---

① 除了与本文相关的这些差异之外,二者还存在诸多其他差异,参见 Manin(1997)。
② 一旦有人开始战斗,束手旁观不是明智之举:如果你不参与战斗,你必然会失败。正如 Sartre(1960)指出的,住在圣安东尼街区的民众之所以会拿起武器攻占巴士底狱,是因为如果他们不拿起武器,他们最后就会被投入巴士底狱。

阶层来源范围很狭隘,因而人均回报就会很高。这样一来,左派和右派都会背弃民主。当左派以微弱劣势失败时,就有很大机会通过叛乱取胜,而且它的独裁会非常狭隘。反过来,当右派政党以大幅优势获胜时,它就有很大机会建立自己的独裁,但这个独裁政权的统治阶层来源范围会很广,因而不招富人待见。最后,当左派政党以微弱优势胜出时,它就能享受胜利成果,但建立独裁的可能性不会很大。因此,当右派政党以压倒性优势胜出,或者左派政党以微弱优势胜出时,民主就能存续。需再次指出的是,这些都是实际存在的模式。

宪法的作用。这里所说的"宪法",仅指那些难以变更的规则,因为它们要么必须经由超特别多数的同意才能予以修改,要么受到了其他机制的保护。需注意的是在某些国家,例如当今的匈牙利,简单多数即可改变宪法规则。然而在其他一些国家,例如德国,宪法的某些条款是绝对不可修改的。

对于民主存续而言,宪法既非充分条件也非必要条件。宪法不是充分条件,因为即便各方达成了一些规则,也不意味着规则的适用结果会得到尊重。我们目睹过在许多情形中,唯有选举结果以特定方式出来时,各方才会选择服从。因而契约论定理——"如果各方就某些规则达成一致,他们就会遵守规则"或者"如果他们不想遵守这些规则,各方不会就规则达成一致"(Buchana and Tullock,1962;Calvert,1994)[1]——是错误的。假设一方知道,服从胜选结果会让自己处境更好,而服从败选结果就不会如此;同时,另一方则无条件地遵循民主,那么纵然双方能就某些规则达成一致,他们也仍然清楚地知道这些规则有可能被违反。在这种情况下,民主制度能够

---

① 卡尔弗特认为:"假如各方参与者对于潜在博弈所形成的某种均势,能够明确地将其作为一种制度而达成一致,那么他们就有恰当的动机去遵守合意,因为它是一种均衡状态……这样一来,就如议价问题所要求的那样,任何业已达成的合意都能实现自主实施(因为它是自我实施的)。"(Calvert,1994:33)

建立,但无法自我实施。

明白了宪法不是必要条件,就能发现在特定收入门槛以上,即便再分配规则是由各个任期的执政者选定的,民主也能存续。因此,民主政权之所以受到了约束,不是因为一些外生规则,而是因为一些内在原因。也就是说,是因为反叛性约束或者动机性约束,而无论它们中谁先起了作用。在均衡状态下,民主政权会遵守一些限制再分配的规则,但唯有那些满足了所有约束的规则,才能够实现自我实施。

或者,假设一条界定何为胜选的规则,删去了要求赢得多数选票的内容,而是通过其他方法来测量谁胜选,例如看哪个党获得多数议席。再假设在现有规则下,左派政党对于民主的预期价值太低,以至于无论胜选还是败选它都会选择独裁。也就是说,一旦它赢得当前大选后上台,就会出于私利去操控选举规则。如此一来,民主性均势就只能存在于这一情形中:原本支持均势的人,会在新的选举规则——一条令右派政党对民主和独裁皆漠不关心的规则——下选择支持民主。

因而,那些调整民主制度运行的规则,必然是不能改变或难以改变的。毕竟,在法国,自 1875 年以来,先后执政的政党对选举规则的改变多达 11 次。当一个社会足够富裕时,执政者会为了自身的利益而抑制再分配的冲动,并容忍公平的胜选概率。

Weingast(1997)的下述说法仍是正确的,即当政府过度再分配或者过度操控未来的胜选概率时,宪法就会成为那些选举输家实现协同行动的有效装置。但宪法并不是契约,因为不存在强制履约的第三方(Hardin,1989)。民主规则必须被视为内生性的(Calvert,1994,1995)。

法律建构均势。虽然对民主存续而言,那些明确的外生性规则既非充分条件也非必要条件,但法律依然在建构民主均势上切实发挥了一定作用。Calvert(1994)声称,制度不过是对既定情形中的均势的描述,这就失之偏颇了。①民主若要存续,各个政党至少必须知道如何解释投票结果;也就是说,它们必须能将各种选票份额(或议席)解读为"胜选"或"败选"。因此,按照 Searle(1995)的说法,界定胜利的规则就具有了"构成性":它使得相关行为成为可能,缺了它,行为——也就是说和平地轮流执政——便不可能。这种规则扮演着双重角色。(1)在这种规则下,民主均势能够存在,但在其他规则下则不然。例如,当规则规定,倘若一个获得了多数选票的政党就是赢家,那么就会出现均势。但是,如果规则规定获得 1/3 选票即为赢家,就不可能存在均势。(2)在某条规则下,一个与众不同的政党更有可能获胜,但在其他规则——这些规则也能促成均势——下却并非如此。因此,这条特定规则既使得民主均势成为可能,又能从一些可能均势中选定一个。

相反,在达到一定收入水平和实施收入再分配的社会中,赢家与输家都会遵守一系列规则,而不论选票是如何分布的。一些规则是能自我实施的。另外,即便一些规则是内生的,也一贯是政治势力所服从的特定法律。因而,法律的规范性来源于这一事实——法律令一种均势成为可能,在这种均衡状态下,各路主要人物都服从了符合自身利益的特定法律。一如 Kornhauser(1999:21)所言,"存在多种均衡状态,法律结构确定了哪一种均势会得到参与者的切实遵循。一部法律的颁布,促成了一种新的均衡性制度"。

结论

结论显而易见,所以我只稍作陈述。选举的赢家和输家服从了

---

① 在卡尔弗特所举的例子中,促成合作性均衡状态的制度是"监督者"。离开"监督者"这一制度,他所描述的最初状况中是不可能产生这种均势的。因此,它并非潜在情形意义上的均势。

民主竞争的结果，从而，民主只是作为政治力量追求自身利益的副产品而维系下来。这一解释是否充分，或者某些文化模式对民主存续是否必不可少，都是很难回答的问题；若离开经济性利己主义的支持，民主是否还能存续？同样很难回答。

然而，仍需澄清造成困惑的一个源头。假设一种民主均势获得专门支持的原因，是成为利己主义、经济或其他目标的策略性工具。在均势中，政治人物服从投票结果，并将自身行为限定在法律所授权的范围之内。他们参与结果未定的竞争且服从结果，他们遵守法律，他们为了民主存续采取行动。此外，政府服从对自身权力的约束。所有这些，仅仅是对均势状态下的理想行为的描述。但是，将这些看得见的行为归因于心理动机，只是迈出了一小步；宣称个人受责任感驱动从而接受了自身参与的竞争之结果，或者宣称他们接受了法律的规范性，或者宣称他们重视民主制度，也同样如此。均势状态下的各种理想行为被分置到个人身上，并被描述为各种心理动机。

这种模棱两可及其导致的困惑，醒目地呈现在 Weingast(1997)对民主稳定性的各种不同解释所做的调和中。温加斯特意在证明，为了让民主保持稳定，公民们必须一致认定政府的何种行为属于非法行为，并准备好抵制可能出现的政府违反约束的越界行为。第一项任务要求信念协同，第二项任务要求行为协同。当公民们重点关注宪法或者明确的政治协定所规定的约束，第一个问题就能得到解决。即使公民们当下从政府行为中获得了好处，但当公民担忧未来可能遭受的政府侵犯，从而组成抵制政府非法行为的统一战线时，第二个问题也得到了解决。因而，只要公民能随时联合起来，一起抵制政府违反某些特定约束的行为，民主最终就能保持稳定。

那么，文化在支撑民主均势中扮演着怎样的角色呢？温加斯特谨慎地强调，自己的观点并不是一种因果叙事：各种价值观会让民主趋于稳定，反之亦然(p.253)。特定的文化和稳定的民主制仅仅是某些局势的不同面向，而社会是在各种局势中解决自身合作困境的。

但是，究竟是文化的哪些内容支撑着这些局势呢？有两点非常重要。一是关于政府合法行为之界限的"共识"，以及捍卫这种"共识"的普遍"责任"感。但为了顾及每一种解释，温加斯特还加上了"关于价值观和稳定性民主的共识"（p. 246）、"关于规则的共识"（p. 257）、对政府行为之界限的"尊重"（p. 251）、"信任"（p. 257）和"互相宽容"（p. 257）。然而，哪一种"责任"是只受利己主义驱使的呢？这纯粹是玩弄语词，并且只会令问题一团糟。

从心理学角度看待均势行为，似乎是一种不局限于语境的常见做法。相关描述只要未曾加入因果关系解释，那就不会出错。如果民主均势是因实施利己主义策略而得以维持，那么均势状态下的各方政治主体就会遵守法律。但是，这并不意味着均势状态得到了守法动机的支持。这就是为什么在各种竞争性理论中做选择时，检验其比较静态分析——将可观察的条件与可观察的结果联系起来的那些命题——是非常重要的。因而文化观点的支持者们所面临的挑战，是证明他们也能解释我们观察到的那些模式。

参考文献

Almond, Gabriel A., and Sydney Verba. 1965. *The Civic Culture: Political Attitudes and Democracy in Five Nations*. Boston: Little, Brown.

Alvarez, Mike, José Antonio Cheibub, Fernando Limongi, and Adam Przeworski. 1996. "Classifying Political Regimes." *Journal of International Comparative Development* 31:3-36.

Barry, Brian. 1978. *Sociologists, Economists, and Democracy*. Chicago: University of Chicago Press.

Bobbio, Norberto. 1984. *The Future of Democracy*. Minneapolis:

University of Minnesota Press.

Bryce,James. 1921. *Modern Democracies*. London.

Buchanan,James, and Gordon Tullock. 1962. *The Calculus of Consent: Logical Foundations of Constitutional Democracy*. Ann Arbor: University of Michigan Press.

Calvert, Randall. 1994. "Rational Actors, Equilibrium, and Social Institutions. "In J. Knight and I. Sened (eds.), *Explaining Social Institutions*. Ann Arbor: University of Michigan Press.

Calvert, Randall. 1995. "The Rational Choice Theory of Social Institutions: Cooperation, Coordination, and Communication. " In Jeffrey S. Banks and Eric A. Hanushek (eds.), *Modern Political Economy*, 216-268. Cambridge: Cambridge University Press.

Cohen,Joshua. 1998. "Procedure and Substance in Deliberative Democracy. " In Jon Elster (ed.), *Democratic Deliberation*. Cambridge: Cambridge University Press.

Collini, Stefan, Donald Winch, and John Burrow. 1983. *That Noble Science of Politics*. Cambridge: Cambridge University Press.

Condorcet. 1986. "Essai sur l'application de l'analyse à la probabilité des décisions rendues à la pluralité des voix. " In Olivierde Bernon (ed.), *Sur les elections et autres textes*. Paris: Fayard.

Cortes,Fernando. 1997. *La distribución del ingreso en Mexico en épocas de estabilizacion y reforma económica*. Guadalajara, Mexico: CIESAS.

Dahl,Robert. 1956. *A Preface to Democratic Theory*. Chicago: University of Chicago Press.

Dahl,Robert. 1971. *Polyarchy: Participation and Opposition*. New Haven: Yale University Press.

Deininger,K. ,and L. Squire. 1996. "A New Data Set Measuring Income Inequality." *World Bank Economic Review* 10:565-591.

Dunn,John. 1992. Conclusion to John Dunn(ed.),*Democracy: The Unfinished Journey*, 239-266. Oxford: Oxford University Press.

Dunn,John. 1996. *The History of Political Theory and Other Essays*. Cambridge:Cambridge University Press.

Eckstein,Harry. 1961. *A Theory of Stable Democracy*. Princeton: Princeton University Center for International Studies.

Eckstein,Harry,and Ted R. Gurr. 1975. *Patterns of Inquiry:A Structural Basis for Political Inquiry*. New York:Wiley.

Eickelman, Dale F. , and James Piscatori. 1996. *Muslim Politics*. Princeton:Princeton University Press.

Eisenstadt,S. N. 1968. "The Protestant Ethic Theses in the Framework of Sociological Theory and Weber's Work. " In S. N. Eisenstadt (ed.), *The Protestant Ethic and Modernization: A Comparative View*,3-45. New York:Basic Books.

Esposito,John L. ,and John O. Voll. 1996. *Islam and Democracy*. New York:Oxford University Press.

Fukuyama,Francis. 1995. "The Primacy of Culture. " *Journal of Democracy* 6:7-14.

Gellner,Ernest. 1991. "Civil Society in Historical Context. " *International Social Science Journal* 129:495-510.

Gerth,H. H. , and C. Wright Mills (eds.). 1958. *From Max Weber:Essays in Sociology*. New York:Oxford University Press.

Gibson,James L. ,Raymond M. Duch,and Kent L. Tedin. 1992. "Democratic Values and the Transformation of the Soviet Union. " *Journal of Politics* 54:329-371.

Granato, Jim, Ronald Inglehart, and David Leblang. 1996. "Cultural Values,Stable Democracy,and Economic Development:A Reply. " *American Journal of Political Science* 40:680-696.

Hampton,Jean. 1994. "Democracy and the Rule of Law. " In Ian Shapiro (ed.), *The Rule of Law*,13-45. *Nomos XXXVI*. New York:New York University Press.

Hardin,Russell. 1989. "Why a Constitution?" In Bernard Grofman and Donald Witman (eds.), *The Federalist Papers and the New Institutionalism*,100-120. New York:Agathon Press.

第二部分

第六章　法治的多数主义解读

罗贝特·加尔加雷拉[①]

> 人民的权威至上……法律的主权至上。

> ——托马斯·潘恩[②]

在本章,我要挑战关于"法治"的一个共识性观点,尤其是关于何种制度安排会使法治陷入险境的共识性观点。根据这种观点,法治与(我所说的)自由主义政治制度紧密相关。概括而言,这种政治制度的特征在于一套权力制衡制度,以及受独立司法保障的牢固的个人权利。此外,上述观点的多数信徒,还倾向于将任何转向更为多数民主的举动,看作是对法治的威胁。[③] 他们通常认为,多数民主必然

---

①　罗贝特·加尔加雷拉(Roberto Gargarella):托尔夸托迪特利亚大学、布宜诺斯艾利斯大学宪法学与政治哲学教授。

②　"我是这个国家的公民,它深知人民的权威至上,代议制政府至上,法律的主权至上。"(Paine,1995:376)

③　下文中,我使用的"多数主义体制"表述,在某种程度上类似于托马斯·杰斐逊提到"共和政府"观念时所采用的表述。杰斐逊认为,共和政府是"一个纯粹和简单的……由全体公民组成的政府,它根据多数人确立的规则直接且亲自行使职权"。考虑到这种一般性定义,杰斐逊断言,政府"或多或少是共和主义的,因为它们的构成或多或少具有普选和制约的要素"。同样,我所说的"多数主义政府"吸纳了杰斐逊式政府的共和政府观念。在此意义上,我说政府或多或少是多数主义的,因为它的构成或多或少具有普选和制约的要素。(Jefferson,1999)

会导致专断政府。这种专断基本上源自多数民主的两个特点：一是"草率"决定的倾向，二是在建立足够的制度控制上先天不足，也就是说，没有能力建立对多数意志的控制。因此，多数民主与"不受制约的多数"即"民粹主义"政权①——法治的最终崩溃——存在直接关系。②

我将尝试在下文中证明，我们在捍卫一种更为多数主义的政治制度之际，无须拒斥法治这一理想。在此意义上，我确信自由主义政体和"民粹主义"制度之间存在足够的空间——使我能够为一个合理的多数主义制度辩护。在本章的第一部分，我将表明，我们起初是如何将多数主义制度这一概念与背离法治等同视之的。而后，我将反驳将多数主义政府与专断权力联系起来的两种主流观点。一方面，我坚信有可能存在一种多数主义政治组织结构，同时又无须放弃通过审议决定的目标。另一方面，我将表明这种政治组织结构如何与控制民意代表的理念相互兼容。最后，我建议通过对法治的社会先决条件的特别关注，补强对法治的多数主义解读的重要性。

法治与自由宪制

在我看来，自由政治制度的典型特征是依据宪法即"国家最高法律"组织起来的代议制政府。自由主义宪法通常包括两部分，一部分规定政府如何组建，另一部分确立一些不可侵犯的权利。第一部分通常会组建一套权力制衡制度，这套制度包含一个两院制的立法机

---

① 在下文中，我用"民粹主义"政体（或一般意义上的"民粹主义"）这一表述，来指称一套"多数不受制约"的制度。也就是说，在这种制度下，"多数意志"并未受到明显限制，从而将少数人的权利置于极端危险的境地。

② 这种观点的一个典型例子，见诸菲利普·佩蒂特的主张，详情请见他那本有趣的《共和主义》(1997)。

关(即一个直接选举的众议院和一个间接选举的参议院)、行政否决权以及负责捍卫宪法最高地位的司法机关。第二部分通常是一份公民权利和政治权利清单。

如今,那些将自由主义政治组织结构和法治国家联系在一起的人,认为对于权力制衡制度的任何偏离都将严重威胁法治的存续。任何这样的偏离,似乎都会为少数人集权或是立法权这种"最危险"权力的越权行为大开方便之门。因而一旦出现这些情况,可以预见那些通常与法治相联系的特征(即法律的稳定性、普遍性和不溯及既往,以及司法独立),都会遭到践踏。[1] 循着这一路线,在立宪主义兴起过程中,美国和拉美的"国父"们都认为法治的建立过程会受到两种恶行的威胁。这两种恶行分别被描述为"专制的危险"和"无政府的危险",它们在不受欢迎的程度上是相同的。

换言之,自由主义者意在抵制两种关于如何进行社会制度安排的替代性观点,以捍卫他们自己的宪法事业。我将第一种观点称为"保守型—威权主义"(conservative-authoritarian)观。按照这种观念,宪法必须保障政治稳定和尊重既定价值(通常与某些价值联系在一起,而这些价值又附属于关于善的某种特定观念,其典型是天主教)。在权力的组织结构方面,保守主义者主张将政治权力集中在一个人或少数人手中。因而,他们提倡集权式的社会组织结构和组建一个拥有特殊权力的强势行政机关。与强势行政机关形成对照的,是受制于总统权力的弱势立法机关,这种立法机关的权力有限且人数不多,通常来说在很长的休会期后才有一次短暂的集合。此外,至少在大多数情形中,保守主义者主张严格限制个人权利——尤其是公民选举代表的权利和基本公民权利,例如与出版、集会和结社自由相关的权利。通常,唯有在政治秩序和国家主流道德价值受到尊重的前提下,才会存在对于这些自由的尊重。在 19 世纪的拉美,这种

---

① 参见,例如,Raz(1977)。

保守主义模式尤其盛行。1843 年和 1869 年的厄瓜多尔《宪法》(二者均被视为"奴隶制宣言"),1839 年的秘鲁《宪法》,1823 年和 1833 年的智利《宪法》,以及 1821 年和 1886 年的哥伦比亚《宪法》,都是我所描述的保守主义宪法的典型例子。

第二种替代性观点即(我称之为)民粹主义宪法观。按照这种民粹主义观念,宪法必须促进自治并强化多数意志。就权力的组织结构而言,这一模式的追随者建议采用联邦制宪法,特点是立法机关强势、行政机关弱势,而后者通常要服从于议会意志。民粹主义者并未公然敌视个人权利,但一般而言,他们认为这些权利最终要依赖于多数人的意志。在这方面,许多自由主义者认为:民粹主义宪法漠视个人权利,且完全不能保证对少数群体的保护。在立宪初期,这种民粹主义观念在美国极具影响力。事实上,在前立宪时期——这一时期一般被认为具有"激进立宪主义"的色彩,许多州制定的宪法似乎都遵循了我所称的民粹主义模式。若问哪一部《宪法》最忠实地体现了这种观点,或许是起草于 1776 年的、具有很大影响的宾夕法尼亚州《宪法》。①

自由主义者声称,自己准备阻击这两种不可接受的替代性选择(保守主义宪法模式和民粹主义宪法模式),并认为它们要么会造成少数人的专制,要么会导致无政府状态。自由主义者相信在这两种情况下,政府会变得专断,而决策将是一时冲动和片刻激情的结果(Elster,1993)。自由主义宪法的主要特征,显示了自己对(其所认为的)自由主义之外的主要宪法模式的反对。首先,权力制衡制度可以被认为是自由主义对保守主义和民粹主义权力组织观的回应。后两种模式允许专断权力的运用,而自由主义者主张采取一套严苛的权力控制制度。其次,自由主义者致力于一种强势的个人权利观念,这

① 事实上,其他许多州(例如佐治亚州和佛蒙特州)在设计本州宪法时,都把这部激进《宪法》作为优先参考对象。

可以被认为是对忽视少数人权利的回应。在自由主义者看来,那种忽视是保守主义和民粹主义宪法观的特色。

自由主义和多数主义

在美国,随着国家独立地位的巩固,专制的威胁变得不那么令人生畏,但多数压迫的威胁反而愈发凸显。在州一级,新的美国民主制度似乎无力保护权利。那些制度对多数人的诉求太在意,对保障每个人最基本的利益却太冷淡。正如著名历史学家戈登·伍德所言,"体现在代议制立法机关中的人民意志,在整个殖民时期曾经是如此地受到信赖,现在却突然之间变得恣意和专断"(Wood,1969:405-406)。

美国宪法的主要思想家——詹姆斯·麦迪逊——认为,这部《宪法》可以代替独立以来占主流的"激进主义"①宪法。他认为在独立之后,激进主义宪制已经令国家陷入无序状态,不受控制的立法机关对此负有领导责任。这个观点在他的著作《政治制度的弊端》中得到了清晰表述,而这本著作在制宪时期影响深远。在此书中,麦迪逊断言政治制度的所有痼疾都与立法机关的行为有关,后者制定了"繁复""易变""不公"的法律。麦迪逊认为,"没有哪条格言……会比眼前这条更容易遭到误用,并因此更需要予以阐明。这条格言就是:多数人利益是政治上判断是非的标准……每个社区都会为了多数人利益而剥削或奴役少数人;在整个联邦层面,这也会让合众国成员中的少数派作出类似牺牲"。②

之后,这些想法在《联邦党人文集》中得到了阐述和发展。在这

---

① 我是按照那个时期的一般用法使用这一术语的,在那个时候,人们经常将 17 世纪保守主义政治思想与其对手激进主义政治思想进行比较。

② Letter to James Monroe,5 October 1786,载 *Madison*(1975:9:140-142)。

本书中，麦迪逊认为多数意志至上就是派系至上，而派系至上必然会导致不公的法律。多数意志至上最终将会成为法治崩溃的同义词——这直接意味着"人治"取代了"法治"。

拉美国家对于多数意志的不信任甚至更为强烈，至于原因则多种多样。一些人是因为多数民众缺乏教育，从而怀疑多数意志；[①]另一些人是因为缺乏辨别这类新型社会（与美国的情况实际并不相同）的民主实务经验，从而心存疑虑。不过对大多数人来说，他们之所以不相信民主，是因为他们（错误地）将民主与独立时期发生的一些血腥的民众骚乱（例如，激烈的海地"黑色"革命带有鲜明的西蒙·玻利瓦尔政治主张标记；又如，墨西哥在维森特·格雷罗掌权之后爆发的劫掠和民众骚乱）联系在一起，或是将民主和一些极其残酷（并且极度不民主）的军事独裁者（例如委内瑞拉的胡安·博维斯、埃塞基耶尔·萨莫拉和阿根廷的德·罗萨斯的所作所为）联系在一起，[②]或是将民主与那些不负责任的政府领导人——他们以民粹主义话语为幌子谋求威权统治——联系在一起。[③]

尽管存在这些"内部"差异，但19世纪拉美国家所采用的大多数自由主义宪法，事实上皆孕育自一种不利于多数民主的环境。再次强调，多数民主被认为会助产威胁少数群体权利的法律规范，而那些规范是"突如其来的""无节制的"，并且最终是"非理性的"。

---

① 除此之外，厄瓜多尔前总统比森特·罗卡富埃特（Vicente Rocafuertr）声称自己不信任民主的理由，是厄瓜多尔多数民众"道德和智识水平低下"。引自 Reyes（1931：143-144）。极具影响力的智利前总统迭戈·波塔勒斯（Diego Portales）曾断言，民主"在拉美国家是荒谬的，它弊病丛生，并且在这些地方，人们缺乏一位真正的共和国公民应具备的任何美德"。参见 Portales（1937：1：177）。另参见 Reyes（1931）。

② 关于委内瑞拉的例子，可参见布鲁尔-卡里尔思（Brewer-Carias）的评论（1985）。若想了解阿根廷的自由主义政治精英如何看待军事独裁现象，最佳方法或许是阅读萨米恩托的《文明与野蛮》。参见 Sarmiento（1977）。

③ 通常情况下，这种反民主行动是由一些非常清醒的保守主义领袖发起的，诸如墨西哥的卢卡斯·阿莱曼（Lucas Alemán），智利的胡安·埃加尼亚（Juan Egaña），或是秘鲁的巴托洛梅·埃雷拉（Bartolomé Herrera）。参见 Alamán（1997）；Basadre（1969）。

概言之,无论是在美国还是拉美,都能发现一种把法治等同于特定(自由主义的)宪制模式的趋势,以及另一种趋势——把所有迈向多数民主的举动都视为对法治的背离,因而是不可容忍的。

如今,在自由主义宪制之外,很难说实现民主的唯一选择就是"民粹主义"宪制——一种多数意志不受约束而少数人权利被忽视的制度。无论是作为一种理论主张,还是作为对美国法律实践的一种描述,这似乎都不成立。事实上,就自由主义宪制与被自由主义成功击败的极端民粹主义宪制而言,我认为二者之间存在着相当大的间隙。接下来,我将探讨同时为多数主义制度体系和个人权利辩护的可能性。

多数主义宪法和捍卫审慎的公开辩论

在开始本节讨论之际,有必要指出:自由主义者引以为荣的对权力制衡方案的辩护,其成功之处是展示了权力制衡方案能为制定合理审慎的决策提供各种激励——显而易见,这些优点是其他任何体制都无法保证的。至于权力制衡制度为何能助产那些明智的决策,其原因是多种多样的。一方面,多重制衡的存在让决策过程"慢下来",鉴于人们有理由把许多弊端和"仓促地""突然地""冲动地"决策联系起来,让决策过程"慢下来"极为重要。另一方面,为敦促政府官员"三思而后行",法案必须经过"来回往返"(也就是说,从一个会议厅到另一个会议厅,然后再返回)的事实也很重要。可以说,任何立法动议都需要被仔细考虑,而权力制衡制度在这方面提供了很好的激励。最后,同样重要的是,所有立法规划皆须经过许多双不同"眼睛"的审查:这些不同的"眼睛"有助于"改善"规划内容,并对起初(不管由于什么原因)未曾考虑的内容加以补充或修改。这就是麦迪逊的辩护理由,正是他提出了"分化不同群体之间的信任,令其相互监督制约"。[1]

实际上,许多激进主义者对自由主义立场持抗拒态度,但这不是因为他们忽视了前面所提论点的重要性。相反,他们提出了政治制度必须首先遵从的其他一些重要价值。[2] 最重要的是,他们中的许多人认为自由主义制度模式太过复杂,而宪法应当清晰、简单且易于理解。另外,关于之前所提到的那些观点,许多人断言设置多重制衡的制度,会导致各个机关所承担的职能发生混淆。在这方面,许多激进主义者认为权力制衡制度显得过于冒险。另一些人也攻击了自由主义方案,并断言制衡一旦确立就会引发政治僵局,或者在最糟的情形下,导致权力的不同分支机构陷入"战争"状态。[3] 例如,纳撒尼尔·奇普曼预言,被提议的权力制衡将导致不同利益陷入一种永久的紧张状态。奇普曼把这种状态表述为"一种利益与另一种(利益)的永久战争,最好的结果不过是对峙,它伴随着无尽的谈判和变动不居的联合,好像是为了避免相互毁灭;在面临更强大的敌人时,每一方皆会掉头与昔日的敌人结成联盟"(Chipman,1833:171)。激进主义者还可以说,建立制衡的重要性并不能证明建立某种类型制衡的正当性。就此而言,我们会发现他们中的许多人只是建议采纳其他类型的权力制约。[4] 此外,他们可以声称,让"太多双手"参与立法过程是一种缺陷(而非制度性优点)。他们会说,法律会不会变异成令人难以接受的拼凑物?尽管在最初的宪法辩论阶段,相关的大多数观点是言之成理的,但我认为,许多激进主义者所关注的主要目标并不在此。那些激进主义者想要维护自己对多数统治的追求,并认为自由

---

[1] Farrand(1937:1:421-2). See, also, Elster (1993).

[2] 在下文中,我不再探讨一些在当时非常关键但如今已不再那么重要的问题,即因为剥夺公民选举权而导致的那些问题。

[3] 在《联邦党人文集》第51篇中,麦迪逊主张以更多"野心"来对抗"野心",进而"控制政府滥用权力"。然而,很难说两种邪恶的"聚合"就会产生这种令人满意的好结果,而不是产生一种更大的邪恶。Hamilton et al. (1988).

[4] 对这些问题的透彻分析,参见 Ackerman(2000)。

主义制度不够尊重这个目标。[①]

激进主义者的理想是兼顾多数主义制度和审慎辩论,为了阐明捍卫这种理想的可能性,或许有必要援引一些例子,例如独立战争后的宾夕法尼亚州。这个例子的特别之处在于宾夕法尼亚州的制宪会议受到了一种激进主义思维方式的影响,而这种思维方式得到了托马斯·潘恩的特别推崇。循着那些常见的激进主义方案,潘恩(极力)主张建立强势的一院制,而这立即招致了各种批评。许多人认为,这类方案的最大问题是会促成"仓促的""压制性"措施。

宾夕法尼亚州《宪法》(美国独立后最具影响力的激进主义宪法)的制定者们,当然意识到有必要保障适度讨论并避免在立法过程中的草率决策。然而,他们不想破坏宪法的多数主义特征,却又想让立法辩论"变得不那么激烈"。这种信念所导致的结果,可参见他们写在宪法文本第 15 章的内容:

> 为了让法律在颁布之前获得更充分的考虑,以及尽可能避免草率决策的弊端,所有公共法案在全体大会进行最后一次审读以供与会代表们辩论和修改之前,都应公开刊载使人民审议;除非紧急情况所迫,所有法案都不能在同一次会议上审读、辩论、修改并通过,必须等到下一次会议召开后才能予以通过;为了让公众更满意,立法的原因和动机都应当在法案前言中充分和详尽地进行说明。[②]

托马斯·潘恩同样承认促成更平和的立法辩论的重要性,但他断言在不放弃宪法多数主义特征(在这种情况下特指一院制立法机

[①] 辩护这种立场的一种方法(不是很有吸引力但很常见)是诉诸卢梭的假定:人民的意志是唯一的,因而是不可分割的。

[②] See *Pennsylvania Constitution of* 1776, in Blaustein and Sigler(1988:29-30).《宪法》的先前版本要求,所有法案在提交下次会议之前都需经过三读,并且三读的日期应当各不相同。宾夕法尼亚州《宪法》最终没有采纳后续这些条款,原因是《宪法》已经设置了其他预防性措施,所以它们被认为是多余的。参见 *Shaeffer*(1974)。

关)的前提下,也可以一并实现这一目标。他指出:

> 为了消除对一院制的抵制(即过快地冲动行事),同时避免两院制会导致的不一致性与某些情况下的荒谬性,我提出了改良二者的方法。首先,设立一个代表机关;其次,通过抽签,将代表机关划分为两到三个分区;再次,每个提案应当依次在各个分区辩论,每个分区彼此旁听,但不进行投票。在这之后,整个代表机关开会进行全员辩论和投票表决。[1]

激进主义者除了关心保障适度的意见交流[2],还很重视公开性这一价值。激进主义者想让立法辩论对人民开放[3],让立法计划为人民知晓和讨论,让立法动机对人民清晰可辨。[4] 尽管招致了诸多批评[5],激进主义者仍明确表示,他们并未忽视举行"严肃平和"且深思熟虑之辩论的重要性,并且表示他们随时准备调整自身主张以确保那些价值。

类似情况也出现在拉美一些最为激进的宪法之中。秘鲁的遭遇

---

[1] Blaustein and Sigler(1988:299-300)。在1789年9月7日关于"君主否决权"的著名意见中,西耶斯复述了一个类似主张,Sieyès(1990)。

[2] 对政治协商的关注,会让多数主义者对直接民主机制持更谨慎的态度。这些机制并不总是有助于推进政治讨论的,在许多时候反而会取代或妨碍这些辩论。

[3] 宾夕法尼亚州《宪法》规定:"议会是本州自由代表们参与全体大会的场所,它的大门应当向所有行为端正的人开放,除非基于本州福祉要求议会闭门讨论。"

[4] 例如,著名的联邦党人诺亚·韦伯斯特批评了宾夕法尼亚州《宪法》及其对公开性的重视。他认为,要求"法案成为法律之前向民众公布……将会架空立法机关,使之降格为咨询机构"。另外,他断言这一要求会"把讨论的热情散布至四面八方,令不同意见在宾夕法尼亚州各处争鸣"。沿着这一思考方式,他认定"宪法中已植入了纷争的种子"。Webster(1788:34 and 47).

[5] 相关例子,可参见约翰·亚当斯对托马斯·潘恩所持建议的批评。在这方面,也可参见 Adams(1946:77-114);Baylin(1992);Walsh(1969:ch.5)。另外还可以参见本杰明·拉什的评论,"可怜的宾夕法尼亚!……他们把这叫作民主——在我看来叫暴民统治更贴切。我们所有的法律都洋溢着小镇会议和货栈的气息"。引自巴特菲尔德(Butterfield,1951:224)。此外,还可以参考费希尔·埃姆斯对托马斯·潘恩著作的反对意见。埃姆斯认为:"托马斯·潘恩的作品中,充斥着这种似是而非的谎言和被歪曲的事实。在他所有主张中,没有哪条比宣称所有人是自由和平等的主张,制造了更多的煽动和惊慌。人们相信,通过赋予自身和他人激情以至上的地位,就能使人性立即变得完美;并且,将永不衰亡的高尚精神注入他们再造的自由之中……失控的舆论和狂热的激情,会令民主精神升腾为奢望。"Ames(1983:2;208-209).

是一个典型,1867 年《宪法》是秘鲁在 19 世纪颁布的最为激进的宪法,它试图确保充分的立法辩论,同时捍卫多数主义原则。1867 年《宪法》实际上(除了别的以外)扩大了政治权利,建立了一套选举异常频繁、任期很短的制度,以及一个一院制立法机关。当时,有人批评这部《宪法》会导致采纳"草率的决策"。为了回应这种批评,《宪法》规定"立法计划或者涉及大众利益的决议,只有在第二轮立法讨论之后方可表决,而第二轮讨论应于第一轮结束后的三天内举行"。与宾夕法尼亚州一样,在此激进主义者试图证明,他们的目标不是建立一个"民粹主义"政体,相反,目标是增进社会的民主性(Paz-Soldan,1954:263)。

激进主义者以往对权力制衡制度所做的批判,并不意味着(历史上也不意味着)无视反思性讨论的重要性。如果说在宪法初创时期,激进主义者对权力制衡采取了一种批判立场,那么这些批判必然来源于其他一些合理论据。一旦我们认识到了这一点,那么就不应当将多数主义和"愚蠢""易怒"混淆在一起。一个多数主义政府是能够(并且在许多情形下被视为能够)和"高度重视审慎辩论"共存的。

最后我要补充的是,多数主义者对于民主程序的追求,并不会让各种事务都接受多数统治。例如,我认为个人品德问题就不应受多数统治支配。正如卡洛斯·尼诺所言,"在寻找道德正确的解决方案时,集体讨论和决策在实质上并不比个人反思和决定更可靠"(Nino,1996:203)。乔舒亚·柯亨(Cohen,2000)从不同的角度——但也考虑到保留多数统治原则——得出了同样的结论。我承认这一想法并不那么昭然若揭,但我相信存在一些非常充分的理由去捍卫它。[1]

---

[1]　就程序性议题而言,我的回答会有所不同。特定程序性选择,最终不可能与多数人意志无关。当然,倘若我们把程序性问题的控制权,留给意图违反这些政治程序的那个群体,就会产生问题。但是,我们首先应当记住的是,"实质性问题与民主程序之间的区分,在政治事务中公认是很难维持的";其次,"因为对如何解决纠纷存在分歧(也就是关于权威的分歧),并且由于我们又需要解决这些纠纷,所以我们总是处于一种尴尬境地,只能运用争议中的一方或另一方提出的程序,来解决当事人所涉的纷争"。参见 Waldron(1993:40),又参见 Waldron(1999)。关于多数统治与程序之关系的另一种视角,参见伊利的作品(Ely,1980)。

多数主义宪法与控制政府官员

在本节中,我要挑战第二种反对多数主义政府的意见。这种意见认为,多数主义政府忽视了控制政府官员的重要性。我不认同这种观点。我认为,和许多自由主义者一样,许多激进主义者也正确关注到了控权的重要性。双方都努力避免权力滥用,确保各项权力不超越自身界限,并且——最终更重要的是——确保维护个人权利。然而,尽管双方都担心(他们所认为的)权力遭到滥用,但自由主义者尤其担忧立法权对其他权力部门的持续且极危险的侵犯(立法侵蚀);而在激进主义者看来,最严重的似乎是民众与代表之间日渐疏离(政治疏离),以及由此产生的以权谋私。激进主义者认为,权力"经常将一位私人生活中的好人转变为执政的暴君"[①]。这些各不相同的关注,促成自由主义者和激进主义者提倡并捍卫不同类型的制度性约束。自由主义者主张建立一些"内部的"或"内生的"约束,而激进主义者偏好一些更"外部的"或"外生的"约束。

这些观点尽管不同,却一致认为制度性控制有其必要性。认识到这一点是重要的,因为许多自由主义者过去认为,现在还坚持认为,他们的对手不关心控制政府官员的权力。诚然,许多激进主义者反对自由主义者所主张的权力制衡制度。即便如此,大部分激进主义者的态度,事实上也并非像对手所认为的那样不负责任。大部分激进主义者并不认为:因为多数主义决策总是正确的,所以这些决策就无须受到约束。相反,他们承认,所有的公共决策都需要受到约束,而且最佳约束就是来自全体人民的监督——在许多情形中,这一点都会招来对各种反多数机制之真实目的和效果的强烈怀疑。例

---

① "Demophilus"(1776;5).

如，佛蒙特州的威廉·塞缪尔就明确地表达了这种观点，声称："人民的安全并不源自政府各部门对理想化制衡机制的良好实施，也非源自按部就班的权力运用，而来自政府各部门对于人民的负责和信赖。"对持相同观点的人来说，观点背后的基础性观念是"权力的各部分应当相互分离，每一部分直接对人民负责，而非对其他部分负责"。（Vile，1991：678）。

那些肯定这一立场的人，建议重视"外生的"或外部性约束（与其对手不同）。他们认为，需解决的主要弊端是"少数人的暴政"。"他们断言，一旦被授予的权力远超制宪权的范围时，暴政在某种程度上就已经确立了。"[1]

为了确保这些外部约束，他们建议采纳多种制度性机制。他们中的多数人坚持这一原则，即大部分公职通过年度选举与直接选举产生。然而他们也认为，"选举不足以……确保政治自由"[2]，这促使他们主张采用另外一些制度性机制。相应地，诸如一些人主张大部分重要的政府职位应实施强制性轮换制。另一些人走得更远，他们主张人民有权对代表发出指令，并有权在极端情况下罢免这些代表。[3]　现在，我们不必为了承认这一基础性观点至关重要，即对多数主义原则的辩护并不必然要求无视权力制约的重要

---

[1]　语出佛蒙特州的托马斯·杨，引自 Sherman（1991：190）。

[2]　泰勒还认为，人民保留的这一仅有的自保手段，最终将因为存在长任期制而被削弱。为了防止这种情况，他提议回归古老的盎格鲁-撒克逊原则——"当年度选举不再举行，暴政就开始了"。他指出"美国总统和参议员的任期设置违背了这一格言，这对我们的政策而言……或许是致命的"。Taylor（1814：170 and 226）

[3]　有必要说明的是，"发布指令的权利"之类的机制，并不必然有违于促进政治商议的目标。首先，指令不会妨碍人民与其代表之间的协商，或公民之间的协商，或政党与利益集团之间的协商。其次，指令不会妨碍议会里各种各样的政治讨论。在最坏的情形中，也不过是妨碍了代表们在某一具体事项上改变主意。在此意义上，例如，这一事实——某一特定社区代表拒绝听从堕胎合法化的任何观点——并不会妨碍他们自由地讨论许多其他议题。关于激进主义者的相关主张，诸如它们如何被 18 世纪 70 年代通过的第一批宪法采纳，参见 Lutz（1988）。关于直接民主机制的有趣分析，参见 Cronin（1999）；反对发布命令权的事例，参见 Sunstein（1993），Przeworski，Stokes 和 Manin（1999）；对不同类型政治协商的区分，参见 Mansbridge（1995）。

性,而去支持所有相关措施。

不过,是否可以这样认为:各种外在性约束(不论其具备哪些优点)始终无法防止立法侵蚀。这实际是麦迪逊在《联邦党人文集》第 49 篇中所持的立场,在该文中,他提到了这样一种"共和政府的发展趋势"——"以牺牲其他部门为代价,实现立法机关的自我扩张"。在那篇文章中,麦迪逊反对了杰斐逊的倡议,即通过诉诸民众集会来解决所有重要的制度性冲突。[①] 然而,麦迪逊反对多数主义倡议的论据缺乏说服力。首先,一如达尔所言,"民选(以及党派竞争)"未必不足以防范诸如立法侵蚀这种弊病(Dahl,1956:13)。此外,如麦迪逊自己主张的那样,杰斐逊的办法是否会削弱现有政府的威信,这一点尚不明朗。我最后要补充的是,因为要求公民参与解决一些社区公共事务而"扰乱公众安宁",并不必然像麦迪逊认为的那样是不好的。在民主社会,激进主义者将这一可能性视为一个恰当的目标。并且,就算杰斐逊的主张(召开集会)会导致(在某种程度上)"代价太大",但一个多数主义政府的捍卫者仍可以主张采纳另一种"成本更少"的措施,而这种措施仍可以与多数主义政府理念相一致,并且可以防范相互侵蚀的风险。即便是"内部生成的"约束也是受欢迎的,只要它们不会破坏多数主义的政治组织结构。

我在前面几个段落中主张,为减少代表滥用职权的风险而强化"外部生成的"约束是至关重要的。我也主张这一倡议并不必然有碍于避免立法权膨胀的愿望。不过,就"外生性"制约优先于"内生性"制约的主张而言,人们仍然可以提出反对意见,并断言前者

---

① 在《联邦党人文集》第 49 篇中,麦迪逊重点展示了杰斐逊的主张,后者申言"一旦政府三个部门中任何两个,各自获得了其总人数 2/3 同意,从而提议必须开会决定修改宪法或纠正违宪情况时,就必须为此召开会议"。

作为预防多数主义者侵害少数人权利的方法是徒劳无功的。① 人们可以合理地主张,不应当相信多数人能成为少数人权利的捍卫者。似乎内部的、反多数主义的制约,才是保障这些权利的恰当选择。这是对多数主义立场的一种常见回应,但有必要展开更详细的讨论。首先,我们不想让多数人负责保护他们想侵犯的那种权利(少数人权利),但这一事实并未指出,那些非多数主义制度在捍卫少数人权利上具有什么优势。② 照理说,下述两种现象是可以并存的:一是存在反多数主义制约,二是存在对最基本的少数人利益的侵犯。反多数主义制度可以确认这种侵犯,并为其提供正当性依据(例如在臭名昭著的斯科特案中,试图正当化黑白人种不平等的观念)。③ 此外就长期来看,反多数主义制度的存在是否有助于减少对少数人权利的侵犯,这一点尚不明确。这种直观感受,看似在当代的司法角色研究中得到了证实。相关研究表明,"法院经常或多或少地迎合了占主导地位的国家政治联盟的意愿"④。另外,反多数主义制度的终局性权力,还会将多数人权利置于险境。实际上,历史已经向我们提供了诸多例证:许多意在捍卫基本权利的多数主义要求,都被不合理的反多数判决否决了(例如在所谓的洛克纳时代)。

或许,"内生性"制约确实不像它们在保护少数人权利时那么有效,但是否可以据此废止所有这类约束? 我不认为多数主义者只能

---

① 值得注意的是,在美国宪制的孕育阶段,诸如麦迪逊之类的人,虽然提到了保护"自然权利"的必要性,但没有阐明何为"自然权利"。但可以明确的是,对"自然权利"的定义和(我将补充的)解释与多数人意志没有任何关系。我认为,多数主义者可以并且应当捍卫一种与此不同的权利观,这一观念可以将一些基本利益,与民众所持的最基本和最理性的信念重新联系起来。对权利进行多数主义解读的例子,参见 Ackerman(1991)。

② 如参见 Waldron(1993)。

③ 60 U. S. (19How.)393(1857)。正如马克·塔什内特所言,"最佳状态的最高法院显然远胜于最糟状态的国会,但最佳状态的国会只是比最糟状态的最高法院略胜一筹",Tushnet(1999:56)。

④ 参见 Tushnet(1999:153),又参见 Rosenberg(1991)。

采用这种极端策略。多数主义者有充分理由去拒绝许多(很常见的)"内生性"约束,例如,由于规制机构缺乏正当性,或是囿于规制能力限度而将其取消。我认为,多数主义者尤其有理由拒绝司法审查之类的制度性约束,这类约束逐步将"最终的制度性发言权"转变成了一种反多数主义制度。不过,只要各种"内部"制约能给予多数原则以恰当的尊重,多数主义政府的捍卫者完全可以承认(正如他们中的许多人实际已经承认的)设置"内部"制约的重要性。例如,为了让司法部门免遭反多数主义的批评,我们可以阻止司法部门掌握"最终的(制度性)发言权",但仍保留其在保护少数人权利方面的重要地位。可以设想一种方案:法官能够将受质疑的法律"发回"到国会,而不是在具体案件中宣布其无效。持类似观点的人还有参议员惠勒(B. Wheeler),一位支持罗斯福新政的民主党人,他赞成对宪法作如下修订:"倘若最高法院认定某一联邦法规违宪,国会两院只要在法院判决后举行一次投票,就可以凭 2/3 以上多数推翻判决(Tushnet, 1999)。"同样,加拿大的"但书"条款(该条款允许政府的政治部门以简单多数的通过方式,制定一部和宪法某些领域相关的、不接受司法审查的法律),代表了当代一种有吸引力的、替代美国"纯"司法审查制度的做法。通过上述例子,我只想说明:存在一些想象得到的路径,它们能维持政治制度的多数主义特征,同时也能维持对于少数人权利的关心。

社会对制度体系的需求

在前几页中,我们得出结论认为,我们不必将这两样事物联系在一起:一是多数主义制度的确立,二是形成了各种"草率的""激情的""鲁莽的"和终究是"压制性的"决策。但采用一种更为明确的多数主义政治制度,必然既无助于形成各种周密的决策,也无助于实现对代表施加充分的制约。①

　　现在,在结束本章之前,我还想补充一些意见。首先我要强调,许多激进主义者认为一个多数主义政府不仅与维护法治相容,而且是强化法治的前提条件。倘若我们考虑到了多数主义制度在避免对法治的某些威胁,尤其是在避免"少数人的专制"方面的重要性,那么激进主义者的主张也是合理的。激进主义者有一些不错的理由来支持自身立场。一方面,他们可以主张,采用多数主义制度对倾听民意是至关重要的。例如,尽管反多数主义制度在自由民主社会中获得了重视,但他们可以合理地主张,法律需要坚决吸纳那些在自由民主制度下并不能始终得到重视的观点。另一方面,他们还可以说,自由主义者忽视民众对代表的"外生性"约束(自由主义者对于"内生性"约束的偏好似乎暗示了这一点),这增加了另一种严重的不良风险——代表仅仅出于一己私利而施行统治的风险(政治异化的危险)。在此意义上,他们可以得出结论:若无一个明确服从多数的政府,就会促成"少数人的专制"。

　　我要说的第二点是:在支持采用多数主义政府的人们当中,许多人建议在考虑制度体系时,应当结合特定社会的社会组织结构。在这方面,他们不同于其自由主义的对手,后者主张一种看似自我维持的制度体系。正如罗伯特·达尔所言,多数主义者相信,自由主义观点"在预防专制方面,夸大了存在于不同政府官员之间的具体制约措施的重要性",因而低估了社会性制约的重要性(1956:22)。多数主义者想知道什么样的经济社会制度最有利于自治,并假定那些实质

---

　　① 当然,就像反多数主义政治制度所经历过的那样,多数主义制度可能无法避免形成一些我们中大多数人在直觉上难以接受的决策。但这一结论不能让我们断言,多数主义和非多数主义的制度最终都是有害的。我认为,当民主社会面临艰难选择时,有更强的理由偏向多数决原则。最后,如沃尔德伦所言:"(或许捍卫)参与权,更多地不是为了对决策形成某种希望渺茫的决定性影响,而是为了避免受到侮辱、羞辱或贬低。在某人与他人的利益都受到同等程度影响的事项上,如果这个人的观点得不到同等程度的认真对待,他会感觉受到了侮辱、羞辱或诋毁。"Waldron(1999:238)

性的社会和经济不平等,会使人们没有能力做出与公民身份相符的独立判断(Sandal,1996)。

或许,杰斐逊对这种多数主义观点做了最佳阐释。一方面,杰斐逊表达了他对采用某些(自由主义)制度性约束的信心。然而另一方面,他又强调了采用更为多数主义的政治制度,并强调要确保这种政治制度的维系条件。在写给麦迪逊的一封重要信件中,他提出了对于新宪法的看法,并详细说明了前述观点,因而这一观点也是其宪法理论的基础。① 在信中,杰斐逊对宪法采用的许多"内部性"制约表示同意;他申言宪法缺少许多重要的"外生性"制约(即"在所有必要情形中,都放弃了设置官员轮替办法,尤其是总统的轮替");他还提到了制度体系的社会需求。在此意义上,他强调了两条倡议性举措的重要性,并认为这两种举措是建立一切适宜的制度体系的必要条件:教化"普通民众",以及利用"美国各处的闲置土地"来维系国家的"农业"特征。② 他宣称,"的确,只要我还活着,我就会努力推进两件事:公共教育,以及将郡县进一步划分为区镇"③。在杰斐逊的其他许多演讲和著作中,这两种主张都反复出现。④ 显然,我们无须同意他的全部计划或是赞成他关于农耕社会的具体看法,我们只需认识到杰斐逊在强调一件重要之事:一个能产生公正决策的、稳固的制度体系,必须具备一些外部条件。此外,激进主义者会断言,一旦缺乏这些社会条件,所谓的法治就会沦为"少数人的统治"。

维持法治必须确保一些物质性的前提条件,在许多拉美国家,这一观点也被诸多不同的激进主义思想家共享。这一观点的首次表述

---

① 杰斐逊自己也强调,这封信的重要性在于表述了自己的宪法理论。关于这一点,可以参考他的自传(Jefferson 1999:354-355);或者他写给英国激进主义者约瑟夫·普里斯特利的信,19 June,1802(Jefferson,1999:371-373)。

② Jefferson(1999:360-363).

③ *Letter to Joseph Cabell*,31 January 1814. Jefferson (1999:197).

④ see,for example,his *Letter to Joseph Cabell*,February 1816,and to *Letter to Samuel Kercheval*,July 1816 and September 1816. See Jefferson (1999).

（尽管很不成熟），出自拉普拉塔河地区的何塞·阿蒂加斯，他既是著名的军阀，也是托马斯·潘恩的读者。阿蒂加斯既想创建一种去中心化的、更民主的政治制度，又想将这一新制度建立在更平等的经济基础之上。[①] 对这一观点更清晰的表述，来自新格拉纳达的激进主义者曼努埃尔·托罗，他是一位非常活跃的知识分子，甚至曾担任过哥伦比亚总统。曼努埃尔·托罗支持一种更民主的社会组织结构，其基础是各种既存社会制度和更平等的财富分配。托罗认为，应当以确保每个人都能维持生计的方式去分配财富。在拉美地区，对这一观点最为清晰的表述，来自厄瓜多尔的胡安·蒙塔尔沃，他或许是厄瓜多尔 19 世纪最重要的知识分子。一方面，蒙塔尔沃在创建基层社会以及国内具有重大影响力的社会组织（即著名的基多自由社会或共和党社会）方面厥功至伟，并在捍卫民主上代表厄瓜多尔发出了强有力的声音。另一方面，他与托马斯·杰斐逊一样，将建立民主制度与普及公共教育及平等分配土地联系在一起。[②]

最后，关于多数主义与制度设计还有许多要说的。尤其是，多数主义者会建议我们采用何种类型的制度架构呢？目前，我无法对这一问题给出一个恰当的回答，所以我只能对我已经提到的那部分内容加以总结。我所要强调的仅在于，多数主义者有充分理由去反对当代许多制度性安排，例如大部分美洲国家采用的总统制政府[③]，或者是在美国运行的司法审查制度。[①] 此外，我相信他们有足够的理由，去提议对政治制度和非政治制度进行实质性改革，以便让民众更积极地参与公共事务讨论。当然，这些想法尚需进一步细化，不过我把这项工作留到未来去做。

---

① 参见 Artigas's "Reglamento Provisorio de la Provincia Oriental para el Fomento de la Campaña"，在这份文件中，他命令根据底层人民的需求和付出重新分配土地。在这方面，参见 Street(1959)；Frega(1998)；Sala,de la Torre,and Rodriguez(1978)。

② 参见 Murillo Toro(1979)；Roig(1984)；and Montalvo(1960)。

③ 关于这方面的内容，参见 Nino(1996)。

④ 参见例如，Tushnet (1999)。

参考文献

Ackerman, B. 1991. *We the People : Foundations*. Cambridge, Mass. ; Harvard University Press.

Ackerman, B. 2000. "The New Separation of Powers." *Harvard Law Review* 113 ; 633.

Adams, J. 1946. *The Selected Writings of John Adams*. Ed. A. Koch and W. Peden. New York : A. A. Knopf.

Alaman, L. 1997. *Los imprescindibles*. Mexico, D. F. ; Cal y Arena.

Ames, S. 1983. *Works of Fisher Ames*. Indianapolis ; Liberty Classics.

Basadre, J. 1969. *Historia de la república del Perú*, 1822— 1933. Lima ; Editorial Universitaria.

Baylin, B. 1992. *The Ideological Origins of the American Revolution*. Cambridge, Mass. ; Harvard University Press.

Blaustein, A. , and J. Sigler. 1988. *Constitutions That Made History*. New York ; Paragon House Publishers.

Brewer Carías, A. 1985. *Instituciones políticas y constitucionales*. Vol. 1. Caracas ; San Cristóbal.

Butterfield, L. (ed.). 1951. *Letters of Benjamin Rush*. Princeton ; Princeton University Press.

Chipman, N. 1833. *Principles of Government : A Treatise on Free Institutions*. Burlington ; Edward Smith.

Cohen, J. 2000. "Privacy, Pluralism, and Democracy." Revised version of a paper presented at the Eastern Division of the American

Philosophical Association, Newark, Del. , December 1999.

Cronin, T. 1999. *Direct Democracy : The Politics of Initiative ,* Referendum, and Recall. Cambridge, Mass. : Harvard University Press.

Dahl, R. 1956. *A Preface to Democratic Theory.* Chicago: University of Chicago Press.

Elster, J. 1993. "Majority Rule and Individual Rights. " In S. Hurley and S. Shute (eds.), *On Human Rights.* New York: Basic Books.

Ely, J. 1980. *Democracy and Distrust.* Cambridge, Mass. : Harvard University Press.

Farrand, M. 1937. *The Records of the Federal Convention of 1787.* 4 vols. New Haven: Yale University Press.

Frega, A. 1998. "La virtud y el poder. La soberanía particular de los pueblos en el proyecto artiguista. " In N. Goldman and Ricardo Salvatore (comps.), *Caudillismos Rioplatenses. Nuevas miradas a un viejo problema.* Buenos Aires: EUDEBA.

Hamilton, A. , J. Madison, and J. Jay. 1988. *The Federalist Papers.* New York: Bantam Books.

Jefferson, T. 1999. *Political Writings.* Cambridge: Cambridge University Press. Lutz, D. 1988. *The Origins of American Constitutionalism.* Baton Rouge: Lousiana University Press.

Madison, J. 1975. *The Papers of James Madison.* Ed. R. Rutland and W. Rachal. Chicago: University of Chicago Press.

Mansbridge, J. 1995. "A Deliberative Perspective on Neocorporatism. " In E. O. Wright (ed.), *Associations and Democracy* , 133-147. London: Verso.

Molina, G. 1973. *Las ideas liberales en Colombia* , 1849—1914.

Colección Manuales Universitarios. Bogotá: Tercer Mundo, 1973.

Montalvo, J. 1960. *Juan Montalvo*. Puebla: Editorial J. M. Cajica.

Murillo Toro, M. 1979. *Obras selectas*. Bogotá, D. E. : Camara de Representantes.

Nino, C. 1996. *The Constitution of Deliberative Democracy*. New Haven: Yale University Press.

Paine, T. 1995. "To the Authors of The Republican." In Eric Foner (ed.), *Collected Writings*. New York: Library of America.

Paz-Soldán, J. 1954. *Las constituciones del Perú*. Madrid: Ediciones Cullena Hispánica.

Pettit, P. 1997. *Republicanism*. Oxford: Clarendon Press.

Portales, D. 1937. *Epistolario de Don Diego Portales*. Santiago de Chile: Ministerio de Justicia.

Przeworski, A. , S. Stokes, and B. Manin. 1999. *Democracy, Accountability, and Representation*. Cambridge: Cambridge University Press.

Raz, J. 1977. "The Rule of Law and Its Virtue." *Law Quarterly Review* 93:196.

Reyes, O. E. 1931. *Historia de la República*. Quito: Imprenta Nacional.

Roig, A. 1984. *El pensamiento social de Montalvo*. Quito: Editorial Tercer Mundo.

Rosenberg, G. 1991. *The Hollow Hope: Can Courts Bring about Social Change?* Chicago: University of Chicago Press.

Sala de Touron, L. , N. de la Torre, and J. Rodríguez. 1978. *Artigas y su revolucion agraria*, 1811-1820. Mexico: Siglo XXI.

Sandel, M. 1996. *Democracy's Discontent: America in Search of a Public Philosophy*. Cambridge, Mass. : Harvard University Press.

Sarmiento, D. 1977. *Civilización y barbarie*. Mexico: Ed. Porrúa.

Shaeffer, J. 1974. "Public Considerations of the 1776 Pennsylvania Constitution." *Pennsylvania Magazine of History and Biography* 98, 4: 420-421.

Sherman, M. 1991. *A More Perfect Union: Vermont Becomes a State*, 1777—1816. Vermont: Vermont Historical Society.

Sieyés, E. 1990. "Opinión del Abate Sieyés sobre la cuestión del veto real en la sesión del 7 de septiembre de 1789." In R. Màiz (ed.), *éscritos y discursos de la Revolución*. Madrid: Centro de Estudios Constitucionales.

Street, J. 1959. *Artigas and the Emancipation of Uruguay*. Cambridge: Cambridge University Press.

Sunstein, C. 1993. *The Partial Constitution*. Cambridge, Mass. : Harvard University Press.

Taylor, J. 1814. *An Inquiry into the Principles and Policy of the Government of the United States*. Virginia: Green and Cady.

Tushnet, M. 1999. *Taking the Constitution Away from the Courts*. Princeton: Princeton University Press.

Vile, M. 1991. "The Separation of Powers." In J. Greene and J. Pole (eds.), *The Blackwell Encyclopedia of the American Revolution*. Oxford: Basil Blackwell.

Waldron, J. 1993. "A Right-Based Critique of Constitutional Rights." *Oxford Journal of Legal Studies* 13: 18-51.

Waldron, J. 1999. *Law and Disagreement*. Oxford: Oxford University Press.

Walsh, C. 1969. *The Political Science of John Adams: A Study in the Theory of Mixed Government and the Bicameral System*.

New York:Freeport.

Webster, N. 1788. "Examination of the Constitution of the United States. " In P. Ford (ed.),*Pamphlets on the Constitution of the United States*. New York:BurtFranklin.

Wood,G. 1969. *The Creation of the American Republic*,1776— 1787. New York:W. W. Norton.

第七章　法治如何统治？

——通过分散化机制施加成本

卡特里娜·斯莫洛维茨[①]

　　我们的讨论始于一个学术界广为采用的定义：倘若界定哪些行为可以做、哪些行为禁止做的一些规则，并非个人任意决定的结果，而是以每一位公民——不论其权力和地位如何——都必须受约束的法律的形式出现，那么我们就处于"法治"之下。[②] 从这一定义出发，可以推断"法治"将面对一个重要的政治问题。这个问题无关乎统治者面向个人或集体推行及落实规则时所遇到的一些困难。事实上，尽管效果各不相同，但统治者总有诸多手段让人民遵守法律（强制力、激励、社会化等等）。相反，"法治"的核心问题在于民众难以让统治者遵守法律。我们为什么预期统治者——那些控制政府资源的

<hr />

　　①　卡特里娜·斯莫洛维茨（Catalina Smulovitz）：托尔夸托迪特利亚大学政治科学与政府系教授。

　　②　劳伦斯·索伦认为，法治可被理解为七项准则的结合：法外命令无须遵守，政府和官员的行为应受制于普遍和公开的规则，法律体系应当符合公开性的要求，法律体系应当符合普遍性的要求，法律体系应当符合规范性的要求，法律体系应当为案件裁判提供公正有序的程序，法治要求或禁止人们做的事应当是一类人可以做到的或可以避免的事（Solum，1994：122）。关于法治的其他定义，参见 Burton（1994：180）。

人——会遵守法律呢？我们为什么不预期他们会动用政府资源违背法律呢？因而，关于法治的分析需要回答这样一个问题——哪些因素决定了统治者会遵守法律。

温加斯特、普沃斯基和哈丁等人撰文认为，唯有统治者和民众认定守法符合自身利益时，"法治"的统治才会实现。也就是说，当法治能够自我实施时，它就成功了。然而，倘若果真如此，那么前述问题仍悬而未决。什么能够令法治自我实施？换言之，什么决定了政治领袖会认为遵守法律符合自身利益？最显而易见的回答是，如果违法代价高昂，那么他们就具有守法的动力。因而，我们需要研究如何对统治者的违法行为施加成本。

是什么能够让法治自我实施？又是什么决定了政治领袖会认为遵守法律符合自身利益？温加斯特在《民主与法治的政治基础》(1997)一书中声称，有碍于法治的那些困难，源自分散化行动的公民所面对的大规模协调困境。公民的分散化行动很难进行协调，这令他们很少有机会让不守法的国家领导人付出代价。温加斯特指出，由于违背法治的政府行为对各个群体的影响并不均等，最高统治者便能从那些因政府违法行为而获益的群体中，获得支持或默许。政府违法行为的不同分配效应阻碍了公民的一致行动，反过来又妨碍了向统治者施加成本。鉴于并非所有行动者都认为对违法统治者施加成本是符合自身利益的，这最终导致法治无法自我实施。

那么，如何让统治者付出违法代价？按照温加斯特的说法，法治得以自我实施的前提是：最高统治者的违法行为对所有民众同时产生均等的影响。一旦情形如此，就没有哪个群体能从与统治者的勾结中获利，那么所有人就都愿意惩罚统治者的违法行为。其言外之意是，一旦某位领导人损害了所有潜在盟友的利益，那么后者就有动力一致行动以约束前者。在此情形下，全体民众都觉察到了不执行规则的代价，它会导致一种根本性后果，并解释了为何民众会有动力采取一致行动，对违反法治的行为施加惩罚。正如温加斯特指出的那样,这种情形解释了民众之间达成一种基础性共识所能带来的好处,但它无法杜绝统治者将来可能试图与特定行动者再次进行勾结,从而破坏民众之间已经达成的合作。换言之,这种情形说明了法治是怎样确立的,以及为何如此,但它无法说明法治是如何得以维系的。

民众之间的合作如何才能得到长期维系？温加斯特补充道,倘若关于"政府行为与公民权利的**恰当界限**"存在一种价值性共识,而这种共识能让公民们采取**一致行动**,那么法治就会自我实施并长期维系下来(Weingast,1997)。① 这一结论令人惊讶,因为如何让法治得以自我实施的整个问题,竟然以承认另一些问题——公民在采取一致行动和达成价值性共识时面临的那些问题——为出发点。事实上,只要存在一致行动和价值性共识,法治就不会有任何问题。

后续我讨论的问题是,这两个条件是不是保证法治得以维系和自我实施性质的必要条件——换言之,是否公民一致行动是必需的,以及是否达成价值性共识是必需的。

已有文献指出了诸多不利因素,它们有碍于民众为惩罚违法统治者而实施的协同努力得以长期持续。在被统治阶层中组织起有效的集体行动,会面临各种巨大且持续的挑战。不过经验证据表明,法治业已在各种不同环境下得到了确立和维系。那么,这种情况是如何出现的？公民是否确实很少能够协同行动？或者,是否存在其他路径来维持"法治"之治？

我倾向于主张,让分散化的民众实现一致行动,并不是惩罚或威慑违法统治者的必要条件。相反,成本之所以能被强加,恰恰在于民众也是以分散化的方式采取行动的。这种分散化行动使得如何、何时以及谁来强加成本等问题,都存在不确定性,进而减少了利益勾搭

---

　　① 例如温加斯特主张:"倘若缺乏关于政府行为之边界的共识,那么统治者和部分公民之间的联盟一旦形成,就会是十分稳固的。因此,这一博弈最为自然的均衡是合作失败:公民们不可能以完全分散的方式实现一致行动。一般而言,处境的差异化意味着不存在自然形成的问题解决方案。"(1997:251)。

的可能性。倘若情形就是如此,那么即便有些民众倾向于和统治者相互勾结,也很难确定其他民众是否有能力组成替代性联盟来挑战统治者的勾结企图。如果成本的施加方式分散且混乱,统治者在预判和谁勾结以及如何逃脱潜在惩罚时,都将面临更大的困难。换言之,他们在预判"逃避责任"(Maravall,1999)的途径时,将面临更大的挑战。上述两种情形都会令违法的成本变得很高。

　　这种解释有助于理解一种基本性直觉。从托克维尔到普特南等一干人都受这种直觉的影响,强调了自治化市民社会对保障法治之治的重要性。需强调的是,与有些人不同,我并不认为自治化市民社会之所以重要,是因为公民共享了一些价值,而这些价值能维系那些对各方都有益的自我约束。我认为,自治化市民社会的重要性在于:存在多元化外部监督主体,这些监督主体能够从贯彻法律和谴责违法中获益。多元且分散的外部监督主体的存在,会让这三类人的数量变多:利益相关的"吹哨人",热衷于为政府违法行为增加成本的民众,以及从政府守法行为中获益的民众。这种多元化增加了潜在的联盟数量,同时加重了统治者违法时成功化解各种挑战的难度。鉴于有威胁的分散化行动增加了谈判成本,也提高了令违法行为得以接受的补偿成本,这让统治者觉得还是守法更为便利。民众行为缺乏协同,会让统治者无从获得他们将如何行动的全部信息。因此,统治者想要预判潜在的"吹哨人"——也就是自己要勾结的对象——会变得代价高昂且困难重重。就像温加斯特在文中提到的松山所言,"公民之间的差异程度如此之大,令中央政府难以找到合适的合作方式"①。换言之,因为被统治阶层的分散化行动让统治者无法建立一个联盟,其违法行为就无法带来效率。因而,倘若民众分散化行动时仍可对统治者强加成本,那么法治之治的一个必要条件——一致行动——的重要性就会降低。

① Matsuyama in Weingast(1997:251).

　　这些内容提出了如下问题。首先,我们需要考虑分散化行动是否真的可以强加成本。之前的观点表明,即便行动者以分散化的方式行动,也仍是有效的。这一论断似乎抵牾了这一观点:弱者用来对抗强者的武器,就是将分散化行动组织起来。然而,分散化行动并不意味着公民就是沉默的原子化个体的集合。他们可能是特定团体的成员,具有一定的组织化程度。但这并不意味着这些组织会以单一联盟的方式高度一致地行动,也不意味着它们持有共同的价值观或意识形态取向。唯一的要求是,它们必须作为需捍卫的利益或权利的主体去行动。在察觉到违反法治的行为时,这些条件——作为利益主体和权利请求人——可以激发它们的要求和行动。因此,即便我们承认"人类天生的多样性阻碍了协同合作"(Weingast,1997:251),也并不表明这种多样性必然有碍于实施制约,或者有碍于施加成本。事实上,根据麦迪逊式多元主义观点,制约恰恰仰仗于这种分散化的多样性。在重新讨论这些论点时,我认为行动的分散化允许以"零敲碎打的方式",去制约破坏法治的行为。用麦克库宾斯的话来说,可以认为分散化提供了一种"火警报警器"那样的控制方式(McCubbins and Schwartz,1984)。另外,也可以这样认为,考虑到统治者所面对的利益的差异性和多样性,可以预见针对大多数的违法行为而言,都会有人主动对其施加成本。

　　关于市民社会行动者的行为,有两点需要注意。首先,得牢记社会中的各个群体和社团,也会以不文明和暴力的方式行动。他们的目标还包括对统治者取而代之,而不限于对其行为施加约束。因此在市民社会中,尽管行动主体的多元化且缺乏协同的行动有助于法治得以维系,却不能保证法治获得成功。因此,法治之治的另一项条件是,那些多元化且缺乏协同的行动,不仅要在统治者违法时拉响"火警警报器"并"吹响哨子",在其他社会主体企图违法时也应如此。其次,承认实施分散化制约能带来一些便利,并不意味着制约者能因此避开组织集体行为时要面对的那些困境。他们仍然得处理这一问题:哪一种集体组织形式,能让他们的主张更有力、更包容且更有效率,同时又不会减损他们声称要实施的那种约束的强度和广度?

我们现在必须考虑第二个问题:分散化的行动主体,能对统治者施加何种类型的成本? 新近讨论问责制的一些文献,已经探究了公民对统治者施加成本的不同路径。其中,有两种基本机制得到了高度关注:权力制衡制度,对政府行为施加了横向制约;选举,可以对统治者的行为施加纵向制约。理论上,横向制约机制能约束公职人员和政府机构的行为,并监督后者守法;[1]而纵向选举机制让公民能够控制代表们的行为和政策取向。这两种情形都假定那些受约束的主体,能够依法行事或依照选民的偏好行事,因为他们想要避免承受可能的成本。[2] 他们之所以遵守法律,是因为预见到了自己会面临惩罚,但他们想避开这些。在横向制约机制下,想要避开的不利成本包括刑事制裁以及弹劾。在纵向制约机制下,想要避开的成本则是选举落败,而这会让统治者失去执政地位。不过已有文献也提到,无论是横向还是纵向制约机制都会面临一些困境,从而令自身的实效性受到质疑。(O'Donnell,1993,1994,1996,1999;Shifter,1997;Manin,Przeworski,and Stokes,1999;Zakaria,1997)

横向制约机制究竟面临哪些困境? 奥唐纳认为,拉美的多头政治呈现了横向问责制的极度匮乏,因为多数主义原则被视为这些政权的典型特征。只要各种横向机制意味着对多数人决定的约束,那么它们便成为一些需要予以避开或无视的障碍物,以确保多数人

---

① 对奥唐纳来说,"横向问责"意味着"存在这样一些国家机构,它们依据法律获得了资格和权力,且事实上愿意并有能力采取行动,这些行动包括对政府其他官员或机构可能被确认为非法的作为或不作为,进行常规性监督、刑事制裁或弹劾"(1999:38)。

② 选举机制的目的,在于奖惩代表们的政策取向,而非其决定合法与否。不过在此情形下,选民们有机会对制作政策性决定的程序进行奖惩。因此,尽管选举机制不能对破坏法治的行为施加具体惩罚,但它仍可以就此释放强有力的信号。虽然选民没有司法权限,他们不能通过投票对特定行为施加惩罚,但他们仍然可以在投票时选择支持或罢免那些违反法律的代表。

意志的统治。这样一来，相关制度安排就会弱化横向问责制的一个核心特征：权力制衡机制的存在。在此情形下，对统治者施加惩罚的可能性就大为减少。根据奥唐纳的解释，在每一个政体中，横向机制的实效性都取决于民主价值与自由价值之间的既有平衡。Shugart，Moreno and Crisp（2000）指出，由于横向问责制以"野心之间相互对抗原则"为基础，如果不同利益和意见未能在各个横向机构中得到恰当的体现，那么横向问责就不会出现。因而在他们看来，横向制约的局限性随着制度设计而定，即反映选民与议员之间纵向关系的制度设计。温加斯特指出另一困境，它同样危及横向制约的成效。倘若统治者能与横向机构内的具体行动者相互勾结，就会导致这些机构无法发挥作用，进而令统治者的违法行为失去约束。除了上述困境外，我们可能还会发现：即便存在各种横向机制，然而如果反对党得不到动用这些机制所需的多数票，它们还是难以被激活。那么，这属于温加斯特所描述的勾结情形，还是属于别的情形？尽管反多数主义的机构，例如法院，可以激活一些横向机制，但是其他横向机制的激活，诸如议会的约束，则取决于选举偏好对国会议席分配所产生的影响。在此情形下，当国会的横向问责机制不起作用时，我们是否可以说，这是横向机制的失败或者是纵向机制的成功呢？[1]

----

① 让我们考虑一下阿根廷这个例子。1994 年阿根廷《宪法》创设了一个新的机构：司法委员会。《宪法》第 114 条规定，司法委员会的职能包括遴选下级法院的法官，管理司法系统的资源，以及对下级法院的法官施加纪律处分。《宪法》还规定，要制定一部法律来决定委员会的人员构成，这部法律必须由两院以绝对多数通过。根据该《宪法》，委员会的人员构成应当平衡不同群体的代表性（成员来自不同的代表机构，包括行政人员、立法机构议员、法官、律师以及学者等）。可以预见的是，确定委员会的人员构成，导致了持久且艰难的谈判。执政党想确保委员会中政治代表的人数超过法官，反对党则希望强化学者和律师的存在。由于执政党在两院都掌握绝对多数，它有更多的制度性资源来实施自己偏好的方案。我们该如何评价这一事例呢？一方面，执政党支持的提案，确实削弱了组建中的委员会的横向制约能力。另一方面，必须牢记横向制约能力之所以难以强化，是因为反对党无法得到选民的实质性支持。这种情形是否属于统治者与特定部分选民的共谋，还是展示了纵向机制在引导政策偏好上的成功？这部法律最终在 1997 年 12 月通过。当时，大多数政治分析人士都指出，执政党在 10 月选举中的落败，对打破阻碍谈判的僵局至关重要（Clarín and Nación，1997 年 12 月 10 日）。

各种纵向机制如何制约统治者的决策？它们又面临着哪些限制性因素？在新近一本著作中，Manin et al.（1999）强调了影响纵向问责制的一些结构性缺陷。他们指出，选举制所固有的内在局限性，令其不足以充当进行纵向层面问责的机制。他们基本上认为，选举作为一种问责机制是不起作用的，因为我们永远无法知道，选举施加的究竟是事先制约还是事后制约。倘若事实如此，选民就无法敦促政府负责行事。诸多因素阻碍了选举成为有效的制约机制。首先，选民们只有一次机会去惩罚或奖励政府的决策，而他们选出的代表知道，选民缺乏足够的手段去制约自己的每项决策。换言之，那些代表知道，他们的多数决策是不受约束的。另一项限制性因素，与投票是分散化策略行为（Przeworski，1991）的事实有关。代表们知道，有些公民会选择用自己的选票来惩罚代表们之前的一些行为，其他公民则会选择投票支持代表们所承诺的政策。鉴于公民们难以协调彼此的投票意向，这就削弱了选票作为一种制约机制所起的作用。

总之，当迈宁等人总结认为"公民们对于政客们的约束充其量是极不完善的"（1999：50）之际，纵向机制的分析人士也得出了大致相同的结论。承认这些困境，并不意味着这些纵向机制就一无是处。他们只是指出了一些缺陷。他们的研究表明，纵向和横向机制不足以制约和惩罚统治者所有的违法行为。他们还促使我们思考，是否存在促成法治之治的其他一些机制。

在最近一篇论文中，安立奎·佩鲁齐和我分析了另外一些用来施加成本、落实政治权力监督的机制。我们将这种类型的制约命名为"社会问责制"（Smulovitz and Peruzzotti，2000）。这种制约机制的实施主体，是一些组织程度各不相同并将自己视为正当权利主体的行动者。许多公民协会、公民运动或媒体都可以发起这些行为。他们旨在揭发政府的不法行为，将新的议题提上公共议程，或者影响、推翻各种政策性决定。他们既运用制度性手段，也运用非制度性手段。所运用的制度性手段,包括提出监督政府机构的法律诉求,或者参与到政府监督和政策制定的制度性领域之中。这种设想包括社会动员和媒体谴责。"社会问责制"是一种非选举性机制,但它是一种纵向问责机制,它扩大了参与制约政府的行动者的范围。与选举机制相比,社会性机制可以在两次选举之间实施,而不受制于固定的日程。它们在"有需要时"就能启动,可用来监视、处理政客及官员在制定政策时所应遵守的那些程序,还可以用来约束单一议题进程,以及约束公务员行为和各项政策。

与横向机制不同,社会性机制发挥监督作用时,不需要以特定的多数人支持或宪法性授权为前提。这让一些因代表性不够而被忽视的行动者,能够通过各种社会性机制获得发声机会,并明确表述自身的要求。众所周知,代议制场所设定了一些限制性条件,会影响到最终表述谁的利益和何种利益。如果行动者和相关利益未能证明拥有广泛的支持,他们就会被排除在外,而他们启动横向机制或发挥纵向影响的可能性也微乎其微。社会性机制可以克服这些困难,因为启动它们的是一条不同的原则。行动人不必证明自己获得了广泛的支持;支持的存在而非支持的广度,就足以证明他们的正当性。因此,社会性机制让行动者能够通过另一条路径获得公众的注意,倘若没有社会性机制,这些行动者就无法参与到代议制场所之中,或者直接被排除在外。当被排除在代议制场所之外的行动者有能力发出足够响亮的"声音"并且把问题提上议程时,社会性机制就能敦促横向机制去考虑那些被多数人意志视为"无足轻重的事"。对此存在两种看法:第一,可以这样认为,一些横向机制,譬如议会决议,也能以分散化的方式对统治者施加成本。然而,由于横向机制的启动受到代议制逻辑的内在限制,因而它们以分散且自主的方式去行动的能力,最终仍受制于支配代议制领域的多数人意志。第二,由于社会性机制无须依托代议制来获得正当性,其实施会在平等代表权领域产生一些模棱两可的社会后果。相应地,必须关注代议制原则与反多数主义原则之间的冲突所导致的潜在紧张关系。

社会性机制还有一点不同于横向机制和纵向（选举）机制，那就是这些机制带来的并不是强制性的法律制裁，而是象征性的制裁。因为成本施加与执行决定的能力相关，并且鉴于这些形式的制约只是揭露了政府不法行为而没有强制性后果，于是一些学者往往把它们视为是装点门面的，而不是对权力的真正制约（Schedler，1999）。尽管社会性机制基本上以柔性制裁形式——表达公众不满——为基础，但并不必然意味着软弱。社会抗议、谴责不法行为或者监督政府活动，能够改变政府机构的外部声誉信息。在民主社会，代表们需要声誉并重视声誉。因为他们知道，除了其他因素外，公民在实施策略性和分散化行动之时还会受这种信息的引导。因此，社会性制裁会摧毁官员们的重要资源：象征性资本和声誉资本（Thompson，1997）。经验表明，丑闻不仅会迫使官员辞职，还会令他们的政治生涯戛然而止。不过，离散的社会性机制确实无法施加制度性强制制裁。需强调的是，尽管情形如此，法律层面的强制施加成本也并未完全销声匿迹。在社会性制约机制与法律实施之间，存在一种间接的关系。各种社会性机制的效用，是通过政府官员的评估——评估可能造成的声誉和选举方面的影响——发挥出来的。尽管运用社会性机制的行动者自己无法施行法律制裁，但他们的许多行为往往会引发法院、议会或监督机关的调查程序，并最终促成法律制裁。① 在此意义上可以认为，尽管通过社会性机制施加成本不具有强制性，但可以作为施加强制性制裁的前提条件。换言之，纵向制约和横向制约的功效发挥，取决于分散化社会行动者的组织能力和造成可信性名誉威胁的能

---

① 尽管许多监督机构（会计机构、检察机关等）可以被视为横向问责制的一部分，但我们必须考虑到，诸如监察专员办公室等一些机构，只要特定公民申诉就会启动，因而也发挥着纵向制约的作用。另一个新近发展趋势也值得注意，即由非政府组织或社会运动所发起的国际机构监督机制。例如，阿根廷的法律与社会研究中心（CELS）、反警察与制度镇压协调机构（CORREPI）等非政府组织，已经向国际人权委员会申诉本国政府滥用警察权的行为。这些事例不仅涉及实现正义，还涉及"正当程序"要求。

力。这一观点事实上表明,倘若不同的控制机制能够相互合作,就可以着手施加成本:分散化警告施加了名誉惩罚,而这又激活了下一轮施加强制性制裁的纵向机制和横向机制。如果事实如此,那么这些成本的制造和施加方式就成为一个需要进一步分析的问题。

近年来拉美国家的经历可以作为例证,说明分散化机制如何施加成本并制约统治者的行为。[①] 尽管在许多拉美国家,令统治者守法仍然是一项未竟的事业,但通过分散化机制施加成本已开始使统治者在某些公共政策领域不敢再胡作非为。例如在巴西,最近修改的检察诉讼法律制度,允许公民和公民团体向检察官提出基本权利保护的申诉和请求,并由后者提出正式控诉。尽管不同州的情况差距较大,但在过去五年中,检察官对行政违法行为提出的控诉已导致全国范围内的 195 名政府官员被起诉。[②] 在某些案件中,这些行动是由检察官办公室主动发起的,其余案件则是由公民个人或公民团体启动的。据《圣保罗州报》报道,检察官办公室的工作"无疑带来了一种新希望——终结公权力不受惩罚的局面"[③]。统治者的行为还受到了"软性"机制的制约,例如社会团体的动员以及媒体的谴责。各种社会团体已经行动起来,要求官员财产公开,并声讨选举舞弊、侵犯环境权或是警察滥权。各种非政府组织,例如巴西的"暴力研究"(Nucleo de Estudos da Violencia)和"里约万岁"(Viva Rio),阿根廷的"法律与社会研究中心"(Centrode Estudios Legales y Sociales)和"反警察与制度镇压协调机构"(Coordinadora contra la Represión Policial e Institucional),或是墨西哥的"公民联盟"(Alianza Cívica),都已经有能力将前述问题提上公共议程。并且在此过程中,它们逐渐成为可信赖的制约政府行为的权威发声机构。最近的一些政策性

---

① 关于这些机制在六个拉美国家的运作方式的详细阐述,参见 Smulovitz and Peruzzoti(1999)。

② VEJA,6 October 1999. See also Cavalcanti and Sadek(2000).

③ O Estado de São Paulo,21 February 2000,quoted in Cavalcanti and Sadek(2000:15).

反馈,例如启动警察改革计划或设立选举观察员,表明政府官员认识到了无视这些组织的谴责是要付出代价的。

媒体也起了重要作用。记者们揭发的违法行为已涉及高级官员,他们还着手调查揭发统治者破坏法治,以及与各种社会及政治行动者相互勾结的企图。一些揭发让官员遭到了起诉,另一些尚未引发对官员的定罪。例如在阿根廷,不同的报纸和电视节目对高级政府官员的公开抨击,令被涉及的官员引咎辞职并受到法律制裁。[①] 媒体谴责引发法律程序或令官员去职的类似例子,也发生在巴西。1992年,媒体谴责开启了针对费尔南多·科洛尔·德梅洛(Fernando Collor de Melo)的弹劾程序。在委内瑞拉,1993年,媒体谴责迫使卡洛斯·安德烈斯·佩雷斯(Carlos Andres Perez)下台。在秘鲁,《假面具》周刊报道了一起事件,即"拉·康杜塔事件",这促成了对一伙屠杀大学生的军人的调查。[②] 尽管缺了法律程序、分散化机制无法施加强制性制裁,但这些例子表明,它们仍能带来"实质性后果"。有着不同利益和目标的分散化行动者,启动了横向程序并施加了声誉成本和选举成本。由于这些分散化行动者的行动,提高了统治者违法及与他人同谋所要付出的代价,所以守法的收益就开始递增。

社会问责制的运作,也存在一些有待解决的局限和问题。如前所述,抗议声音的强度而非广度,对社会制约的成效而言至关重要。这一特征揭示了这类制约所面临的局限和问题。首先,对统治者违法行为的制约,可能会集中在热点议题上,而未必与多数群体有关。倘若基于社会性机制的制约,倾向于关注这类违法行为,即有损于活

---

① 近年来涉及政府官员的丑闻充斥着阿根廷媒体,诸如"阿米拉·尤马事件"(Yomagate)、"斯威夫特事件"(Swiftgate)、"IBM公司贿赂事件"(IBM-Bco Nacion)、"卡拉斯科案"(Carrasco),等等。其中多数例子促成了启动司法程序,其中一些仍在发酵中,其他案件则已被提起诉讼或者宣告无罪。还有一些案件,例如卡拉斯科案,还导致了政策改革(取消了强制兵役制度)。又参见 Camps and Pazos (1999)。

② 参见 Smulovitz、Peruzzotti(1999)and Waisbord(1996)。

跃且有组织的行动者的利益,那么组织程度低且不活跃的行动者又当如何施加代价,便是一个有待回答的问题。其次,有可能出现这种情形:当统治者的行为妨碍到了私人利益而非公共利益时,统治者反而会受到更有效的制约。以上两点皆表明,借助分散化机制施加成本会导致一定程度的偏袒,进而令某些人的利益和某些问题遭到忽视。尽管存在这些不足,但还是可以说,分散化行动能够施加成本,进而令统治者将守法视为更可取的行为。

另一项需要考察的条件表明,为了实现法治之治,公民需要形成一定的价值性共识。例如,阿尔蒙德与维巴认为,为了令民主保持稳定,需要一种特定的"公民文化"作为条件。这种文化不仅包括一些价值观,还包括一种共识,即有必要"对政治加以约束"(Almond and Verba,1963:490)。[①] 他们觉得,抛开别的不说,那些价值观尤其能带来社会信任,转而令民主政治得以运行。他们确认,"制宪者设计了正式的政治结构,以增进那些值得信赖的行为,然而一旦缺失这种信任姿态,那种制度就会失去意义。在这些国家,社会信任促进了公民之间的政治合作,缺了它,民主政治就无从谈起"(Almond and Verba,1963:490)。另外,温加斯特认为,为了实现法治之治,公民需要"对政府行为和公民权利的适当限制"达成一种价值性共识。他还补充道,这种共识必然会促成"一种公民共识,以对抗将来企图操纵选举的掌权者"(Weingast,1997:255)。在这里,我并不关心价值观和文化是否对法治存续或者民主稳定起到决定性作用。相反,我关注的是这一问题:价值性共识带来的积极后果是否能保证法治的自我实施。

一些学者认为,惨痛的历史经历可以促成某些价值性共识。他

---

① 阿尔蒙德与维巴关于文化与民主之间关系的论述比我们通常认为的更加复杂。他们在公民的价值观和行为之间建立了多样并且有时是矛盾的关系。我稍后将提到其中一些更加复杂的论述。

们声称,在经历过缺乏法治的切肤之痛后,行动者会重视自我约束方面的美德。① 尽管文化维度对行动者如何看待法治的重要性而言,有着不容忽视的影响,但我并不认为它足以解决问题。首先,它无法保证各方都分享这些价值观,因此总有人会相互勾结并支持将来的违反法治行为。然而,即便所有行动者共享一些价值观,并且即便存在关于自制性美德的广泛共识,他们也知道无法保证其他所有人都会一致行动。共享价值观并非一项充分条件,因为行动者对他人将如何行动仍缺乏确信。他们知道,价值观不一定会转变为行动。因此,即便行动者对于自制性美德和有必要维持法治持有价值性共识,这也无法阻止他们对其他人将如何行动心生疑虑。因而,尽管价值性共识有一定作用,但它无法保证什么。

我认为,价值性共识并非这些分散化行为者施加成本的必要条件。而且,可以这样认为,如果说价值观对法治的实施有任何影响的话,那么公民之间出现一定程度的价值性分歧就是有利的和必要的。可以认为,如果价值性共识的预期结果是对他人未来行为的社会性信任,那么可以预见,破坏法治的风险将增加。要记住,法治的主要问题是如何得以长期维系,而不是确立起来。如前所述,这种维系有赖于对统治者和被统治者行为的持久约束和监督。因而我们推测,价值性共识带来的社会信任会削弱公民对统治者行为的监督和制约能力,并反过来助长其中一方的投机行为。② 分散化的"吹哨声"大大增加了制约的机会和来源,这有赖于存在许多对他人行为持不信任态度的行动者。为了实施制约,对其他民众和统治者保持一定程度

---

① 吕斯托和埃尔斯特提到了这种自适应过程。例如前者提到,一旦诉诸暴力的成本太过高昂,那么某些未曾获得青睐的价值观,例如民主制度所蕴含的自制,会如何变得受人欢迎(Rustow,1970)。后者分析了一些不切实际的目标是如何变成了"酸葡萄",进而让原本不受欢迎的价值观和目标变得可取(Elster,1999)。在这两种情况下,一个起初较不受欢迎的选项最终获得了诚挚接受,这一过程促成了关于价值观和自制性美德的共识。

② 确实,正如罗素·哈丁所言,"相信不值得相信的人,后果将是灾难性的"。(Hardin,1998)

的不信任是必要的。因此,即便价值性共识是可以实现的,它也不是一项充分条件,因为其预期回报——社会信任——无法确保法治得以长期维系。不同于近来关于社会信任这类美德的看法,我认为除非把不信任也考虑进来,否则无从对统治者行为施加制约。确实,我们仍然想知道一个政权究竟能承受何种程度的不信任,但是,这并不意味着源自共同价值观的社会信任就足以实现法治之治。[①]

这个问题的另一方面也值得探究。在温加斯特看来,为了实施法治,除了存在对"政府行为和公民权利适当限制"的价值性共识外,还需要达成抵制统治者违法行为的公民共识。正如普沃斯基所言,温加斯特认为有两项作业是实施法治所必需的:信念协同和行为协同(Przeworski,1998)。毋庸置疑,这增加了公民实现法治之治的难度。即便公民的价值性共识已经达成,也并不一定能带来基于共识的一致行动。因此,不论是社会信任还是协同行动,它们都不是维护法治的必要条件。在一定条件下,不信任和缺乏协同的行动也可以发挥作用,从而让民众避开集合起来一致行动时面临的那些困境。

在施加成本时,这些分散化机制的优势和问题分别是什么? 大多数社会关系和政治关系都受到规则的调控,而那些规则又以国家制裁为后盾。因而对统治者而言,可能存在大量的破坏法治的行为、场合和机会,而民众在制约统治者的违法行为时,面临诸多技术和物理性困难。事实上,他们不可能对每一项违法行为都实施制约并施加成本。尽管社会性机制未曾彻底解决这一问题,但它们采取的分

---

① 许多学者都考虑过这一问题:一个社会能承受多少信任或不信任。阿尔蒙德与维巴引用了贝雷尔森的一段告诫,提示那些价值性共识对法治的意义是有限的。他说:"过多的共识,会阻碍精英阶层作出回应。"不过,如果分歧过大,"一个民主社会……会面临崩溃。政治议题将存在极严重的分歧,激起极强烈的情绪,尤其是极彻底地为选民的其他社会认同所强化,以致威胁到了民主"(Almond and Verba,1963:491)。一种附和性的观点,见诸赫希曼(Hirschman)的一篇论文,他认为"社会矛盾是民主社会的支柱",Agora 4(1996)。又参见 Levi(1996)。

子化制约,令民众进入并监督了其他制约机制的盲区。[1] 在此情形下,对违法行为的制约不再授权给官僚机构或代议制机构,而是交由大量公民个人和团体来实施。而监督统治者在特定领域的行为,能给这些公民和团体带来好处。制约的分散化不仅使制约的实施碎片化,同时也改变了负责制约和施加成本的民众之间的分工。对于统治者的制约,不是委派给议员或官员的一种职责,而是交由无数利益相关的民众去完成的一项任务。因为介入其中的行动者和所监督事项利害攸关,他们就会倾注更多的心力。由于他们对所监督事项有着更多了解,所以他们的社会制约能力运用起来更有效率,并且统治者成功"逃脱监督"的概率就会减少。此外,制约的碎片化也为制约者的涌现和教育提供了条件。最后,由于制约的分散化实施扩大了参与者的数量,受制约的领域和议题也相应得到了扩大。

不过,这些好处也会引发一些问题,从而有损于制约的有效性。我们业已提到,实施社会性制约的那些行动者,在集体组织起来实施这些制约时必然会遇到一些问题。现在让我们考虑另外一些困难:碎片化共谋的风险,广泛参与而引发的风险,以及源自不可控的议题性质的风险。

格兰特·麦康奈尔(1966:6)在多年前指出,以民间社会团体行动为基础的策略,会面临一些问题。因为这些团体是联合那些自愿且同质的成员而组成的,社团的目标是限定的,并且对社团权力缺乏制约,所以很有可能出现这种行为——社团成员出于自身特殊利益考虑而默认了政府违法行为。换言之,社团非但没有成为实施碎片化制约的工具,反而成为碎片化共谋的工具。因此,对实施制约和施加成本而言,这些分散化团体的存在,本身并不能确保令人满意的结

---

[1]　如前所述,由于各种社会性机制的启动并不取决于多数决原则,因而它们能触及和约束选举机制和横向制约机制难以企及的问题和主体。因为基于代议制标准而做出的决策,对议题选择需要顾及相关利益群体的人数,所以这必然会牺牲掉一部分问题和群体。这种排除并不必然表明代议制的失败,只是突出了运作方式的差异。

果。决定其制约成效的，不是组织的发展壮大，而是它们与自己要制约的统治者之间所建立的特定类型的联系。事实上，当这些社团试图影响政府政策方向，因而不得不坐下来和政府谈判时，它们就面临被收买的风险，而这会令它们的制约有名无实。所以，虽然市民社会团体的分散化制约是有帮助的，但单凭它自己并不能取得成功。

分散化机制的运作，需要那些有志于实施制约之人的深度参与。然而，就像关于参与的不同经验研究大体证明的那样，其中涉及一系列问题。民主理论通常认为，公民参与是民主的支柱之一，因为参与令公民能影响政策取向、捍卫自身利益并制约政府行为。不过经验研究业已证明，通常而言，公民的参与度不仅较低，而且参与度与所处社会阶层密切相关。也就是说，具有更高社会经济地位的人——那些受过更好教育、具有更高收入和拥有更高职位的人——有更高的参与度（Verba，Schlozman，and Brady，1995）。先不管那些用来解释不同参与行为的因素，这一现象对通过分散化机制实施的制约有重要影响。分散化制约若想更有成效，就需要更高程度的参与。为了实施制约，无论是作为个人还是社团成员，公民们都必须运用稀缺资源。他们需要付出部分时间、花掉部分收入，还需要具备一定的知识和技能，以便能有效率地行事。鉴于富人实施制约的机会成本小于穷人，可以预期富人往往会比穷人更频繁和更有效率地实施制约。所以可以预见，这些分散化机制在获取和运用层面都存在高度的社会不平等，而这种不平等反过来又影响到了制约性议题的方向和内容。

最后，需要记住这一点：参与度还与参与者的偏好强度及相关利益特征有关。当参与者持有强烈偏好，并且相关问题涉及私人而非公共或集体利益时，参与度往往会更高。因为制约的启动和成效，并不仰赖于那些想要实施控制之人的广泛性程度，而是仰赖于他们表达自身意愿的能力；可以预见，相较于人多量大但舆论影响小的群体，舆论影响大的个人和群体有更多机会去实施制约。此外，因为群体的发声大小取决于他们的财力和组织能力,因而可以预见,那些能动员具有舆论影响力的强大群体的议题会得到优先考虑,而无论议题的广泛性程度如何。另外,由于分散化的公民很难围绕公共产品供给而组织起来,可以预见,通过分散化机制实施的制约会倾向于关注那些影响私人而非公共利益的议题。

前述对分散化机制之局限的简短概述,表明无法对某些政策领域和某些行动者施加有效的制约。与此同时,这些局限凸显了那些很可能出现不被追责的违法行为的政策领域和行动者。面对前述局限,我们必须弄清楚这些分散化机制是否仍然能施加制裁,从而令法治得以自我实施。首先,应当注意到尽管存在这些公认的限制性因素,但分散化机制仍能对其他制约机制无法涉足的领域和行动者施加成本。在此意义上,即便分散化机制不是一种全面的成本施加机制,但它们确立了一些附加性制约。因此,不能完全忽视它们。其次,尽管这些局限表明那些违法行为不被追责的领域,是无法加以约束的,但也应注意到,统治者并不完全了解哪些政策领域和行动者是分散化制约所无法涉足的。因而,虽然这些机制施加制约的实际能力尚不清楚,但它们实施制约的虚拟能力还是很高的。事实上,这和一种情形相差无几,即将刑事制裁施加在犯罪人身上。在后一情形中,威慑效果也是建立在犯罪人的概率估算之上,包括谁实际受到了惩罚,以及执法者的实际执法范围。这些机制确实会以不平等的方式产生并施加成本。然而,倘若形成和实施惩罚的过程始终是混乱的和不确定的,并令统治者无法预测到制约的实际对象和内容,那么前述局限性就不一定会让分散化机制丧失施加成本的能力。这些机制的分散化特征,确实会令各种预测和预期变得不那么可靠。倘若日益提高的社会复杂性,意味着多元利益和多元身份的持续涌现,那么统治者就无法预测民众会关注什么样的议题。一旦情形如此,去预测哪项违法行为能逃脱惩罚,就会成为一项高风险、高成本的行为。

　　总之,通过分散化机制施加成本是实现法治之治的一项必要条件。尽管存在已被公认的局限性,但这些机制能对统治者施加声誉成本,而这种成本是民主制度下的统治者极力要避开的。此外,这些机制可以激活那些原本消极的选举制约和横向制约,而后者能对统治者的违法行为施加强制性制裁。与人们经常提到的不同,这些分散化机制的运作并不要求行动者持有共同价值观。实际可以说,对这些机制的运作而言,一定程度的分歧是必要的。因为这些机制的启动并不仰仗于多数决或代议制,所以它们所能制约的议题和行动者,通常皆超越了横向机制和选举机制。这些机制的分散性特征,增加了统治者在预测制约场所、制约方式和制约内容时遇到的困难,也增加了协调行动以规避制约的成本。因而,只要分散化机制能提升统治者的违法成本以及逃避制裁的成本,它们就会敦促统治者得出结论:遵守法律符合自身利益。换言之,成本的分散化施加提升了法治自我实施的可能性。

参考文献

Almond, Gabriel, and Sidney Verba. 1963. *The Civic Culture*. Princeton: Princeton University Press.

Burton, Steven. 1994. "Particularism, Discretion and the Rule of Law. " In Ian Shapiro (ed.), *The Rule of Law. Nomos XXXVI*. New York: New York University Press.

Camps, Sibila, and Luis Pazos. 1999. *Justicia y televisión*. La sociedaddicta sentencia. Buenos Aires: Libros Perfil.

Cavalcanti, Rosangela, and Maria Tereza Sadek. 2002. "El Impacto del Ministerio Público sobre la Democracia Brasileña: El Redescubrimiento de la Ley. " In Enrique Peruzzotti and Catalina

Smulovitz (eds.),*Controlando la politica. Ciudadanos y medios en las nuevas democracias latinoamericanas*, 169-192. Buenos Aires: Temas Grupo Editorial.

Elster, Jon. 1999. *Alchemies of the Mind*. Cambridge: Cambridge University Press.

Hardin, Russell. 1989. "Why a Constitution?" In Bernard Grofman and Wittman Donald (eds.), *The Federalist Papers and the New Institutionalism*. New York: Agathon Press.

Hardin, Russell. 1998. "Trust. " In Peter Newman (ed.), *The New Palgrave Dictionary of Economics and the Law*. New York: Stockton Press.

Levi, Margaret. 1996. *A State of Trust*. European University Institute, Florence. Working Paper No. 96/23.

McConnell, Grant. 1966. *Private Power and American Democracy*. New York: Alfred Knopf.

McCubbins, Matthew, and Thomas Scwartz. 1984. "Congressional Oversight Overlooked: Police Patrols versus Fire Alarms. " *American Journal of Political Science* 28,1:165-79.

Manin, Bernard, Adam Przeworski, and Susan Stokes. 1999. "Elections and Representation. " In Adam Przeworski, Susan Stokes, and Bernard Manin (eds.), *Democracy, Accountability, and Representation*, 29-54. Cambridge: Cambridge University Press.

Maravall, Jose María. 1999. "Accountability and Manipulation. " In Adam Przeworski, Susan Stokes, and Bernard Manin (eds.), *Democracy, Accountability and Representation*. Cambridge: Cambridge University Press.

O'Donnell, Guillermo. 1993. "On the State, Democratization and Some Conceptual Problems: A Latin American View with Glances at

Some Postcommunist Countries. ” *World Development* 21,8:1355-1370.

O'Donnell,Guillermo. 1994. “Delegative Democracy. ” *Journal of Democracy* 5,1:59-61.

O'Donnell, Guillermo. 1996. “Illusions about Consolidation. ” *Journal of Democracy* 7,2:34-52.

O'Donnell,Guillermo. 1999. “Horizontal Acountability in New Democracies. ” In Andreas Schedler, Larry Diamond, and Marc Plattner (eds.), *The Self-Restraining State:Power and Accountability in New Democracies*. Boulder:Lynne Rienner Publishers.

Przeworski, Adam. 1991. *Democracy and the Market*. Cambridge: Cambridge University Press.

Przeworski,Adam. 1998. “Culture and Democracy. ” In UNESCO, *Culture Creativity and Markets*. Paris:UNESCO.

Przeworski, Adam, Susan Stokes, and Bernard Manin (eds.). 1999. *Democracy, Accountability, and Representation*. Cambridge: Cambridge University Press.

Rustow, Dankwart. 1970. “ Transitions to Democracy. ” In *Comparative Politics* 2:337-364.

Schedler,Andreas. 1999. “Conceptualizing Accountability. ” In Andreas Schedler, Larry Diamond, and Marc Plattner (eds.), *The Self-Restraining State:Power and Accountability in New Democracies*. Boulder:Lynne Rienner Publishers.

Shifter, Michael. 1997. “ Tensions and Trade-offs In Latin America. ” *Journal of Democracy* 8,2.

Shugart, Matthew, Erika Moreno, and Brian F. Crisp. 2000. “The Accountability Deficit in Latin America. ” In Scott Mainwaring and Christopher Welna (eds.), *Accountability, Democratic Governance*, *and Political Institutions in Latin America*. Notre Dame: University of Notre Dame Press.

Smulovitz, Catalina, and Enrique Peruzzotti. 1999. La responsabilidad pública (Accountability) en las nuevas democracias. ¿Cómo supervisan los ciudadanos a sus representantes? Universidad Di Tella, Buenos Aires. Unpublished manuscript.

Smulovitz, Catalina, and Enrique Peruzzotti. 2000. " Social Accountability: The Other Side of Control. " *Journal of Democracy* 11,4.

Solum, Lawrence. 1994. "Equity and the Rule of Law. " In Ian Shapiro (ed.), *The Rule of Law. Nomos XXXVI*. New York: New York University Press.

Thompson, John B. 1997. " Scandal and Social Theory. " In James Lull and Stephen Hineman (eds.), *Media Scandals*. Cambridge: Polity Press.

Verba, Sidney, Kay Schlozman, and Henry Brady. 1995. *Voice and Equality : Civic Voluntarism in American Politics*. Cambridge, Mass. : Harvard University Press.

Waisbord, Silvio. 1996. "Investigative Journalism and Political Accountability in South American Democracies. " *Critical Studies in Mass Communication* 13:343-363.

Weingast, Barry. 1997. "The Political Foundations of Democracy and the Rule of Law. " *American Political Science Review* 91,2:245-263.

Zakaria, Fareed. 1997. " The Rise of Illiberal Democracy. " *Foreign Affairs* 76:22-43.

第八章 独裁与法治:皮诺切特时期智利的规则与军队权力

罗伯特·巴罗斯[①]

我们是否只能将法治和民主法律制度联系在一起,或者说,我们可否将法治视为一种独立的现象,从而也可以把它和其他形式的政体联系在一起?尤其是,我们能否谈论一种专制或独裁式法治?在本章中,我将讨论关于法治的两种观念,并主张在一定条件下,这两种法治观念在总体上可以与非民主的统治形式相兼容。尽管在历史上,这种联系并不那么常见,但我将以智利的军事独裁政权(1973—1990)作为分析对象,试图展示某种形式的法治可以在独裁政权内部运行,尤其是军事统治的最后九年间。在展开论证的过程中,我希望能阐明法治的某些一般性特征,并明确在何种条件下规则将产生效力,包括对其制定者产生效力。

---

① 罗伯特·巴罗斯(Robert Barros):圣安德烈斯大学人文系访问教授。

法治的两种观念

在当代学术和政治讨论中,"法治"一词的用法相当广泛。不过,其中两种广义的法治观较为引人注目。一是所谓的"狭义的""形式的"或"工具性的"法治观,它关注的是法律的形式性特征。如果一套法律体系提供了一个非专断性的制度框架,从而让民众得以获得稳定预期并开展生产生活,那么法律就必须具备一些形式性特征。这种法治观本质上关注法律的这一特色——作为国家权力和社会大众之间的一套调整机制。第二种法治观要求更高,它要求国家权力和立法者自身受法律的约束,以实现所谓的法治而非人治。这一意义更为宽泛的法治观,与立宪主义、权力分立、有限政府等原则相契合。接下来,我将进一步讨论这两种法治观及其与独裁的关系,最后依据它们来分析智利。

法治:依法而治

在关于法治的法律哲学讨论中,狭义的法治学说占据了主导性地位。该学说关注规则必须具备的形式性或程序性特征,而法律一旦失去这些特征,就会成为不正义的源头。用 Raz(1979:224)的话来说,"法治旨在将法律自身所创造的危险最小化"。也就是说,与法治相关的那些原则,旨在消除所有类型的专制权力。倘若法律如何实施或者特定行为是否合法,皆因法律自身而变得不确定或不可预测,那么这种专制权力就会诞生。[1] 以此观之,通过设立和实施一套清晰的规则体系,一个契合法治的法律体系就让辖区内的行为人依

---

① 感谢马德里会议的参与者以及剑桥大学出版社的匿名审稿人对本章的评论。

这种消极表述与 Raz(1979:242)的最低限度观点相一致,即法治"本质上是一种消极性价值"。拉兹指出,"遵循法治并不导向善,除非设法避免恶的出现;所要避免的恶,只能是法律自身造成的那种恶"。

据法律形成预期并据此行事，而无论那些规则的实质内容是引导性还是限制性的。

就法治的那些形式性特征而言，尽管不同的学者通常罗列得各不相同，但一个概括性架构还是清晰可辨的。这些特征往往包括：法律应当可预期，公开颁布并清晰明确；法律应当相对稳定；特定法律命令（诸如行政规章）的制定过程，应遵从公开、稳定、清晰的一般性规则；由一个免受外部压力的独立司法部门，前后一致地适用法律；执法机构在贯彻法律时不得随意进行歪曲。① 这些法治原则的价值，可以从反面予以说明：倘若在事后以各种方式将行为认定为违法，并让民众遵守秘密的、不公开的规则，并且（或者）运用偏离既定规则的规定进行治理，那么法律就无法提供一个赖以形成合理预期的体制，并赋予人们某种程度的安全感。同样，一旦法官不一致或错误地适用法律，或者警察和安全部队超越法定权限对某些社会群体进行选择性执法，那么即便是事先颁布的可预期规则，也无法为行为提供指引。在此情形下，对法律要求自己做什么这一问题，公民们没有任何确定性或安全感。

这种法治观或许可被称为"法制"（依法而治，rule by law），因为它不关心法律如何制定以及法律追求的实质目标。这种形式的法治，的确要求下属机构忠实地依照条文措辞去适用、执行法律和做出裁决。但除了这些限制之外，对于如何制定法律或者立法者自己是否服从法律等问题，它并未做出任何明确规定。法治预先假定一些机构或部门制定法律，但该学说并不关注法律制定过程。因而在理论上，"法制"无关乎一个政权是按专制还是民主的方式制定规则，也无关乎是否对权力施加了制度性约束。霍布斯的国家理论作为一个例子，提到了法制在概念上独立于政体形式，也提到了第二种法治

---

① 此处我大致采纳了拉兹（Raz,1979:212-218）的观点。至于其他表述,参见 Fuller(1964);Oakeshott(1983);Waldron (1989);and Ten (1993)。

观——政府官员也要受法律的约束。众所周知,霍布斯不认为主权者是受规则约束的;尽管如此,他仍在书中构想了国家的法律组织形式。其中,法律是公开颁布的、可预见的(法无明文规定不为罪)、普遍的,法律由公权力负责适用,未曾规定在法律之中的惩罚被明确认为是任性的"恶意行为"(1991:chs. 26-28)。① 这一描述符合第一种更为狭义的法治,避开了第二种更为广义的法治。

尽管在理论上,法制与独裁可以相互兼容,但在经验层面,独裁政权和威权主义政权的实践通常皆背离了各种法律调整形式,而正是这些形式界定了何为法治。事实上,独裁和法律形式豁免之间的关联性,可以追溯到古罗马共和时期的独裁制。古罗马独裁官是基于一种特殊局势任命的,尽管独裁官是一种宪法性的、受约束的制度设计,但授予独裁官在平息特殊局势上拥有不受限制的权力。② 同样,一旦诉诸紧急状态权力或法外压制形式来推行自身命令,当代独裁者也会偏离法制的要求。

对民众来说,任何对紧急状态权力的动用,都意味着制造不确定性,即便是通过立宪民主的方式。因为这种特殊权力赋予政府机构拘禁个人的裁量权,而不需要审查后者是否存在违法行为。立宪民主制通常将宣布戒严或紧急状态的权力授予一个机构(立法机关),而将裁量权的行使授予另一机构(行政机关),从而抑制使用这种宽泛的权力。③ 在独裁政权下,这种制度性约束不复存在,两种权力被集中到了同一机构或个人手上。因而,既有的宪法紧急状态权力能为独裁者提供一种准备就绪的权力,借此他可以单方面宣布例外状态,并动用宽泛和持续的权力去镇压政治对手,以及通过威胁或使用

---

① 关于霍布斯的法的概念,参见 Goldsmith(1996)。对于霍布斯的法治理论的阐释,参见 Oakeshott(1983)。

② 关于独裁政权暂停法律的实施,以便重新塑造一些条件,保证其实效,参见 Schmitt(1985)。关于罗马的独裁官,参见 Rossiter(1948:ch. 2)and Friedrich(1950:ch. 13)。

③ 如弗里德里希(1950:581)所言,这一分权模仿了古典罗马独裁政体,提供了一种唯有在分权政府中才存在的限制。

行政拘留去威慑反对派。① 在此情形下，行政特权在独裁权力的目标范围内彻底取代了"法制"。

政府机构的一些完全超越法律的行为，是对正式法律依据的进一步背离。这些行为既不是用来打击犯罪的，也未得到过政权自身在公法或实证法上的特别授权，诸如未经任何司法或行政手续且不被国家承认的各种拘留，法外处决，暗杀政敌，绑架、杀戮公民个体，以及非法埋葬或毁坏被害人遗体。这些行为的实施通常都超出了任何法律，哪怕是政权自身的法律，并且依据孟德斯鸠对专制的分类，表明其意图不仅是在肉体上消灭"政敌"，还要在民众之间散播恐惧。

这些类型的行为，即便从独裁政权自身的法律来看也是专断的，它们构成了一系列潜在独裁统治模式的一个极端。位于另一端的是一套依法而治的体系，尽管这套体系可能是高度压制性的或不公正的。在这两个极端之间，存在一系列偏离"法制"的做法，可能包括运用紧急权力实施任意性拘留，不公或草率的司法程序，溯及既往地适用法律，以及类推定罪。不过，单凭这些做法中的任何一种，都不能准确描述某个政权与其民众的交往方式。随着独裁政权对自身面临的威胁程度或反对力量的认知调整，它可以先后诉诸法外压制、行政压制或法律形式的压制，或者组合运用这些不同的压制形式。在某些情形中，威权主义政权会允许施行法治，以便管理社会生活中较少冲突的领域或约束温和的反对派，尽管它同时会运用行政管制措施或直接的法外力量，去对付那些被认为威胁到了统治集团稳固性的

---

① 在许多情况下，紧急状态权力是迈向各种审讯和惩罚的第一步，这些审讯和惩罚超越了特定例外状态下的具体权限范围，并且在既定法秩序下是违法行为。在许多这类情形中，对紧急权力的既有规定为独裁者们提供了一个自我保护性托词，他们借此主张自己只是行使合法权力，并在运用紧急状态权力时绕开了所有司法干预。因为紧急状态权力被界定为不受司法审查的行政措施，独裁者通过坚称运用紧急状态权力是行政机关的排他性政治特权，以避开司法审查。这样一来，当分权传统促成的那种公认的司法节制学说，要求避免审查政治行为的形式与依据时，紧急状态权力的行政性质就为前面提到的各种法外刑罚打开了方便之门。

行动者。

两种领域——规范支配的领域和仅受当权者特权支配的其他领域——如此结合,促使恩斯特·弗伦凯尔(Fraenkel,1969)将早期纳粹国家称为"二元国家"。就这一点而言,独裁式法制的局限性嵌入到了第二种法治观之中。按照 Fraenkel(1969:56-57)的分析,在纳粹独裁政权下,较之于"特权政府"而言,法律管辖范围历来处于次要地位,因为统治集团成员可以裁量决定某个事项是依法裁判还是"依政治方式"处理。一如弗伦凯尔所言,由于统治集团自身不受法律约束,所以"对管辖权的管辖便取决于特权政府"。这表明,尽管理论上可以与独裁相互兼容,不过在非民主政体下,稳定的法制取决于政府官员对规则的广泛服从,这样一来,管辖权就不会受制于专断的政治操纵。但多数人认为,免受规则的限制恰恰是独裁政权的一个构成性特征。

法治:受法律约束的统治

法制关注的是法律的工具性特征,即法律作为政府用来调整自身与民众、公民之间关系的工具。与此相反,第二种更宽泛的法治观旨在令政府和政府官员都受到规则的约束。这一目标常常被表述为一个不太精确的口号——"法治而非人治"。法治的基本理念是,当权者不能随心所欲而只能在法律确立的限度内行事,并且他们之所以有权做某些事,是因为他们是按照既定规则选出来的,正是那些规则令他们得以合法地行使权力。法律之所以居于统治地位,是因为除非获得法律的授权,否则政府官员不掌握任何权力。这种法治观是某种形式的立宪主义或有限政府的缩略版,因而可称为"立宪主义法治"。

与法制一样,立宪主义法治也是一个不那么精确的概念,它可以与许多制度性安排联系在一起,尽管后者通常包含了某种形式的分权以及(或是)对于政府权力的限制。最初的立宪主义法治内含了行政权和立法权的分立，并且行政机关只能严格地执行立法机关先前制定的规则。在这一版本中，政府权力彼此分立，行政权意义上的狭义政府也受到限制，但立法者享有最高权力并且自身不受限制。更严格的法治观及其制度体现，要求立法机关也服从规则，并通过在宪法中界定立法权（权利）的有效范围，以及设立实施这些限制的机构——例如拥有合宪性审查权的法院——来施加制约。

　　立宪主义法治的法律体系是否应建立在法律与意志的对抗之上，是一个众说纷纭的话题。[1] 于此应当考虑霍布斯的否定，即否定主权者受规则约束的可能性，这与独裁政权是否能与立宪主义法治相互兼容密切相关。在霍布斯看来，法律不可能取代意志而成为法律—政治秩序的终极基础，因为这是国家主权的必然结果。论证非常简单。倘若在国家最高处存在一个作为主权者的个人或机构，他或它既有权力制定具有约束力的规则，又因为其权力并非源自更高的规则或主体所以具有至高性，那么主权者作为规则的终极来源不可能受规则的约束，因为一旦它确实至高无上，不具有任何从属性，那就不存在更高的法律机构令它服从规则；并且，即便它试图让自身权力服从于规则，但任何自我施加的法律限制都不可能有约束力，而只能取决于主权者的意志，因为后者有能力决定并制定法律，从而在自认为必要时推翻所有法律约束。[2] 用霍布斯的话（1991:184）来说，"因为拥有制定和废除法律的权限，他（主权者）可以废除那些妨碍自己的法律，从而让自己随心所欲地不受约束"。如果主权者采纳立宪主义法治，那么尽管政府下属机构和部门会受法律的约束，立法者也不可能真正受制于规则；在此情形中，唯有得到那些有权让自己免受

---

　　① Compare Hampton(1994)and Zuckert(1994).

　　② 关于可信承诺的当代文献，从不同理论视角重申了这一观点：拥有裁量权的主体无法可靠地实施一系列政策，因为没有什么能阻止他们运用裁量权去改变最初的承诺（Shepsle,1991）。这种一般性论证也适用于独裁政权（North and Weingast,1988；Elster 1989:ch.4；Olson,1993）。

约束之人的持续默许,立宪主义法治才能得以维系。

当代政治理论家似乎都承认霍布斯的这一观点,例如吉恩·汉普顿(Jean Hampton,1994)和格里高利·科夫卡(Gregory Kavka,1986)。这两人都回避了主权的可逆性问题,但与霍布斯不同,他们转而主张,采取权力分立和权力制约的民主制度也能实现稳定,从而能为法治奠定基础。[①] 两位理论家都认为,在这种制度安排下,不受拘束的意志已脱离了政府常规机构的管理层面(因为这一层面的行动者受宪法规则的约束),而且,只有在依规则进行定期选举并遴选政府高级官员之时,这一意志才会登场。科夫卡(Kavka,1986:168)认为,不同高级官员是由多个选区选举产生的,而这些选区时而重叠、时而分离,这就排除了出现一位绝对主权者的可能性,即便是一位广为接受的主权者也不可能出现。此处不方便展开这一问题,即法治在民主宪制下的这种基础,是否可以免受来自主权者理论的批评。就当前目的而言,注意到这一点即已足够,那就是科夫卡和汉普顿的答复,并未回应霍布斯的质疑,即主权意味着免受规则约束的潜在可能性。相反,他们断言对权力进行分立和约束的各种形式,令任何权力主体——无论是个人还是机构——都无法免受规则的约束。[②]

汉普顿和科夫卡将民主作为立宪主义法治的前提,这与独裁这一统治形式的标准定义完全相反。在独裁统治下,权力是集中的,法

[①] 对分权和有限政府之可行性的讨论,参见 Hampton(1994:38-42) and Kavka(1986:165-168,225-236)。

[②] 也许有人认为,分权和有限的政府仅是将主权的可逆性和法律取决于意志的问题转移到另一层面。因为,只要我们可以大致设想分立的权力有可能达成一致,或者可能达到修改法律和宪法约束的人数要求,这种分权和有限的政府体制就只是偶然地服从了法律。换言之,即便是这种层次的一致和联合不大可能达成,但只要一些机构拥有修改法律/制度秩序的制宪权,那么法律和制度性约束就必然会随意志而变动。在这些情形中,法律/宪制的稳定性便不取决于立法机关对规则的服从,而是仰仗于组成这些机构的那些意志的异质性,这种异质性能阻止出现法定多数,以免后者破坏既定规则下的制度性约束。正如本书中马拉瓦尔的那章所言,当政府得到强大的民意支持时,民主反过来会威胁到法治。

律是上层强加的,位于政权顶端的一些群体和个人凌驾于法律之上,并且不受任何形式的制度性约束。可以将"不受法律约束"(legibus solutus)描述为独裁统治的特征,并将这种特征作为一系列分析性模型中的常量,来描述和划分 20 世纪的那些非民主政权。不管是被设想为极权主义、威权主义、后威权主义还是官僚威权主义,也不管在其他方面存在何种差异,这些独裁形式都被描述为不受法律(制度)约束的统治。① 不存在法律约束,并不意味着独裁政权不会面临各种政治和物质性约束,也不否认政权下属政府机构会受法律约束并且权力会受到制约。而是说,只要政权内部的一些人或群体将权力集中起来,并声称自己有权力随意制定和修改规则,那么独裁权力便是绝对的,并不受规则的约束。如果这种描述是准确的,那么独裁就无法与立宪主义法治相互兼容。

迄今为止,我已讨论了两种广义的法治观念,每一种都指向不同类型的相互关系。第一种即所谓的"法制",关注政府权力与民众之间通过法律进行调整的关系。与此相反,第二种"立宪主义法治"涉及政府内部关系,关注政府权力部门(尤其是立法机关)和那些授予及限定权力的次级规则的关系。总体而言,一方面,似乎只有"法制"才能与独裁统治相互兼容,即使具体的独裁政权往往会

---

① 因此,弗伦凯尔(Ernst Fraenkel,1969:xiii)在 20 世纪 30 年代后期写到"特权国家"时,把它视为纳粹政权的一部分,并将其定义为"这样一个治理体系,它可以行使不受限制的专断和不受任何法律保障条款制约的暴力"。在纽曼(Franz Neumann,1957:233)的定义中,独裁是指"这样一种统治,即一个人或一个群体自行篡夺并垄断了政府权力,权力的行使不受制约……独裁权力的行使范围或持续时间均不受限制"。同样,林茨(Juan Linz,1975:183)也认为,"非民主政权……不仅对少数人的自由施加实际限制,还确立了往往界定得很详尽的法律限制,并由统治者自己负责解释这些法律,而不是交由独立客观的机构来解释,统治者在适用这些法律时拥有广泛的自由裁量权"。唐内尔(Guillermo O'Donnell,1999:334)认为,"各种威权统治的鲜明特征是存在一个古典意义上的主权者(国王、军政府、党的委员会以及诸如此类),当其认为有必要时可以不受法律约束地作出决定,即便是高度制度化和法律化(最初意义上的法治国)的威权统治也不例外"。普沃斯基(Przeworski,1988:60)同样认为,"对于特定政权来说,如果存在一些能推翻制度化政治进程之成果的权力装置,那么这个政权就是威权式的"。

偏离法治的各种形式性要求。另一方面,立宪主义法治通常被认为无法和独裁政权相容,因为独裁政权的内部集权会形成一个古典意义上的主权者形象。

在上述情形中,政府权力和限制权力运行的法律规则之间的关系,化约为了专制集团高层领导人内部之间的关系,因为与既定法治形式的决裂,特别是与一度占据主导地位的民主化宪法程序规则的决裂,在那些停止运转的次级规则和统治集团意志之间造成了严重对立。在这种真空状态下,独裁统治者服从法律的任何行动(其意义远大于民主语境下),都会展现自己和自己所创设规则之间的关系形式。正因如此,威权统治者对规则的服从被认为是难以置信的:只要他们保留了制定和废除规则的能力,那么当规则实际妨碍到他们时,他们总是可以让自己免受规则的约束。

规则与智利的军事独裁

尽管理论上如此认为,但在某些情况下,独裁统治者会服从规则,甚至服从自己订立的那些规则。作为解释这种可能性的一个例子,我将分析从 1973 年 9 月 11 日到 1990 年 3 月 11 日期间,处于军事独裁下的智利对规则的运用和制定。本章提出的解释完全不同于那些通行解释,后者将智利的军事独裁视为奥古斯托·皮诺切特的个人独裁统治。按照通行的解释,向统治者授予权力或施加限制的那些规则不可能具有因果效力,并且是缺位的,因为所有规则被化约为既存权力的法典化,或者被化约为一套突出皮诺切特个人权力的机制。不过,尽管人格化解释反映了皮诺切特在公众面前展示的自我形象,却未能正确揭示独裁政权的内部结构和次级规则在政权内部的实际运作方式。正如我已经在其他地方频频证实的那样(Barros,2002),独裁政权并不是个人独裁,而是建立在一个集体主权者——各种武装部队分工合作——的基础之上,这一集体性基础使得有必要制定一部关于独裁统治的公法，并且最终奠定了向整个独裁权力施加法律—宪法性限制的基础。

我分析了这个过程的两个阶段：制定独裁规则，以及规则之下的独裁统治。在第一阶段，一系列协定形成了一些规则，用来界定行政权与立法权的范围，以及立法的方式与法律形式，并在这些权力之间设置了一定程度的分离和对立。这些规则首先服务于调整军政府成员之间的关系，规定这些成员共同行动所要遵守的程序，并通过预防个人集权来保障政权建立之初的多元化基础。在此背景下，规则是一些自我参照的协定，它们规定了那些形式上独立的机构的领导人需共同遵守的一些程序。这些规则具有构成性，因为它们塑造了一种集体意志，但它们并未限制独裁政权随意制定规则的权力，只要武装部队的首脑们达成一致就可以。1981 年 3 月 11 日，随着智利独裁政权制定的宪法开始局部实施，对独裁的宪法性约束在第二阶段开始生效。**这些约束的形式，是一部详尽的权利法案，以及一个立刻开始工作的、被授权捍卫宪法的宪法法院。**在许多紧要关头，宪法法院敦促军政府遵守自己制定的规则，有时它还令军政府不得不颁布其本不想颁布的一些规定。宪法法院的裁决是不可能无关紧要的，宪法规定全民公决是新宪章下认可或拒绝军政府候选人角逐第二个总统任期的程序，那些裁决为左派和中间派反对党参与非竞争性全民公决提供了重要激励。最终，反对党在 1988 年 10 月 5 日赢得了全民公决，开启了向文官执政过渡的进程，相关步骤严格遵循了军政府的宪法，最终令新宪章得以全面实施。智利的独裁历程令人印象深刻：首先，数量有限的几个人攫取并集中了极大的权力，他们颁布法律以调整彼此之间的关系，在此过程中引发了几场冲突，最终促成了宪法的制定，用来进一步调整他们之间的合作关系。这部宪法反过来令一些机构开始发挥作用，这些机构随后约束了最初的规则制定者，并促成了一种匪夷所思的结果：军政府自己颁布的那些规则中的程序开始运转后，他们直接拥有的政治权力最终分崩离析，更为深远是,经过部分修改(尽管不是广泛修改)的那些规则作为调整智利政治生活的宪法框架,仍在继续发生作用。

军政府的法律组织结构

1973 年 9 月 11 日的政变之后,智利武装部队掌握了国家政权,也结束了长期以来经济、社会、政治和宪法领域的严重危机。关于这些危机已经有许多分析,但未有定论。在此我只想指出,尽管在政变之前围绕法制和法治存在热烈争论,这次军事干预在法律或宪法规范层面却不存在任何根据。① 独裁政权之法律行动的有效性,完全仰仗于军队强制施加的武力,却并未获得先前政权的授权。尽管有观点支持使用武力,声称鉴于时局别无选择,除了诉诸例外规则。相应地,由三大武装部队的三位总司令和全国警察部队总司令组成的四人军政府的篡权,立刻导致了一种法律—制度的真空状态,并提出了一个问题:鉴于宪法规定的立法机构和治理机构已被军方镇压了,那么军方又将如何行使那些被悬置的权力呢?

一开始,武装部队的首脑们在没有任何明确的权力规范或程序规范的状态下掌握了政权,在这之后的第一阶段,如何独裁的规则开始着手制定,以期在独裁政权内设立一些程序。政变第二天,新的军政府就为自己披上了法律外衣,宣称自己是"国家最高司令部",并提名皮诺切特为军政府总统,还承诺保障司法权,以及在时局允许的范

---

① 即便为政变寻找法律依据的"右翼"法理学家们也都承认军事干预在性质上有违宪法。他们将军政府的"合法性来源"定位于非实证性的自然抵抗权,这之所以是正当的,原因在于阿连德被认为已经超越了他的宪法职权,并导致了法律秩序的崩溃。尽管存在相当多的证据可以挑战对于阿连德行为的这种解读,但是,在关于政变原因的依旧两极化的辩论中,这一立场还是占据一极。2000 年 3 月 16 日,智利参议院特别会议关于这一问题的辩论也体现了这一点。自然权利的辩护是由 Rojas(1973)和 Larraín(1974)提出的。军政府在 Bando No.5 中也提出了同样的辩护。勉强来说,对于政变合宪性最为一致的论证来自 Navarrete(1974)。Carrington(1973)提出了在制度崩溃的背景下军事干预的所谓的宪法基础。

围内尊重法律和宪法。① 但相关法令并未澄清独裁政府的权力，也未明确规则的制定程序："国家最高司令部"这一称谓在智利宪法传统中是没有任何意义的，也不存在和军政府总统相关的权力。②

在 1973 年 11 月上旬，军政府发布的第 128 号法令用一些简单的规则，澄清了独裁政府的权力范围及其官方法令的形式，但未曾将军政府的大部分组织结构予以明确化。应最高法院的要求，军政府澄清道："国家最高司令部"拥有制宪权、立法权和行政权，既有的宪法和制定法都继续有效，除非按照法律自身规定的方式予以修改。③这些简单的规则规定，制宪权和立法权由军政府以发布法令的方式行使，这些法令应经过军政府全体成员签字同意，而行政权以最高法令和决议的形式行使，并应遵照先前法令所包含的手续。因而，第128 号法令让界定承认规则和变更规则的次级规则得以法典化，承认规则确定了该政权主要法规（法令以及行政最高法令）生效的必备特征，变更规则界定了规则修改的条件，却并未在军政府成员之间授予不同的权力或是构造更为复杂的程序。④

在政变后的前九个月中，军政府所有成员共同处理行政和立法事务，他们之间的唯一区别是按政策领域划定的不同职能分工。在1974 年中期，武装部队统帅之间的这种非正式的权力分享，开始让位于规则的制定过程。一年之间，随着这一过程的展开，行政权和立法权被明确划分，权力的部分分立得以导入，一套详尽的制定和颁布普通法律和宪法的程序也得以确立。我并不是要重现这一流程，即

---

① 军政府宪法组织法案，第 1 号法令（以下简称 D. L. 1），官方日报（以下简称 D. O.）。最初的军政府首脑是奥古斯托·皮诺切特·乌加特将军、何塞·托里维奥·梅里诺·卡斯特罗上将、古斯塔沃·利·古斯曼将军，以及塞萨尔·门多萨将军，分别是陆军、海军、空军和国民警卫队（国家警察部队）总司令。

② 在 1925 年的智利《宪法》中，最接近"国家最高司令部"这一称谓的措辞是第 60 条的表述，它将共和国总统称为"最高元首"（国家首脑）。

③ 法院之所以要求明确军队权力的范围，是因为涉及制宪权的地位，因为军政府是否以及如何行使这项权力将会直接影响法院的司法审查权。

④ 关于承认规则及变更规则的概念，参见 Hart（1961：91-93）。

首先界定行政权的范围,之后规定颁布法令的程序,我只是指出了各种规则制定过程的一些共性。[1]

第一,为了保障每一位军政府首脑在决策过程中的业已议定的地位,那些授予权力和界定程序的有效规则在独裁小团体内部是必不可少的,一旦缺少有效的共同规则或标准,他们的地位就是不稳固的。这个过程证实了马基雅维利的远见,他认为与个人独裁形式不同,集体统治的形式都要求设立一些程序性规则,用来规定什么情形下统治集团成员之中形成了一项决定(Bobbio,1987:65),或许还可以补充,统治集团内部的个别成员也希望存在这样的规则,以便形成一套保护自身地位免受损害的标准。在 1974 年上半年的一次事件中,皮诺切特想要破坏独裁政府最初的共治特征,把行政权和立法权集中到自己手中,这一企图遭到海军总司令和空军总司令的抵制。在这之后,那些明确程序和划定权限的规则被制定出来了。[2] 在此背景下,军政府必须经全体一致同意才能作出决定这一协定,成为维护军政府共治特征的根本性法律基础。[3]

第二,独裁政权的程序性架构以武装部队内部的既有多元组织形式为基础,并得到了后者的保障。不同于军队仅由陆军组成,或者单一军种占支配地位的其他国家,智利的武装力量是由一系列独立的军种组成的,每个军种都有其独特的惯例、身份和组织风格,而且

① 相应的法令分别是军政府法令(D. L. 527 号,1974 年 6 月 26 日)及 D. L. 991 号(D. O.,1976 年 1 月 3 日)。对这种两阶段规则制定过程的详细描述,参见 Barros(2002:ch. 2)。

② 这些举动在 1977 年再度发生,具体包括采用多数决,以及总统拥有打破僵局的第五票。这些都旨在实现陆军的独裁,而作为国民警卫队最高首脑的门多萨将军,在政变后处于一种极软弱且依附性的地位,并且很少——即便有的话——摆出与皮诺切特不和的态度。由于门多萨的一票是可以保证的,皮诺切特便能够把他和自己捆绑在一起并占据主动地位。

③ 虽然在实践中,军政府同意立即采纳关于决策方式的协定,但全体一致决定还是迟至 1974 年 6 月才首次作为一条实证规则而纳入 D. L. 527 之中。D. L. 128 只是提到,有效法令需要经过全体四位军政府成员签字同意。之后,全体一致决定的规则也被纳入了 1980 年《宪法》第 18 条的临时性处置条款中。

一个军种没有听命于另一军种的传统。在此背景下,没有哪个军种的总司令会将自己的绝对代表权,全都交给一位将军或海军上将,并相信自己所在军种的部门利益能获得充分代表。因而在政变之后,要让不同军种的总司令呈现为一个统一的主体,就必须采用次级规则,以便详细规定何种行为足以构成一个共同决定。确立这些程序的规则,也再次确认和维护了令这些规则变得必要的既有组织形式。因此,尽管第 527 号法令让皮诺切特登上了总统宝座,但就行政机关与军方的关系而言,总统——很大程度上只是模仿了宪法上的总统——的权力受到了法典的严格约束。总统关于军职晋升的常规性权力受到约束;更重要的是,皮诺切特被剥夺了总统传统上享有的各武装部队总司令的提名权,以及让总司令退休的权力。这些限制阻止了总统对于不同军种内部事务的干预,也令《总统法》通过降职和选任去改变组成军政府的总司令,从而阻止了对独裁政权之规则制定机构的人员进行行政操纵。同样,既有的多元组织结构在军政府内部受到全体一致决定规则的保障,该规则的主要特征是授予每一个团体成员一票否决权,从而有效保证了每个人都拥有"保护自身利益不受其他成员侵害的权利"(Mueller,1989:102)。

第三,尽管独裁政权制定的次级规则以之前的军队组织结构为基础,但这些规则并不单纯复制之前的权力结构,反而另外创制出了让新形式的交往和合作得以开展的程序。如果没有这些程序,那些交往和合作是不可能的。一般而言,这些规则让共同行动成为可能。如果缺了这些规则,那些各自独立、等级分明且崇尚武力的组织——各支武装部队——之间只能通过命令和武力进行交流。命令和武力分别对应支配的逻辑和冲突的逻辑,二者都不适合作为不同部门协调合作和共同营造秩序的基础。具体而言,在全体一致决定的惯例尚未定型的局势下,被采用的具体制度所创造的制度性地位和权力形式是难以维系的。这些制度包括行政权与立法权的部分分立,以及一套处理立法提案的复杂制度。① 后者的具体步骤和议程表,塑造了一个制度性时间和空间,令每个军政府成员在任何集体商讨和决议之前,都能各自研究提案并在顾问的帮助下准备意见;但权力分立营造了不同的制度性地位,尤其是海军、空军和国民警卫队总司令被排除在直接行政权之外,进而让立法委员会成员能采用不同的视角去审查行政提案,这往往有助于缓和一些冲动性回应,从而有利于拓展立法周期和增进立法稳定性。

独裁政权的法律组织结构,是否意味着军政府成员也受规则的约束? 在智利军政府统治时期,我们能否说存在一种独裁式法治? 回答这些问题,需要先区分和界定独裁政权的不同阶段。一般而言,军政府成员构成的多元化,意味着独裁政权不可能不受限制地凌驾于规则之上;军政府之所以能像一个人那样行动,仅仅是因为程序令不同成员能协调一致并达成有效的共同决定。然而,对作为一个机构的军政府而言,这些构成性规则并未对其权力施加任何约束,尽管有些规则的确对总统施加了约束,例如行政权与立法权的分立。② 从政变中幸存下来的政府机构,也无法对军政府的意志施加实质性约束。政变之后,1925 年《宪法》名义上仍然有效,最高法院和政府总审计长仍保留着他们各自的法定(法律)审查权力,一种由《宪法》授予的预防性权力。但是,这些机构顶多只构成了形式性约束,因为只要军政府成员能达成一致意见,他们就可以通过修改《宪法》或法律来推翻这些机构的决定。军政府可以轻松地将法院和《宪法》踩在脚下,当最高法院在 1974 年底宣布一部法令违宪时,这一点得到了证

---

① 立法系统由立法部长以及四个委员会组成,委员会负责审查立法系统中的所有法案。海军、空军及国民警卫队的首脑各自负责自己的委员会,而第四个联合委员会处理国防事务。按照分权原则,并未设立由皮诺切特掌握的立法委员会。直到 1981 年 3 月 11 日,皮诺切特才参与到全体军政府成员内部协商与决定的最后阶段中(此后,他被完全排除在立法系统之外)。

② 例如,在那些受法律规范调整的政策领域,行政权与立法权的分立令皮诺切特受到法律的约束,而这些法律是皮诺切特无法单方面制定或修改的。

实。军政府的回应是颁布一部法令,让先前的第787号法令溯及既往地合宪化。① 尽管规则是由军政府制定的,但军政府可以自主修改一切有碍于自身权力的规则。

当1980年《宪法》于1981年3月11日生效后,情况就发生了变化。1980年9月11日,这部宪法在一场可疑的全民公决中获得了批准,当时它似乎仅仅是威权主义立宪的一部代表作。虽然从表面上看,宪法大致塑造了一个共和式代议制政体(对此仍存在很多争议),但一系列的临时处置权(下文简称 T. D. s)大规模地架空了这一替代性的制度化秩序,并恢复了独裁状态。这些临时条款让调整军政府和行政机关的那些规则得以合宪化,并赋予皮诺切特新的恣意镇压权,还将军事统治延长了八年,也就是一届总统任期,而且允许军政府提名全民公决中的唯一候选人,而全民公决就是为了批准现任总统连任下一个总统任期。

多数人认为,这种通过宪法化延续独裁政权的做法,令《宪法》给独裁政权之制度性框架所带来的变化蒙上了阴影。第一,第18条临时条款要求,修改宪法除了需要军政府成员全体一致同意外,还需全民公决批准。考虑到独裁政府组织全民公决的能力,这一要求显然形同虚设,但全民公决为军政府之前的特权增加了政治公开的维度,所以该条款还是增加了修宪的成本。第二,第14条临时条款通过人事分离,完善了权力分立:皮诺切特被排除在立法委员会之外,取而代之的是资历上仅次于他的陆军总司令(此人唯总统马首是瞻)。② 这一人事变动,令海军上将梅里诺成为名副其实的军政府首脑。第

---

① D. L. 788,D. O. ,1974年12月4日。在这项法令中,军政府承诺之后只对宪法进行"明确的"修改。此后,如果法令开篇处未注明"军政府,依制宪权,发布法令如下……",那么最高法院仅视其为一部普通法律,当法令被诉至法院时,可以对其进行司法审查。尽管"明确的"这一要求纯粹是修辞性的,但军政府在明示修改《宪法》时就不得不顾及政治审慎(这种审慎在简易立法中往往是缺失的),因为明示修改《宪法》会招来国内和国际关注。

② 这一变化促成了由陆军控制的第四立法委员会的建立,并导致各立法委员会的权限重新洗牌。

三,这部《宪法》实施了一部规定得详尽细致的权利法案,并激活了宪法法院。宪法法院有权裁决不同权力之间的宪法性冲突,并对宪法组织法和解释宪法的法律进行事前审查。

这些变化立即对军政府的机构特权施加了一些实质性和程序性的约束,并以宪法法院的形式为实施这些约束提供了一种外部机制。最终,改变后的制度性环境阻止军政府和皮诺切特单方面为 1988 年全民公决设定法律框架,并间接导致了反对派的胜利,因为权利、宪法法院以及对宪法组织法的事前审查等因素合在一起,最终为全民公决提供了一个相对公平的,不容易受偏见影响且很难上下其手的竞争环境。

独裁和立宪主义法治

如果军政府成员早已确立了一系列能实现共同治理的规则,那它为何还需要一部内容更为广泛的宪法,尤其是一部引入了限制独裁政府特权的制度性装置的宪法? 尽管我们对宪法背后的内部决策过程并不那么了解,但可查阅的一些基本文件显示,就像 1974 年到 1975 年颁布的那些次级规则一样,《宪法》反映了不同军种之间的某种协议。通过解决之前悬而未决的问题,尤其是军事统治的持续时间和下届政府的性质等问题,这些协议进一步规定了不同军种之间的合作关系。换言之,《宪法》制定了一些解决冲突条款,以便解决在独裁政府初期因公法不完备而导致的纷争。

最初为独裁政权界定制度性框架的那些规则并不完备,因为它们未涉及一些会造成潜在冲突的问题,诸如军方应统治多长时间,以及什么样的政体最有利于保障军政府法律和政策的延续性,因为军政府及其成员的寿命毕竟是有限的。第 527 号法令规定,军政府个别成员仅在"死亡、辞职或出现不可抗拒的障碍(第 18 条)"时方可更换,除此之外,它并未为继任问题提供任何机制。[①] 除上述情形外,军

---

① 在同一条款明确规定的这些情形中,军政府的其余成员可以指定谁来继任总司令。

政府的现有人员构成将保持不变，军政府成员在 1976 年颁布一部法令，更让自己免受法律关于服役达最长期限后就必须退休的规定。[①]在 1974 年和 1975 年，军事统治的持续时间和继任政权的任何特征都不是紧要问题，不过在接下来的几年间，一些因素令这些问题变得日渐紧迫。

首先，考虑到智利政治社会的特殊性，军事政变以及紧随其后的镇压的残酷性，智利武装部队不敢对未来掉以轻心。这一点对军种之间的关系产生了直接影响。在 1970 年到 1973 年的危机期间，左派掌握了从先前的宪制秩序内部产生的行政权，因而一旦武装部队对未来和制度漠不关心，那么就会令自己面临诸多风险，例如早期制度安排的复辟，先前政治联盟的重新出现，以及民主斗士可能提出的报复要求。这些预期是一些负面回报，与合作失败以及撤军失控有关。但应当注意到，这种预测的政治影响并不明朗：对避免重蹈覆辙的关切，要么会支持延长独裁的策略，其前提是预判民主本身无力抵御左派，要么会支持重新设计宪法的策略——反过来将之前的危机评估为具体的制度性缺陷，而不是宪制民主自身的危机。

其次，在困局面前，军政府成员日渐认识到制度的策略性价值。因而在不同时期，"宪法化"似乎势在必行：有时仅仅是一个幌子，独裁政权借此声称自己正迈向正常化；在其他时候，特别是危急关头，有确凿证据表明独裁政权卷入了极恶劣的罪行，进而导致军政府倒台或开启了公众参与的进程，那么"宪法化"就成为一种潜在的替代性制度。后一种压力是决定颁布宪法的关键性因素，尤其是 1976 年 9 月 20 日前任智利驻美大使、阿连德政府内阁成员奥兰多·勒特里尔（Orlando Letelier）和其助手罗尼·莫菲特（Ronnie Moffit）在华盛顿特区遭遇汽车炸弹暗杀之后。

---

① 这规定在第 640 号法令中（D. O.，1976 年 12 月 30 日）。关于该法令，参见 Arriagada（1985:138-142）。

虽然这两个方面——关切避免重蹈覆辙以及需要缓和国际压力——趋于重叠，而且解决方式要么是采取强硬路线，要么是诉诸制度建设。不过，任何不打破内部状态的法律或宪法性回应，都必须经过军政府的斡旋。于此，全体一致的要求得到了第一个方面的支持，这么做提高了处理内部分歧的预期代价，而那些不可调和的内部分歧会导致局面失控。因而，面对 20 世纪 70 年代中期遇到的政治挑战和国际挑战，全体一致规则以及不合作所导致的代价，限制了独裁政权的对策选择范围。在这些政治约束之下，强化威权主义是没有出路的，因为强硬路线意味着修改政权的次级规则，而这会削弱军政府的力量并造成总统的绝对个人独裁。基于一些已被指出的原因，这一选项对海军总司令和空军总司令来说是不可接受的，但是任何推翻他们地位的单方面行动必须承受这一风险——加剧不同军种之间的紧张关系，甚至导致独裁政权垮台。

军政府的宪法性法案

促成决定颁布《宪法》的那次冲突，发生在 1977 年重新争论军政府法律组织结构的过程中。这次争论是一起事件的意外结果，即军政府在 1976 年 9 月 11 日试图通过颁布三部宪法性法案来缓和国际层面的压力。不同于巴西连续几任军人总统所颁布的宪法性法案，也不同于佛朗哥颁布的基本法，这些宪法性法案不是为了调整或创造新的独裁权力，而只是提供了一些宪法位阶的规范，却可以在零散化规范基础上预估未来宪法秩序的雏形。这些法案可以让军方声称自己正迈向宪法意义上的常态化。[1]

尽管军政府成员出于这一原因，不愿在法案中公开宣示独裁政

---

① 皮诺切特在 1975 年 9 月首次提出这些法案，整个文件包括六到七部宪法性法案，最终只有三部法案在政变三周年时得到了颁布。它们是第二到四号宪法性法案，分别涉及"智利制度化的关键性基础""宪法权利与义务""紧急状态管理"。第一号宪法性法案在1975 年的最后一天颁布，它创设了国务委员会，这是一个纯粹的咨询机构。

权的法律组织结构，但宪法构造的逻辑却令其难以如愿。在准备法案时，军政府的法律顾问们逐渐发现，一旦将这些宪法性法案提升到独一无二的宪法性规范层面，就可能削弱许多法令的宪法性地位，而正是后面这些法令赋予军政府以合法形式，并增加了该政权的压制性权力。[1] 为避开这一问题，并排除最终的法律挑战，在皮诺切特的提议下，军政府同意将调整公共权力的那些法令重新包装成一部宪法性法案。[2]

这一看似简单的任务，最终再次引发了关于军政府组织结构的冲突。在 1976 年 10 月中旬，海军在军政府内部提交了第一份宪法性法案提案。这份草案重申了既有的次级规则，并规定了补充性法律机制以确保军政府优先于总统的地位。[3] 皮诺切特也提出了一份名为"智利政府条例"的提案，它引发了 1977 年 1 月上旬的内部危机。提案的一份附随文件说明，提案之所以采用这样的标题，是为了强调该政权的"永久目标"并避免给人留下任何"暂时性"的印象，据称这也传达了军政府的态度。[4] 该法案的条款非常清楚地表明，新政权的典型特征是陆军独裁统治。因为它规定，无论是普通法案还是宪法性法案，全体一致同意都要让位于多数决，同时总统享有打破平局的二次投票，而总统一职将永远与陆军挂钩。[5] 数月之后，空军总

---

　　① 通过第 788 号法令，许多法令已经得到合宪化处理。

　　② 第 2 号宪法性法案的第二项临时性条款明确了这一义务。

　　③ 在列举总统的权力，并将其写入第 527 号法令前，需要取得"军政府的同意"，海军现在要求提供"书面同意"，并在草案第 2 条明确规定：令行政行为生效的最高法令在颁发时须经军政府的同意，并明确标注记录军政府同意的会议记录编号和日期，否则最高法令的合法性将受到国家总审计长的质疑。该草案还提出总统任期 4 年，经军政府允许后可连任一届。这份文件我已经存档，文件名为《国家权力宪法法案第 * 号》（Acta Constitucional No. De los Poderes del Estado.），它没有注明发布日期，但我手头的复印件上面写着"智利海军传送 14-X-76"。

　　④ 第 4 条"但书"条款规定，"过渡时期已经结束，有必要令中央政府稳固下来"。Oficio CASMIL（R）No. 31000/2 de 04. ENE. 77. 这份文件我已存档，它加盖了"机密"印章，有编号但无日期。我提供的参考引证，是莱奥将军在答复中对该文件的确认，他答复中的交叉引用与我手中的副本内容完全一致。

　　⑤ 关于这一制度设计为何相当于陆军独裁政权的解释，参见本书第 226 页注 2。

司令莱奥将军作出了回应,他坚持认为,军政府仅同意赋予先前的法律以宪法性法案的形式,而不是"改变其基本精神和哲学",并且军政府历来承诺一旦目标实现就将还政于民,但这项承诺如今受阻于皮诺切特的建议,后者寻求"将全部和绝对的权力集中在行政长官一人手中"①。

这种意见交锋导致了严重的内部危机,因为海军和空军拒绝皮诺切特的提案。与平常的做法不同,各军种的总参谋部现在各自开会进行商议。在海军与空军内部,均不支持长久的威权主义。② 我要强调的是在相关讨论中,就像其他商议一样,海军和空军反复地援引了既有法令,特别是第 1 号法令和第 527 号法令,它们记录了界定权力分配的最初协议,以及可以用来合法地修改这些法令的专门性程序。

随着海军和空军坚决反对皮诺切特的绝对独裁企图,制度主义立场开始在行政机关内部获得认可和关注。1977 年 7 月 9 日,皮诺切特在查卡里利亚斯的演讲中,首次公开宣布过渡方案和时间表,这明显是强硬路线趋于缓和的信号。③ 所有这一切,包括 1977 年军政府的内部冲突,都是在国际压力不断加大、政权越发孤立的背景下发生的。在 1977 年中期之后,情况愈演愈烈,这助长了政权内部要求

---

① 智利空军总司令,"关于政府条例草案的意见",n. d. ,f. 4. 我保存了这份文献。

② 海军是围绕单一立场团结得最紧密的部门。除了一位海军上将一贯主张对现状"不做改革",其他 11 位海军上将支持海军的最初提案,而该提案显然已经海军委员会、海军上将委员会预先批准。15 位空军将领的立场则更趋分化,尽管将军们压倒性地一致反对皮诺切特的提案,并一致拒绝将总统职位与陆军挂钩,但确实有一位空军将领支持采纳多数决。然而,没有迹象表明,上将们明确提出了终止军事统治的议题,数目不详的空军将领支持设定最后期限,以便完成政府任务和召集选举。在国民警卫队的将军中,不发表意见与支持维持现状的人数各占一半。Jaime Guzmán,"Sintesis del Resumen Planteamientos Altos Mandos a la Consulta D/L 527," D,Guzmá Papers,Fundacio'n Jaime Guzmán,Santiago. 这份手写的文件,记录了将军和上将们在每次会议中的立场。

③ 参见 El Mercurio,1977 年 7 月 10 日。海梅·古兹曼(Jaime Guzmán)对各军种内部的立场进行了记录,这份记录上的那些注释证实,这一宣告与宪法性法案引发的紧张局势直接相关。这些简单记录明确提出应当保持现状不变,并勾勒出了一份过渡性方案,这份方案与皮诺切特在查卡里利亚斯宣布的内容相同。应强调的是,这一宣告只是行政机关发出的信号,并不是与军政府协商达成的方案。

迈向组织机构制度化和法律制度化的压力,尤其是在 1978 年 3 月,有确凿证据证明了秘密警察参与暗杀莱特利尔。在这一时期,戒严状态期满终止,宵禁令也被解除,军政府发布法令赦免了戒严期间的犯罪。之后,宪法制定工作按照既定步骤加速推进。[1] 1980 年 9 月 11 日,军政府批准的宪法获得了全民公决的认可,并在 6 个月后即 1981 年 3 月 11 日生效。

1980 年《宪法》和受规则约束的独裁政权

军政府内部围绕制定次级规则发生的早期冲突,解释了 1980 年《宪法》的二元化及其与独裁体制显而易见的直接矛盾。军政府内部的共识和分歧范围,以法律的形式规定在二元化的永久条款和临时条款中。将《宪法》的全面实施推迟至少九年之久的临时处置条例,反映了各军种之间的共识,即任何转型在短期内都尚不成熟;但是,对公开推行永久性威权体制的抵制,业已出现在了那些持久描述一个经重建的、强有力的立宪平民政权的文本中。军政府最初的共治特征所设定的那些限制,以及海、空军对自身立场的持续捍卫,也解释了为什么没有发生任何以民选国会为形式的自由化进程,正如皮诺切特在 1977 年中期宣布的那样:这种方案会令军政府权力受到严重削弱,而这是海军和空军都无法接受的。

因此,从《宪法》颁布伊始,它的各部分内容就含糊不清,《宪法》正文似乎也不过是在装点一种旨在延续军人统治的工具。不过,正如我已经指出的那样,宪法确实对调整独裁政权的那些规则产生了直接影响:现在,宪法性法案除了需军政府成员一致同意外,还需要全民公决批准;行政权与立法权的分立也得到完善;同时,以欧洲大

---

① 1978 年 10 月,一群民间立宪主义者在政变几天后组成了制宪委员会,并完成了第一份草案;之后进一步提交国务委员会审查;国务委员会转而在 1980 年 7 月初正式将修正版提交给总统;然后,在为期一个月的马拉松式会议之后,军政府制定出了最终文本。关于这些阶段,参见 Carrasco Delgado (1981)。

陆模式为模板,宪法文本的永久性条款实施了一套详尽的权利法案并建立了宪法法院,后者的权力和运行并未被临时条款架空。借助宪法法院的那些裁决,1980年《宪法》逐渐与其制定者分离开来,并在紧要关头限制了整个军政府的立法权,还对1988年针对总统连任的全民公决结果产生了重大影响。在转而讨论宪法法院的运作之前,我将解释为何在九年之前(从《宪法》开始约束民选政府机关算起)独裁政权就设置了一些权力机构,而这些机构最终令军方不得不遵从自己制定的规则,以及为何军政府成员愿意依据宪法条文行事。

在军事统治的最后九年间,宪法法院的运转是1980年《宪法》隐含的战略构想的关键所在。不同于大多数人对《宪法》的解读,我认为《宪法》的主体部分未曾遭到剪裁,以便为独裁政权披上合法性外衣,《宪法》主体部分旨在让未来的文职官员受到宪法规则的有力约束。《宪法》的意图,是将民主限制在清晰的宪法界线内,守卫这条界线的是多元化制约、强有力的法律和宪法性制约机构以及修改这一框架的苛刻条件。除了一两个条款专门用来调整独裁期间出现的问题,对规则关注的基本是之前的问题:为20世纪60年代以及阿连德执政时期出现的特定宪法争议提供制度性解决方案,并为解决权力之间可能出现的一些冲突提供机制保障。对于民主的担忧,推动对规则的关切。由于右派不一定能赢得选举,对民主施加宪法约束便成为优先事项。这些约束中最显著的是对马克思主义政党的宪法禁令,一部详尽的、几乎是监管性的权利清单,以及一个权力得到强化的宪法法院。[1]

---

[1] 1925年《宪法》的其他创新包括:(1)采纳两轮制总统选举;(2)强势的行政机关,拥有更广泛的监管权,人员任命相对于参议院更加自主,每一任期都有权解散一次下院(尽管国会选举前一年除外);(3)非选举产生的人数略低于参议院总人数的三分之一;(4)审计长审查行政法令之合法性的权力,在宪法中做了规定;(5)限制总统对军队的权力,特别是无权将总司令免职(除非在恰当限定的情况下);(6)国家安全委员会的宪法化,军方占多数席位;(7)更严格的修宪要求(若要修订那些刚性章节,需要全体国会议员的五分之三多数通过,以及在两院先后以三分之二的绝对多数通过)。

这一约束未来文职官员的战略目标,解释了权利法案和宪法法院为何会在军人统治下开始生效,以及该政权为何会通过增加全民公决批准这项要求,来约束自身随意修改《宪法》的权力。所有这些制度性变化,都是整体战略的一部分,目的是在任何变化发生之前确保《宪法》的有效性。其潜在想法是,倘若军政府能立即将尽可能多的《宪法》规定付诸实施,那么较之于在还政文官政府之后实施《宪法》,其规定在未来被大量废除的可能性就会更低。同样,倘若诉诸民意来增强《宪法》的效力,那么当《宪法》在 1980 年经全民公决批准之后,军政府就无法抛开民意单方面对其进行修改,因为之后所有宪法修正案都要经过全民公决批准。

这些制度在那时之所以发挥了作用,很大程度上是为了确保其他行动者在未来能遵守这些规则。鉴于修改《宪法》的规则发生了变化,以及要求宪法法院对宪法组织法和解释宪法的法律进行事前审查,因而对这一制度框架的采用,也表明军政府对自身权力主动施加了一些策略性的限制。军政府成员之所以接受对自身权力的这些限制,目的在于确保宪法的有效性。尽管是出于自愿,但那些总司令不可能真的希望这些改变会有效约束自身的权力。全民公决可以不受限制地组织举行,而且过渡时期宪法法院的所有成员,皆由总统、军政府或最高法院大法官直接或间接地进行任命。尽管本意如此,但正如我在其他地方证明的那样(Barros,2002:ch.7),宪法还是立即对整个军政府施加了约束。

为何在那个时候,皮诺切特和军政府的不同成员愿意让自己受规则的约束呢?一个原因是《宪法》本身的特点。当《宪法》在 1981 年 3 月生效时,它可以被视为系统性地安排了各种可能的中期回报或结果。预期结果的多样性,令武装部队各军种都能接受《宪法》条文,也令每位总司令有动力去遵守《宪法》、参与《宪法》的具体化以及推动其全面实施。尽管《宪法》全面规定了未来政权的轮廓,但把基本政治内容——包括许多与总统任期相关的全民公决问题——的规制事宜留给了后面的宪法组织法,因而《宪法》的这一概括性特征遗留了一系列的可能性空间。《宪法》未明确处置的事项包括:例外状态规定、选民登记、选举管理和监督、政党,以及选举制度。一旦对这些事项设置不同的宪法规则,就可能从 1980 年《宪法》中衍生出各色各样的政权和转型,因而有人认为相关法律需交由独裁政权进行精心设计,而这也是推迟转型的另一个理由。① 这种开放性让《宪法》化身为各色各样的工具:对皮诺切特而言,《宪法》是自己争取连任的工具;对经历了军人统治时期之动荡的军方机构而言,《宪法》是用来实现软着陆的工具;《宪法》是军人统治之后保持政治机构稳定性的工具,唯有保持这种稳定性,各军种才能回归到国防战备的主业上去。在此背景下,任何一位总司令都不会对《宪法》的命运无动于衷,并且在制定宪法组织法的过程中,他们每个人都有很强的动力去影响宪法内容的具体界定。

不过在这个时候,进一步界定《宪法》条文的需要,会与《宪法》的恒定性规划发生交集,后者要求宪法组织法在颁布之前应递交宪法法院进行例行审查。宪法组织法与宪法法院这两种制度,再次被认为是令文职官员受军方规则约束的机制:因为在民主制度下,组织法的制定和修改需获得更高的多数票支持②,而法院审查被认为用来阻止通过修改组织法来悄悄地修改《宪法》,考虑到宪法法院多数成员由非政治性机构任命,情势就更加明朗了。即便预期法院会要求文职官员在宪法范围内活动,当军人统治下的宪法法院开始工作时,同样从根本上限制了军政府单方面具体化《宪法》条文的能力。

---

① 巴勃罗·罗德里格斯·格雷兹(Pablo Rodriguez Grez)是一位臭名昭著的律师,也是自由党两位创始人之一。自由党是极右翼、民族主义的准军事组织,在阿连德政府时期活跃于街头。他准确地捕捉到了《宪法》的各种潜在可能性:"在当下的那些宪法条款,既符合没什么创新的自由民主,又符合新的有机体主义民主,进而能够让政党成为纯粹的民意载体,并避免选举博弈成为社会各阶级之间的持续对抗。"(La Tercera,13 March 1983)

② 第 63 条设定的法定人数,是在任下院议员和参议员的五分之三。被转型之前的 1989 年 7 月宪法改革,将这一法定人数降低到了在任代表和参议员的七分之四。

在开始工作的头四年中，宪法法院很少质疑军政府。除了第一次秘密裁决外，在先后 18 次对立法的合宪性或修改宪法性组织法的一些规范进行合宪性审查时，宪法法院从未宣布过哪条规范违反了宪法。[①] 但在接下来的四年间，随着法院成员的部分更新和司法理念的随之转变，宪法法院先后九次撤销了军政府批准的规范。

毫无疑问，宪法法院在 1985 年 9 月 24 日对规制特别选举法院的宪法组织法所做的裁决，是最具政治影响力的。[②] 鉴于《宪法》已经规定，应举行全民公决来批准或否决军政府依据《宪法》提名的、拟连任总统的候选人，法院据此认为，将竞选监督权交给一个临时性选举法院的临时条款违反了《宪法》，并进一步裁定指出：《宪法》正文明确规定的全面选举制度，应当在这次全民公决中发挥应有的作用。像所有的宪法法院的裁决那样，这一裁决是终局性的并且不可上诉。这一决定意味着，唯有配备了选举登记、独立监督和计票，最终的全民公决才是合宪的。这些要求表明，这次竞选远不同于 1980 年通过《宪法》时的全民公决，那次全民公决是在紧急状态下举行的。在那个时候，公民自由受到了限制，不存在选举登记和独立监督。事实证明，宪法法院对特别选举法院的裁决，只是一系列裁决中的第一个，这一系列裁决通过为公平竞选创造法律条件，创造出了一个公平竞争环境。因此，这些裁决激励了反对派参与全民公决，并最终在军方设定的游戏中击败军方，尽管这要以《宪法》进一步生效为前提。

宪法法院的裁决之所以能确立一个公平的——尽管是非竞争性的——全民公决，全靠《宪法》中关于权利的那些规定。正是因为《宪法》第二章保障这些权利，例如法律面前人人平等、法律的平等保护、正当程序、结社自由与其他政治权利等，宪法法院才能据以否决那些

① 对独裁时期法院的司法理念的论述，参见 Larrain(1991)。我在研究过程中发现的那次秘密裁决，涉及规范宪法法院自身的组织法。

② Tribunal Constitucional，Sentencia Rol No. 33(D. O. ，3 October 1985).

将偏见导入政治过程的规范。在全民公决之前的一段时期内,宪法法院否决了宪法组织法的许多条款,这些条款涉及政治选举过程的不同阶段,包括政党组建和登记、政党内部组织、选民登记、大选和全民公决竞选活动、大选和全民公决的集会,以及竞选时的投票和资格确认。这些条款要么在其中制造了不平等,要么令官方可以任意限制公民权利。其中一项裁决甚至迫使军政府进一步修订组织法,以保障竞争双方可以获得平等、免费的电视宣传,并能有偿使用平面媒体和广播。之后人们都普遍认为,这些宣传渠道是帮助反对派在全民公决中获胜的一个主要因素。①

因而,一旦《宪法》开始生效,独裁政府的立法权就受到了有效制约。第一,军政府在修宪上不再享有排他性权力;第二,《宪法》保留了一套明确的权利,这些权利不得通过立法予以修改;第三,除最高法院之外,《宪法》还将另一机构投入运作,即宪法法院,后者有权力确保补充完善《宪法》的组织法不得与《宪法》条文相抵触。在那些既受司法审查又受宪法法院事前审查的领域内,独裁政权无法凌驾于法律之上。

我要强调的是,这些针对军政府的宪法性约束,并未改变后者的独裁政权属性。组成法律体系的那些规范,仍旧是由未经选举授权的主体以自上而下的方式强加的,《宪法》还在很长一段时期内维持了一项禁止政党活动的禁令。② 此外,"法制"的宪法地位一贯是脆弱的。除了通过法院实施的那些压制性法律(可将其纳入"法治"),皮

---

① In particular,see Tribunal Constitucional,Sentencia Rol No. 38(D. O. ,1 October 1986),该裁决涉及规范选民登记和选举服务的宪法组织法;Sentencia Rol No. 43(D. O. ,23 March 1987)涉及的是政党法;Sentencia Rol No. 53(D. O. ,13 April 1988)涉及规范选民投票和计票的宪法组织法。最后这份裁决要求以立法形式授予免费的媒体宣传渠道。该裁决还确立了对于《宪法》含糊之处的唯一有效的解释,法院予以阐明之前,这种含糊性为突然举行全民公决提供了机会。

② 在规范政党的宪法组织法生效之前,根据第 10 号法令,所有此类活动都被暂停和禁止。这部法令颁布于 1987 年 3 月 23 日,并在 10 日后生效。

诺切特还获准以裁量权的形式设置一些法律例外,以便他在缺乏法律依据的情形下限制公民自由。这类权力有些是军政府在戒严时期授予的,其余则是由《宪法》直接授予的(紧急状态和第 24 号法令授予的权力)。此外,相较于 1973—1977 年,尽管法外行刑的数量已经大为减少,但仍时有发生,政府安全部门对此难辞其咎。

法治和独裁

在前文中我试图表明,即便在一个高度压制性的独裁政权下,某种形式的法治也是可能存在的。从这种叙述中,我们能得出关于法治的何种一般性结论呢?鉴于首要的理论挑战关系到我所命名的"立宪主义"法治,我重点关注了主权者是如何服从于自己制定的那些规则的。我特别想强调两点,一是被授权制定规则的那个机构的内部多元化很重要,二是构成性规则和约束性规则之间存在差别。

智利的例子让我确信,集体统治是任何形式的立宪主义法治的条件之一,无论是独裁统治还是民主统治。唯有规则制定机构由多元主体构成时,才需要程序性规则来定义何种集体行为足以构成统治机构的决定。同理,置身其中的个人行动者,也希望借助规则来确保自己在集体中的地位。在智利这个例子中,这种多元化源自各支武装部队的既有组织结构,当时,各军种之间不存在谁服从谁的传统或先例。这种多元化也方便将其组织起来,因为各支武装部队的既有规格提供了一种天然基础,这让各军种的最高层能够实现制度化,而不必推进军队下层的政治化和部门化,而该情形在军政府仅由单一军种组成时却是有可能的。在此背景下,必须树立规则,以便确定如何从多元化中导出一个排他性决定。正如我已经展示的那样,不论这些具体规则被设计得有多狭隘,它们仍保障了既有的组织结构,而正是这种组织结构催生了多元化以及对规则的需求。这些规则在很大程度上是稳定的,因为智利那宏大且具体的政治背景催生了这一观念——倘若各支武装部队无法达成合作并陷入无法调和的军种冲突，那么它们就会付出惨重的代价。

集体性机构所要求的规则类型是构成性的，而不必然是约束性的。通过提供一些公认的标准，以判断有效决定或行为是如何生效、由谁做出的，这种次级规则就成为构成性规则。因为它们让集体可以实施某种形式的行动，而在缺乏程序性规则的情形下，那将是不可能的。一如 Holmes(1988)强调的那些宪法性规则，这种规则是授权性的：一旦这些规则是稳定的，它们就能让行动者无须频繁考虑该如何作出决策，并且让行动者能聚焦于实质性问题。鉴于授予权力并确定决策程序的那些规则让集体行动成为可能，所以这样一个集体所做的行动，不能被认为是完全凌驾于法律之上的，即便这个集体一开始是不正规的，或者是一个不受约束的权力主体。这似乎是立宪主义法治的一个弱版本，因为作为一个整体的决策机构的权力，仍然是不受约束的。让该机构得以运转的一些规则，可能仅仅构成了行使主权的前提性条件，因为构成性规则并不一定会对依其设立的那个机构的权力，施加一些法律限制。[1] 尽管如此，仍要强调构成性规则确实约束了那些组成决策机构的个体成员。通过界定合作的标准形式，构成性规则排除了其他决策程序，并且向成员提供了批评偏离这些标准的正当理由，并且在某些情形中，还提供了维护这些决策规则的各种机制。

集体性机构需要构成性规则赋予某种形式，这种需要未曾解答这一问题：主权机构是如何服从于规则的。霍布斯提出的挑战是：任何能制定规则的机构，同样也能撤销规则，并且在必要时能让自己不受约束。正如我已展示的那样，1980 年智利《宪法》一经生效，军方独裁政权的立法权就受到了实质性的法律约束，并且在一个独立机构的敦促下，不得不遵守自己颁布的那些规则。为了充分说明独裁

---

[1]　关于这一点，参见 Hart(1961:69-76)。

政权的自我约束,还有必要接着说明:为何一个集中了绝对权力的机构,一开始就设置了一部比自己拥有更高地位的法律。在智利的例子中,制定《宪法》的决定受到了如下观念的推动:长期的军人直接统治难以为继,而新的制度秩序一旦无法施行,就会给右派和武装部队带来代价高昂的后果。

　　但问题依然存在,当宪法开始限制军方任意施行《宪法》的能力时,为何各支武装部队不对《宪法》进行修改?有两点与此相关。第一,即便宪法法院开始对抗军方时,其裁决也仍然是可以容忍的,因为这些裁决所支持的立场,往往在军政府内部已经讨论过了,并且选举制度的逐步实施,意味着相关争斗并非败局已定。事实上,直到1988年10月5日夜间,也就是全民公决那一天,皮诺切特才最终承认自己可能失败这一事实,其实,当时他已经失败了。[①] 第二,不同军种之间的实质性差异,让次级规则一开始就成为一种必需品,也让《宪法》趋于稳固。《宪法》提供了一套制度性框架,在此框架内,不同军种的总司令可以追求相互间并不必然一致的中期目标。正如我之前指出的那样,海军总司令和空军总司令从未将《宪法》视为让皮诺切特永远掌权的根本工具。由于他们将一些目标和宪法联系在了一起,而这些目标的实现仰赖于《宪法》条文的充分实施,所以他们才会接受法院的裁决。1981—1990年,独裁政权下的制度性约束之所以是稳定的,是因为有能力推翻或颠覆制度性约束的多元化主体,对接受约束所带来的相对成本和收益持有完全不同的看法。

　　在此基础上,有人可能会反驳:规则实际上并不重要,倘若其他总司令与皮诺切特达成一致,军方就可以压制宪法和法院并掌握权力。从这个视角来看,霍布斯是对的。军政府不会被自己制定的规则约束。相反,军政府对宪法的服从只是偶然的;这种服从立足于各

----

　　① 众所周知,直到全民公决的那一天,皮诺切特身边那些顾问告知他的仍是篡改过的投票数据。

自武装部队之间的分歧,但这种分歧并未让军政府改变制度框架的能力丧失殆尽(尽管附带条件是 1981 年 3 月的全民公决批准)。我同意这一观点,并认为它指出了制度稳定和法治的一般性条件:一旦某个机构或机构的联合体,有权修改那些建立了制度框架和法律及宪法性约束机制的构成性规则,那么只有当这些机构内部或相互之间的分歧,能阻止形成一种有能力修改和取消宪法性约束的压倒性超级多数时,法治才会趋于稳固。但本章恰恰认为,若权力是在集体性基础上组织起来的,那么统治集团内部的这种持续分歧就会出现,分歧会得到规则的结构化处理,并支持一些约束性的制度,即便组成统治主体的那些人不是依据民主选举的方式确定的。军人统治时期的智利就是如此,这一例子有力地表明:独裁式法治是一种历史现象,并不仅仅是一种理论猎奇。约束了制宪者的那部《宪法》,仅作稍微改动之后继续约束着智利今日的民主政府,而这也引出了一个问题,那就是制度性约束潜在的含混和不平等特征。

参考文献

Arriagada Herrera, Genaro. 1985. *La política militar de Pinochet*. Santiago. Unpublished manuscript.

Barros, Robert. 2002. *Constitutionalism and Dictatorship: Pinochet, the Junta, and the 1980 Constitution*. Cambridge: Cambridge University Press.

Bobbio, Norberto. 1987. *La teoría de las formas de gobierno en la historia del pen samiento político*. Trans. José F. Fernández Santillán. Mexico, D. F.: Fondo de Cultura Económico.

Carrasco Delgado, Sergio. 1981. "Génesis de la constitución política de 1980." *Revista de Derecho Público* 29-30: 35-65.

Elster, Jon. 1989. *Solomonic Judgements: Studies in the Limitations of Rationality*. Cambridge: Cambridge University Press.

Fraenkel, Ernst. 1969. *The Dual State: A Contribution to the Theory of Dictatorship*. Trans. E. A. Shils. New York: Oxford University Press, 1941; reprint, New York: Octagon Books.

Friedrich, Carl J. 1950. *Constitutional Government and Democracy*. Rev. ed. Boston: Ginn.

Fuller, Lon L. 1964. *The Morality of Law*. New Haven: Yale University Press.

Gaete Rojas, Sergio. 1974. "Reinauguración de un año académico." *Revista Chilena de Derecho* 1,1:124-126.

Goldsmith, M. M. 1996. "Hobbes on Law." In Tom Sorrell (ed.), *The Cambridge Companion to Hobbes*. Cambridge: Cambridge University Press.

Hampton, Jean. 1994. "Democracy and the Rule of Law." In Ian Shapiro (ed.), *The Rule of Law. Nomos XXXVI*. New York: New York University Press.

Hart, H. L. A. 1961. *The Concept of Law*. Oxford: Clarendon Press.

Hobbes, Thomas. 1991. "Leviathan." In Richard Tuck (ed.), *Cambridge Texts in the History of Political Thought*. Cambridge: Cambridge University Press.

Holmes, Stephen. 1988. "Precommitment and the Paradox of Democracy." In Jon Elster and Rune Slagstad (eds.), *Constitutionalism and Democracy*. Cambridge: Cambridge University Press.

Kavka, Gregory S. 1986. *Hobbesian Moral and Political Theory*. Princeton: Princeton University Press.

Larraín, Hernán F. 1974. "El derecho y el uso de la fuerza

pública. " *Revista Chilena de Derecho* 1,3-4;370-5.

Linz,Juan. 1975. "Totalitarian and Authoritarian Regimes. " In Fred Greenstein and Nelson Polsby (eds.), *Handbook of Political Science*,vol. 3. Reading,Mass. ;Addison Wesley.

Miranda Carrington, Sergio. 1973. "La fuerzas armadas en el ordenamiento jurídico chileno. " In Pablo Barahona et al. (eds.), *Fuerzas Armadas y seguridad nacional.* Santiago;Ediciones Portada.

Mueller,Dennis C. 1989. *Public Choice* Ⅱ ;*A Revised Edition of Public Choice.* Cambridge;Cambridge University Press.

Navarrete,B. Jaime. 1974. "El termino anticipado del mandato presidencial en la Constitución Política de Chile. " *Revista Chilena de Derecho* 1,3-4;340-8.

Neumann,Franz. 1957. *The Democratic and the Authoritarian State;Essays in Political and Legal Theory.* Ed. Herbert Marcuse. Glencoe,Ill. ;Free Press.

North,Douglass C. ,and Barry R. Weingast. 1989. "Constitutions and Commitment; The Evolution of Institutions Governing Public Choice in Seventeenth-Century England. " *Journal of Economic History* 49;803-32.

Oakeshott,Michael. 1983. "The Rule of Law. " In *On History and Other Essays.* Oxford;Oxford University Press.

O'Donnell,Guillermo. 1999. "Polyarchies and the (Un)Rule of Law in Latin America; A Partial Conclusion. " In Juan E. Méndez, Guilliermo O'Donnell,and Paulo Sérgio Pinheiro (eds.), *The (Un) Rule of Law and the Underprivileged in Latin America.* Notre Dame;University of Notre Dame Press.

Olson,Mancur. 1993. "Dictatorship,Democracy,and Development. " *American Political Science Review* 87 (September);567-576.

Przeworski, Adam. 1988. "Democracy as a Contingent Outcome of Conflicts." In Jon Elster and Rune Slagstad (eds.), *Constitutionalism and Democracy*. Cambridge: Cambridge University Press.

Raz, Joseph. 1979. "The Rule of Law and Its Virtue." In *The Authority of Law: Essays on Law and Morality*. Oxford: Clarendon Press.

Rossiter, Clinton L. 1948. *Constitutional Dictatorship: Crisis Government in Modern Democracies*. Princeton: Princeton University Press.

Schmitt, Carl. 1985. *La dictadura*. Trans. José Díaz García. Madrid: Alianza Editorial.

Shepsle, Kenneth A. 1991. "Discretion, Institutions, and the Problem of Government Commitment." In Pierre Bourdieu and James S. Coleman (eds.), *Social Theory for a Changing Society*. Boulder: Westview Press and Russell Sage Foundation.

Ten, C. L. 1993. "Constitutionalism and the Rule of Law." In Robert E. Goodin and Philip Pettit (eds.), *A Companion to Contemporary Political Philosophy*. Oxford: Blackwell.

Waldron, Jeremy. 1989. "The Rule of Law in Contemporary Liberal Theory." *Ratio Juris* 2,1:79-96.

Zapata Larraín, Patricio. 1991. "Jurisprudencia del tribunal constitucional (1981—1991)." *Revista Chilena de Derecho* 18,2: 261-330.

Zuckert, Michael P. 1994. "Hobbes, Locke, and the Problem of the Rule of Law." In Ian Shapiro (ed.), *The Rule of Law. Nomos XXXVI*. New York: New York University Press.

第三部分

第九章　法院作为横向问责的工具：
以拉丁欧洲为例

卡洛·瓜奈里[①]

依传统观点看，民主意味着少数服从多数的议会至上形式。如今，这种看法日益受到了批评。在二战以来的欧洲，对议会多数党权力的实质性约束被逐渐纳入民主政体之中。不仅公共权力的行使不得逾越一般性规则，还要将公民视为拥有基本权利的主体，并且这些基本权利的行使不受多数人意志的影响。因此，让公共职能的履行接受独立法官的审查，成为对政治权力有效且必要的制约，从而确保了法律至上，并保障了公民权利(Stone，2000)。

司法独立的概念具有一定模糊性(Russell，2001)。一方面，司法独立被理解为制度上的独立，也就是说，法官获得相对于政府其他政治部门的保障。另一方面，司法独立这一措辞可以指法官的行为，即法官履职的独立性。不过，作为一条规则而言，如果为了独立司法，法官需要独立于案件当事人(并因此也独立于行政机关)，这也并不意味着在制度上独立的法官就能自动独立地进行司法活动，关于这

一点稍后会再次提及。

从历史上看,在各个民主国家,司法独立的程度以及法院在政治体系中所发挥的作用都不尽相同。一般而言,在大陆法系国家,法官的政治重要性要小很多(Merryman,1985)。在欧洲大陆,君主制导致了包括司法权在内的政治权力的集中,法官在一开始就处于从属地位。到了19世纪,政治权力的宪法化和随之而来的独立司法保障进程,部分地削弱了这种从属关系。但是,将司法部门组织整合并纳入公共行政结构之中的做法,即使没有得到强化,至少也得到了保留。实际上,君主制的衰落并未从根本上改变这种状况,只不过把影响司法部门的权力转移给了议会行政机构。

但英美国家的情况与之不同。在英国,政治权力的集中造就了议会独一无二的支配性地位。然而,这种发展的政治背景更趋多中心化:各个政治部门未能完全垄断法律规范的创制,司法判决仍然一直扮演着重要角色(Vile,1967)。因此,法官相对于议会制定法还能保有自主性:由法官发展起来的普通法原则,也仍是英国法的一个基本要素。在美国,成文宪法以及对法律的司法审查,从一开始就保证了司法系统不会从属于政治部门。相反,在美国,司法部门与立法机关、行政机关的权力是平等的,其主要任务是在一个宪法性制衡体制中平衡立法权。这是美国人普遍认同的关于政治权力之最初构想的部分内容,借此,“每个管理部门被赋予必要的宪法手段和个人激励来抵御他人的侵犯……必须用野心来对抗野心。人们的利益必须与此处的宪法权利联系起来”(*Federalist*,51)。这反映了早期美国人的信念:司法部门不仅“对宪法政治权利的危险性最小”,而且是“抵御代表机构的侵犯和压迫的最佳屏障”(*Federalist*,78)。一代人之后,托克维尔再次说道:“美国法院被赋予的宣告法令违宪的权力,构成了对专制政治的最大阻碍。”(1994:103)

过去几十年来,情况开始有所变化。在许多欧洲国家,司法的独立性保障开始得到加强。在意大利、法国、西班牙和葡萄牙这几个属拉丁传统的国家中，变化尤其显著。① 在这些国家，不仅司法部门的机构设置发生了深刻变化，而且法院在对政治部门的制约中发挥了越来越大的作用。

制度性条件

一般而言，为了实现对政治权力行使方式的有效制约，法官不仅应当独立，而且应当能介入重大事案。也就是说，若要评估司法部门对政治权力的制约作用，不仅要考虑司法部门的地位，还应考虑到司法系统的结构。因而，对改变欧洲法官地位的改革进行分析之后，本章也会考虑影响司法系统的一些变动。

为了评估法官真正享有的独立性保障，我们必须考虑司法部门的整体制度安排，以便描述司法部门组织体系。相关制度安排包括任命、调动、纪律惩戒事宜和职业模式，最后一个构成了最重要的变量。所有这些要素都能影响单个法官的具体地位，进而可以用于评估司法独立的内外变化程度的实际范围。这里采纳了一个众所周知的区别：外部独立是指司法部门和政府其他部门之间的关系，内部独立则注重个体保障，借以保护法官个人免受来自司法部门内部的不当压力，也即来自其他法官的压力（Shetreet，1985：637-638）。尽管经常遭到忽视，但组织等级制度所发挥的作用在这方面是非常重要的，即凸显司法队伍的实际动态，从而彰显法院与所处政治环境的相互作用方式。

在欧洲大陆，司法机关在传统上是以金字塔式组织结构运行的。② 可以预见，工资、声望和个人影响力，皆取决于个体在科层阶梯上所处的地位，并且这些只有通过晋升才能得到提高。这些资源的

---

① 清单里还应加上比利时，该国司法制度兼采拉丁世界和日耳曼世界之所长。
② 后续更多详细情况，参见 Guarnieri and Pederzoli（2002）。

授予都要以竞争为基础,并且要参考两个考核标准:资历和功绩。其中,功绩是由其上级官员根据该法官的职业表现进行评估的。在此过程中,值得关注的是科层结构中上级所扮演的角色。即便作出最终决定的是司法部或其他机构,晋升仍然在很大程度上仰仗于科层结构中上级所提交的个人报告中记录的那些信息,这一事实凸显了司法精英被授予的关键角色。在此过程中,上级法官起草的书面正式评价取代了"'同行'评议"这种专业组织中社会控制的典型方式。此外,在晋升的决策过程中,经常可以看到司法部门之外的其他主体,特别是行政机关即司法部的参与。传统上,尽管这种外部干预的形式各有差别,却代表着连接司法部门与政治系统的最重要制度渠道。

如今,在拉丁欧洲国家,由于意在加强法官独立性的最高司法委员会这一新机构的设立,行政部门传统上发挥的重要作用开始被明显削弱。所有最高司法委员会都有一个极明显的特点:尽管所占比例各有不同,司法部门成员总会在其中占据一定席位。在理解这些国家的法院与政治之间的关系演变时,最高司法委员会无疑是一个至关重要的因素。尽管这些委员会有共同的称谓,但是它们的人员构成却依其在不同制度下被分派角色的不同而有不同。因此,有必要考虑它们的职能以及人员构成。其中最重要的是司法人员和非司法人员的比例,以及这些群体的遴选方式。当司法人员在其中占多数席位,并且直接由同行选举产生时,独立的程度往往会更高。同样,当最高司法委员会被授予的权力越广泛,司法部门获得的保障就会越多。依此而论,意大利无疑是经历了最大变革的那个国家。

自第二次世界大战以来,意大利司法部门的制度安排经历了深刻的变革。最终,最高司法委员会被赋予了和法官及检察官地位相关的所有事项的决策权。更确切地说,他们的招聘、任用、晋升、调动以及纪律惩戒事宜,不再由司法部部长决定。司法部部长仅有权处理纪律处分事宜,其他权力都被集中到委员会手中,因此委员会成为司法部门与政治系统之间最主要的（如果不是唯一的话）制度性桥梁。通过研究委员会的人员构成，我们就能更好地了解意大利司法"自治"实际达到的程度。目前，委员会的人员组成包括了 3 名当然成员：总统，他在委员会中担任主席一职；最高法院院长和驻最高法院总检察长。除此之外，还包括由司法部门全体推选的 20 名普通法官，以及由国会从经验丰富的律师和大学法学教授中选任的 10 名非司法人员。在实践中，之所以选任 10 名外行参与者，是为了反映国会中包括反对党在内的不同政治势力的力量。对说明最高司法委员会的内部运作同样至关重要的，是不同司法派系在其中所能够施加的影响。①

　　与此同时，传统的科层结构被逐步摧毁。如今，意大利法官的晋升事实上完全取决于资历，晋升不再受上级法院空缺职位数量的限制。因此，任何法官都可以在 28 年内升至最高等级，或者至少能从中受益并得到相应的工资。无须多言，这套制度并未消除填补空缺职位时做选择的需要，也未消除任命机构不可避免的裁量权限。只不过在实际职务必须进行任命的时候，二者的行使主体都发生了变化。候选人经常仅仅凭借资历而被选中，资历因而成为专业能力的代名词。然而，隶属于最高司法委员会内部的某个司法派系这一点也绝非无足轻重，这一事实有助于解释法官加入这些司法派系的必要性。

　　事实证明，意大利的情况对年轻的伊比利亚民主政权极具吸引力，后者是在威权主义政权垮台之后建立的（Renoux，1999；Magalhães，Guarnieri，and Kaminis，forthcoming）。西班牙的司法系统中也存在一个严格的官僚组织，这个组织基本沿袭自拿破仑改革，

---

　　①　从右到"左"的各种意识形态立场，如今最重要的分别是：民主司法（magistratura democratica）、正义运动（movimento per la giustizia）、宪法唯一（unità per la costituzione）、司法独立（magistratura indipendente）（Guarnieri，1992）。

即便在佛朗哥政权下,也未经历过任何重大变革。1978年《宪法》见证了司法权总委员会(Consejo general del poder judicia)的设立,委员会的职责在于确保第三部门相对于行政部门的独立性。西班牙《宪法》效仿意大利模式,将最高司法委员会的多数席位交予司法人员,却将这一合议制机构的职责限定在法官的职位任命。这一条款在1980年《组织法》中得到了规定,依据该法,最高司法委员会由最高法院院长担任主席,委员会共有20位成员,其中有12位法官由其同僚直接选举产生,其余人选则由议会两院任命。一如意大利的情况,在西班牙,司法部部长的权力仅限于维护司法部门的正常运作。然而在1985年,当社会党政府与最高司法委员会的保守派多数发生冲突之后,《组织法》进行了修改;相应地,最高司法委员会内部的司法成员如今也由议会选举产生,他们的特权同时也被部分削弱,这激起了司法队伍和议会反对党的抱怨。在职能方面,西班牙最高司法委员会负责的是依程序决定法官的任命与晋升,这些程序基于待补充司法职务的不同而有差异。法官的晋升主要取决于其资历,绩效次之。

葡萄牙也是如此,在萨拉查和卡耶塔诺独裁政权覆灭后,重大改革就开始了。最高司法委员会被赋予广泛的权限,包括法官的任命、调动、晋升与纪律处分事项。在1982年和1997年《宪法》修正之后,目前这一机构的组成人员包括:由法官们按照比例选举制直接选举出来的七位法官,由议会选举的七位成员,以及由共和国总统任命的两位成员。最高司法委员会由最高法院院长任主席,而最高法院院长由法官们选举产生。执委会在其中也起到了关键作用,它包括五名法官与三名非司法人员。至少到目前为止,葡萄牙法官的晋升主要取决于资历。

法国的最高司法委员会有两个主要特征:行政机关在其中保留一定地位,以及职权范围相对狭窄。在1958年到1993年的不同"版本"最高司法委员会中,总统与司法部部长始终是其当然成员。另外，并未授予委员会遴选和培训法官的职能，这些职能都被委托给了国家司法官学院（其院长是法官，由司法部部长任命），至少比较而言，国家司法官学院的法官任命权显得相对缓和。

1946 年，最高司法委员会在《第四共和国宪法》的框架内得以设立，其目的在于维护法官的独立性。依据 1958 年《宪法》，最高司法委员会经历了一场真正的转变。新建立的制度安排，强化了共和国总统在最高司法委员会中的角色，同时废除了之前授予立法机关的特权。最高司法委员会由共和国总统、司法部部长和九位委员组成，这九位委员由总统任命，但总统在任命他们时要受到一些约束。由于只能直接审议对于最高级别法官的任命，而且在其他情况下只能向司法部部长提出咨询意见，所以最高司法委员会的职权也是有限的。不过，司法部部长不得任命有过负面评价的法官的做法，在此期间逐渐形成了。

1993 年的宪法修正案引发了巨大变革。目前[①]，尽管最高司法委员会仍是一个反映了司法队伍之统一性的单一机构，却内设两个不同小组，它们各自享有对法官和检察官的管理权限。委员会共有 12 位成员，包括共和国总统，司法部部长，一名由同僚选举产生的国务委员，三名分别由总统、参议院议长、国民议会议长任命的非司法人员，以及六名由同行选举产生的司法官员（作为不同级别的司法官员代表）。两个小组的差异，恰好在于最高司法委员会人员构成的最后一部分——六名司法官员：当商议内容是关于法官的议案，小组由五名法官和一名检察官组成，但是，当决策涉及检察官时，这一比

---

① 最近（2001 年 1 月）出现了一项宪法改革提案。根据该提案，除了总统和司法部部长外，委员会应当由 21 名成员组成。其中 10 名成员由司法部门选举产生（包括 5 名法官和 5 名检察官），其余 11 名成员分别由不同机关任命：国务委员会可以选出 1 名国务委员，共和国总统、参议院议长、国民议会议长分别任命 2 名成员，国务院副总理、最高法院院长和商务法院院长共同任命其他 4 名成员。在过去，委员会被分成两部分，分别对应法官和检察官。目前，改革正处于胶着状态，主要是因为右派反对，以及本应就此投票的议会联合会议被无限期推迟。

例就是一比五。这次改革加强了最高司法委员会的职能,委员会现在有权对法官进行纪律惩戒,并直接任命所有重要职位。但是在其他情形中,法官只能在经委员会推荐后被任命。相比之下,检察官小组的职权范围相对来说更为狭窄,直到现在,委员会只能提出非强制性建议,而且对于重要职位的任命而言,这些建议甚至并非必经程序,因为重要职位是由政府直接决定的。

尽管法国最高司法委员会的职权不如意大利的那样广泛,但与之前相比较,它的职权无疑变得更具实质性。一般而言,法国司法部门的设置与传统大陆法系模式差距较小。法官个人的地位、其履行的职能、声望和收入,在很大程度上取决于职位晋升。组成职业生涯的多个阶段不仅与个人资历相关,也取决于司法官员的业绩。尽管,最近的改革在一定程度上放松了法官职权与级别之间的联系,这让司法官员在职权未发生变化的情形下也能获得晋升。①

因而,晋升制度的组织方式是官僚制安排的一个关键点,它们会施加一些有点隐蔽且弥散的约束。等待获得晋升或者害怕被拒的心情,很可能促成一种对掌权者心怀期望的坚决服从,无论这些掌权者是司法部部长、科层制中的上级还是某个自治机构。之前,我们已经提到了意大利法官加入最高司法委员会中的某个意识形态派系的重要性。实证研究表明,"接近权力"在其他国家也被证明是一个强有力的职业加速器。但是,尽管程度各有不同,战后的制度变革大体上加强了司法部门的机构独立性。不仅外部独立性有所增强,而且内

---

① 至于晋升过程,它确实非常复杂。在这里强调一下司法等级结构的作用,就足以说明这一点。法官的工作表现由其上级法官起草,并记录在其个人报告中,决策过程的所有参与者都可以看到这份报告,因此上级司法官就起到一种法官个人与任命机关之间接口的作用。在这方面,除了最高司法委员会和司法部部长外,所谓的晋升委员会也起到了一定作用,因为它每年都要起草一份被认为有资格晋升的法官的名单。由于能获得晋升的候选人必须在此名单之内,所以晋升委员会在任命机构中发挥了一种微妙的作用。尽管晋升委员会过去是由司法部部长任命的一些法官组成的,但1992年改革让其人员构成能够变得更加平衡,不仅包括行政官员,还包括法官内部直接选举的法官(Renoux,1999)。最近(2001年1月),随着资历得到更多重视,晋升机会也增加了。

部独立性也得到巩固,这削弱了上级法官在司法部门中的传统角色。

如前所述,为了评价法院在政治制约中所起的作用,我们必须考虑司法系统的组织结构。在这里,我们将重点放在两个重要方面:立法的司法审查以及公诉。尽管法院的政治影响力还取决于其他因素(Guarnieri and Pederzoli,2002),但这个领域的改变更为深刻和明显。

在经历旧式议会制政体后,直到 20 世纪,立法的司法审查制度才在欧洲大陆得到重建,而其跨国性的扩张更是迟至二战之后才开始(Cappelletti,1989;Stone,2000)。1948 年,意大利《宪法》所预期的宪法法院,实际建立于 1956 年。两年之后,法国向法兰西第五共和国的转变促成了宪法委员会的建立,尽管这一机构有一些自身特色,但它在政治体系中发挥的作用日渐重要。在 1978 年和 1983 年,伊比利亚国家也汇入了这一欧洲潮流中,西班牙和葡萄牙分别建立了各自的宪法法院。在上述国家,司法审查都被授予了法院。

宪法法官总是由政治部门(行政机关和立法机关)任命或选举产生,由司法部门自行选任属于罕见情形。至于议会选举以及大多数行政机关任命,政党的影响一贯非常明显,实际上,人选的决定往往取决于包括反对党在内的各种政治力量的分量。在欧洲南部,这一事实令选举成为约束司法部门的"过渡性方式",而这些司法部门拥有独立地位,并且其成员大多来自之前的威权主义政权(Magalhães et al.,forthcoming)。至少迄今为止,宪法法院在任何情况下都未曾与政治部门形成持续的对抗态势。

然而,司法审查的引入对普通司法部门产生了重大影响。事实上,尽管集中审查标志着宪法诉讼在整个欧洲大陆的扩张,但通过所谓的附带诉讼,诉讼当事人有机会在法院挑战那些应当适用于其案件的法律。一旦发生这种情况,普通法院必须评估当事人的主张是否有宪法根据,如果有的话,则应将案件提交宪法法院。也就是说,在诉讼当事人和宪法诉讼之间,法院代表着一种必要的过滤器。同样重要的是,在任何一方当事人都未提出异议的情况下,法院也可自行提出宪法性问题。因而不容忽视的是,宪法诉讼有可能会成为"司法政治化"的载体,成为一种用来确认个人乃至群体价值(这种群体价值经常由类似工会的社团来代言)的工具。[1] 不管情形如何,普通法官已经成为合宪性审查程序中不可回避的一部分,因而在一定程度上抵消了合宪性审查权集中于单独一个特别法院的事实。[2]

在不同政治和制度背景的具体特征之外,显然宪法法院并未像凯尔森希望的那样,将自己约束在"消极性立法"工作中(Stone,2000)。宪法法院的任务,不仅仅是简单地判断宪法诉愿的对错。法院精心设计出的判决技术——例如仅宣布一部制定法"部分"或"附条件地"无效的裁判,即仅以特定方式被解释时才无效——令自己能积极参与到政策过程之中。与美国同行相比,欧洲普通法院对法律的合宪性审查所起的作用相对较小,因为最终决定权属于特别法院。不过,尽管普通法院以一种附带的方式参与了司法审查过程,但伴随着超国家司法体系的建立和日渐扩张,例如欧洲共同体和《欧洲人权公约》所创建的那些超国家司法体系,这种参与开辟了新的介入范围,进而扩大了普通法院的管辖范围及其裁量权限。对这一事实的评价,必须结合之前提及的等级性控制的弱化。这样一来,极大地削弱了法院传统上对立法机关所制定的法律的服从。

在所有的拉丁欧洲国家,刑事法院的地位日趋重要,这导致了所

---

[1] 意大利的经历提供了一个有趣的例子,自 20 世纪 60 年代后半叶以来,一群"进步"法官(magistratura democratica)明确鼓励法官们不仅应当广泛运用附带程序以实施宪法,而且还应当直接适用宪法规则(Guarnieri,1992)。

[2] 附带程序导致了所谓的对立法的具体审查,因为附带程序是基于个案适用法律争议而触发的。这种审查方式出现在西班牙、意大利和葡萄牙,但法国宪法委员会是例外,法国宪法委员会在法律实施前进行审查,因此其范围仅限于"抽象"审查。在"抽象"审查中,唯有公共机关才可提起对于已颁布的法律的审查程序,即行政机关、立法机关、地方政府,在西班牙和葡萄牙甚至还包括监察专员,但司法部门不在此列。因为缺少"过滤器",因此只能在法律颁布后的一段特定时期内,直接向宪法法院提起审查程序。出乎预料的是,这种"抽象"审查模式产生了巨大的冲击,尤其在法国,这种冲击已经远远超过了最初支持者的预期。

谓的"政治责任刑事化"(Sousa Santos,1996:20)。这一发展趋势主要由检察组织结构的发展演变所导致。

1948 年《宪法》和随后的改革,极大地改变了意大利检察系统的传统机构。如今,法官和检察官享有同样的独立地位:他们形成了一个统一体,并通过最高司法委员会进行自我管理,司法部部长失去了先前涉及司法部门的大部分权力。这一发展受益于宪法规定的强制起诉规则的支持:有人认为,这一规则取消了公诉人的裁量权权限,从而证明了其独立地位的正当性。事实上有一种解释认为,强制起诉规则用来免除任何形式的外部责任,因为这种责任被视为是对检察官履职行为的潜在干扰。这一制度安排带来了两个主要后果。一方面,公诉行为的政治重要性得以强化。[1] 另一方面,检察职业的实际瓦解,以及对上级检察署和司法部的传统服从模式的实际瓦解,导致了等级制结构的弱化,而这种弱化催生了一个实质上多中心化的制度环境。事实上,如今每一个检察署——倘若不是每一位检察官的话——都或多或少地根据自身评估去提起公诉程序。

意大利公诉制度所享有的地位,一定程度上对西班牙和葡萄牙产生了影响(Magalhães et al.,forthcoming)。但西班牙的检察官与法官是相互分离的,并且二者地位不同,因为位居科层结构顶端的总检察长由行政机关任命,而最高司法委员会这一法官自治机构只能提供咨询意见。不过,公诉在意大利司法体系中的实际重要性,受制于预审法官所扮演的角色,而这些法官负责处理所有政治性案件。[2] 葡萄牙的制度安排则与意大利较为接近。尽管仍保留了法官与检察官的机构分离,但葡萄牙已经确认了对后者的强有力保障。检察官由检察官最高委员会管理,委员会多数成员由检察官选举产生。位

---

① 这也得益于对警察的影响力的增强,参见 Di Federico(1998)。

② 例如在西班牙刑事法院工作的中央预审法官,对一些重大犯罪——例如恐怖主义、贩毒和有组织犯罪等——的全国管辖权分配发挥了非常重要的作用。

居金字塔顶端的总检察长,由共和国总统任命或罢免。总检察长要按照政府的建议行事,但实际享有相当大的自主权。

在法国,检察官传统上要服从行政机关,具体而言,就是服从司法部部长。检察机关被纳入一个集中统一且层次分明的组织之中,尽管近期改革已部分削弱了这方面的联系,但这一组织的长官,至少在原则上仍受司法部部长领导。和意大利一样,法国组织结构的一个特征是司法职能与检察职能由同一个群体执行。老生常谈的说法是,"坐着的法官"(magistrature assise)指行使审判权的法官,"站着的法官"(magistrature debout)则是指检察官,后者在司法系统中也占有重要地位。实际上,虽然二者受到的保障确实有所不同,但相互之间的职位调任并不频繁。检察官的晋升要经司法部部长提议,但经过 1993 年最高司法委员会改革后,征求检察官小组的建议、意见(此意见产生的影响不容忽视)[①]也成为必经程序。

与其他拉丁欧洲国家不同,在法国,公诉奉行起诉便宜主义原则:检察官特别是检察长可以裁量决定是否对案件提起公诉或者撤销公诉。鉴于在后一类案件中,法官不需要作出决定,因此,对公诉裁量权的主要控制手段就是检察等级结构。但是,任何关于法国刑事司法体系整体运作的评价,还必须将预审法官考虑在内。预审法官要处理所有相关案件,并享有司法独立保障(Leigh and Zedner, 1992)。相应地,一旦预审阶段启动,这些案件的处理就不再受政府的直接影响。

在以上这些国家,行政机关对公诉的控制都遭到了程度不一的削弱,甚至是瓦解。如此一来,检察官和预审法官就能对政府成员甚

---

① 自 1997 年成立以来,若斯潘(Jospin)政府一直认为这些意见具有实际约束力,这一态度与媒体日益关注该问题有关。极有可能出于同样的原因,政府决定不再在个案中对检察官下达指令。与此同时,进一步加强检察官自治,也在当下法国引发了讨论:正如我们看到的那样,一项已被提出的宪法改革,要求改变最高司法委员会的人员构成并扩大委员会权力。此外,政府还提出了一项刑法典改革计划,在该计划中,检察官相对于司法部的决策自主权得到了加强。

至是高级公务员进行调查,而无须担心会因此葬送自己的职业生涯。在各地,刑事调查都得到了媒体的支持。这一领域日益激烈的竞争,以及政府和政党拥有的传统影响力的减弱,推动了媒体对涉及政客的刑事调查的重视。另外,检察官和预审法官似乎也能够直接或间接地向媒体提供有价值的信息(Jiménez,1998;Pujas,1999)。

司法文化

对政治过程进行司法干预,既需要一个独立且强势的司法部门,也需要法官愿意主动介入(Friedman and Rehbinder,1976:33)。因而,我们必须考虑司法文化的变迁,以及法官界定自身角色的方式变化。

法官必须是立法者意志的忠实且消极的执行者,这一角色设定在传统上极富影响力,也是"法官不过是法律的喉舌"(la bouche de la loi)这一理念的渊源。直到最近,这一想法在大陆法系国家仍然深入人心,它得到了学术理论的支持,并在政治文化中广为接受(Merryman,1985;Rebuffa,1993)。它的发展演变,与法国大革命带来的制度变迁、拿破仑改革以及扩大政治参与紧密相关。它解决了一个潜在问题——独立的法官会反对日益代表政治共同体的立法机关,从而有更强理由自诩是人民意志的"真正"代表。但在过去几十年中,一种对法官地位的不同理解开始在拉丁欧洲国家占据优势。司法创造性——事实上司法判决并非简单地"依据既定实体法"(Cappelletti,1989:7)——不仅得到了承认,而且经常受到提倡。法官的判决也应独立于其他政治部门。换言之,一种新的、更积极的法官政治角色已然出现了。尽管在这些国家中,似乎只有少数法官认同这种观念,但它对司法判决的影响却日益壮大。总体而言,拉丁欧洲的法官们如今不仅在制度上更独立于政治部门,在审判中也更倾向于维护自身的独立性。

　　司法协会在这一过程中发挥了非常重要的作用。尽管司法部门在性质上属于公务机构，但法官成立工会在欧洲还是一个近期才出现的现象。直至 20 世纪 70 年代中期，葡萄牙和西班牙仍处于威权统治之下，结社自由受到严格限制。在意大利，尤其是在法国，法官加入政党或是社团也受到严格管控。但最近几十年来，法官逐渐开始组织专业协会（事实上的工会）。[①] 本章分析的许多改革措施——例如职业瓦解或遴选委员会的设立——都是在这些协会的压力下产生的。这些改革转而也加强了协会的存在意义：就组织司法选举推选最高司法委员会委员，以及这些机构的决策过程而言，它们都发挥了重要作用。[②] 此外，司法协会开始产生跨国性影响。例如，意大利的司法独立模式如今或多或少得到了所有欧洲国家的支持（南美也是如此），其成果就是国际法官协会，它由不同国家的左翼法官群体组成，例如欧洲民主与自由治安官协会（MEDEL）。[③]

　　这一现象也能够解释左派的态度转变。传统上，左派在宪法问题上倾向于雅各宾主义，主张权力应当集中于由人民直接选举的议会。所有旨在限制民选立法机关权力的措施，都被认为是在阻挠民意。因为法官大多出身于资产阶级，加上他们在压迫社会主义工会和政党时发挥了作用，所以民众对司法部门极其不信任。尽管威权主义历史已让一些左派人士意识到法律和司法保障的重要意义，但左翼法官群体在司法部门的出现加快了这一过程。尤其是在意大利这个"左派"长期被排除在权力中心之外的国家，法院至少已成为"左派"的潜在盟友。

---

　　① 但要注意的是，就法国法官联盟和葡萄牙检察官联合会而言，"union"一词被用来强调其与工会运动的特殊联系。

　　② 在法国、意大利和葡萄牙，3/4 的最高司法委员会成员至少部分是由司法部门选举产生的。

　　③ 欧洲理事会内部制定的《欧洲司法地位宪章》所提的建议，在某种程度上接受了这一模式（Renoux，1999），该模式在一定程度上也影响到欧洲理事会部长委员会近来（2000 年 10 月）就公诉制度在刑事司法制度中的作用所提的建议。

对拉丁欧洲国家法院之角色的初步评价

　　尽管迄今为止，关于这方面的系统研究尚未开展，但在所有拉丁欧洲国家，法院的政治重要性似乎都有所增加，至少在一定程度上高于其他欧洲国家（Tate and Vallinder，1995）。例如过去 10 年中，在这些拉丁欧洲国家，在任政府成员开始接受司法调查，他们经常被迫辞职，而且有时会受到审判和定罪。由于以往任职期间的原因而受到刑事调查的前内阁成员的数量甚至更高。至于司法积极作为的影响，在很大程度上取决于政治环境：对一些曾经在政权中起主导作用的政党来说，如果不将它们遭遇的危机考虑进来，就无法理解意大利法院在 20 世纪 90 年代所起的作用（Magalhães et al.，forthcoming）。毫无疑问，如果刑事案件是最直观的，那么就不能忽视宪法法院和行政法院的政策制定作用。① 这种一般性演变，得到了我们之前分析过的各种变化的支持。如今，鉴于刑事程序的构造赋予了法官和检察官广泛的权力，他们在行政机关的影响面前就更具独立性。司法审查制度让法官对立法的批判性态度日益增强，而各种司法协会助长了更加能动的司法角色定位。

　　较之于过往，今日拉丁欧洲国家的司法部门更加分散，最高法院的作用遭到严重削弱。② 由于法律本身不能决定司法判决，因而司法干预往往不那么同质化。但是，就司法部门和政治社会环境之间紧张又频繁的互动趋势而言，法院的自主性是一个必不可少的条件。分散化的司法部门更不容易受政治部门的控制，因而能

────────────

　　①　对于宪法法院的作用分析，参见 Stone（1992，2000），Volcansek（2000）。对于行政法院，我们则知之甚少，不过关于意大利的行政法院，参见 Predieri（1994）。

　　②　欧洲大陆的最高法院被认为拥有一种"教导式"权威，也就是说，最高法院可以通过裁判来教导下级法院；这也得到了这一事实的印证，即下级法官的事业会受到最高法院法官的影响。

更好地确保某种形式的"横向问责"。然而，正是因其分散化的结构，我们难以发现司法部门共享的特殊利益。但在国内法院和欧盟法院的司法实践中，一些人发现法院日益被用来为商业利益服务（Bancaud and Boigeol，1995）。有时，司法积极作为及其效果，取决于当地的偶发性事件。[①] 在任何情况下都要考虑到，我们正讨论的对象是提供公共服务的司法部门，而它逐渐拥有了某种形式的自治。司法队伍的许多内部决策，都受到不同司法圈子之间的关系及其相对实力的影响，后者转而在很大程度上取决于这些圈子在收入和工作条件方面满足法官需求的能力。不同于普通法系的司法部门，律师的影响力是有限的。另外，由于业绩和晋升之间的关系日渐淡化，在大陆法系国家一度极具影响力的法律学说的作用也弱化了。相反，在 20 世纪 90 年代，媒体的作用在各地都趋于增强。司法民粹主义也开始抬头，这部分归咎于司法权和检察权的边界不清，另外要归功于媒体的新闻报道和支持。司法民粹主义经常是政坛人物的职业垫脚石，例如法国的尚皮耶、西班牙的巴尔塔萨·加尔松以及意大利的安东尼奥·迪彼得罗。[②]

　　震惊于司法权的扩张后，政治阶层的反应是试图停止或是反转制度改革进程（就像今日法国和 1985 年的西班牙那样），以及（或者）通过在个人和群体层面与司法部门建立良好关系，进而对司法权施加限制。相关的一个例子，是政治阶层直接或间接制定了管理法官的非司法行为的法规，同时任命或遴选更多法官进入行政机关和议

---

　　① 例如，著名的"净手运动"始于米兰，而"左翼"团体司法民主在米兰拥有众多支持者。另外，米兰也是社会党领导人克拉克西的政治大本营。这部分解释了社会党为何会受到这次调查的严重影响。

　　② 这或许是意大利检察官在处理掌控重要媒体的利益集团时，会变得格外谨慎的原因。例如，菲亚特和德贝内代蒂集团案（该集团下属的报纸历来支持"净手运动"）（Colajanni，1996）。

会。[1] 至于各国最高司法委员会,它们为司法人员和政治阶层之间的持续互动提供了场所,因而它们的决定往往是司法派系和政党代表之间的交易结果(例如任命关键职位)。

传统职业结构的溃败催生了新情况,而在意大利,这一职业结构业已瓦解。就像我们看到的那样,虽然继续在相对年轻和缺乏经验的法学院毕业生中招募法官,但是传统的专业评估工具在很大程度上已不再有效。业绩越来越多地被资历代替,掌握晋升权力的机构在很大程度上是由被评估者选举产生的。因此,曾经在某种程度上确保了司法系统专业资格的传统制度安排正在减少,但这种变化无法匹配这一现象——相对应的法官招募之际的可选择性增加了。[2] 结果,这种司法制度安排愈发难以为决策提供一致性。在欧洲大陆国家,职业体系一度是缺乏先例约束的功能性替代品:下级法院法官之所以遵循上级法院法官的判决,是因为他们知道这对自身职业而言是利害攸关的(Friedrich,1950)。这种方式显然鼓励采取循规蹈矩和墨守成规的态度,但人们不禁要问,一旦司法判决缺乏某种程度的一致性,那么法治又何以能实现呢?

一般而言,官僚主义司法部门维护法治的能力是值得怀疑的。政治系统不仅要遵守法治,还必须合理地确定法律是什么。如果法律解释权专属于自我任命的官僚们,那么民主显然面临了风险。在普通法系国家,法官的招聘流程是政治系统和法律职业阶层对司法部门施加影响的主要方式。在大陆法系传统中,类似影响源自基于业绩的科层制度以及行政机关对高级法官的任命权。在拉丁欧洲国家,出于加强司法独立的需要,越来越多的行政权被转移到诸如最高司法委员会这样的合议制机构中。然而,在法官们控制了委员会后,

---

[1] 意大利就是最佳证明,但不是唯一的证明。西班牙也是法官和政客勾结的极佳例证(参见 Maraval,本书第十一章)。

[2] 格罗斯和埃齐奥尼也指出了初始选择、内部社会化与组织控制之间的关系(Gross and Etzioni,1985)。

团体利益往往会发展为特权,并且有时司法派系的权力会威胁到法官个人的独立性。另外,如果政治部门或议会任命的成员占多数,那么与以往行政部门占主导地位的情况相比,也并无多大收获。

不能理所当然地认为,司法部门有能力确保某种形式的问责制。还必须考虑到法官的遴选方式和社会化方式,以及他们由此倾向于认同的那些价值。司法独立本身并不是一项价值,而是实现司法公正的一种手段(Shapiro,1981)。因而,必须与其他重要的考虑因素相平衡。司法独立不能成为有效评估法官专业资格的一个障碍。最重要的是,它不应令司法系统和政治系统分离开来。在当代民主国家,司法判决不仅举足轻重,还要求法官以某种方式对判决负起责任。相关要求还不限于这些。随着司法权的扩大,政治团体有动力利用一切可用的影响渠道去对司法部门施加压力。鉴于不可能令政治消失,于是以制度方式传导政治压力似乎更为明智。如此一来,就可以更好地揭露政治影响力的施加方式,从而将其约束起来,与此同时,司法权也受到了制约:为了防止滥用,所有权力都必须受到制约,司法部门也不例外。

参考文献

Bancaud, A. , and A. Boigeol. 1995. "A New Judge for a New System of Economic Justice." In Y. Dezelay and D. Sugarman (eds.), *Professional Competition ad Professional Power*, 104-113. London: Routledge.

Cappelletti, M. 1989. *The Judicial Process in Comparative Perspective*. Oxford: Clarendon Press.

Colajanni, N. 1996. *Mani pulite? Giustizia e politica in Italia*. Milan: Mondadori.

Di Federico, G. 1998. "Prosecutorial Independence and the Democratic Requirement of Accountability in Italy." *British Journal of Criminology* 38:371-387.

Friedman, L., and M. Rehbinder (eds.). 1976. *Zur Soziologie des Gerichtsverfahrens*. Opladen: Westdeutscher Verlag.

Friedrich, C. J. 1950. *Constitutional Government and Democracy*. Boston: Ginn.

Gross, E., and A. Etzioni. 1985. *Organizations in Society*. Englewood Cliffs, N. J.: Prentice Hall.

Guarnieri, C. 1992. *Magistratura e politica in Italia*. Bologna: Il Mulino.

Guarnieri, C., and P. Pederzoli. 2002. *The Power of Judges*. Oxford: Oxford University Press.

Jimenez, F. 1998. "Political Scandals and Political Responsibility in Democratic Spain." *West European Politics* 21,4:80-99.

Leigh, L. H., and L. Zedner. 1992. *A Report on the Administration of Criminal Justice in the Pre-Trial Phase in France and Germany*. London: HMSO.

Magalhaes, P., C. Guarnieri, and G. Kaminis. Forthcoming. "Democratic Consolidation, Judicial Reform, and the Judicialisation of Politics in Southern Europe." In Richard Gunther, Nikiforos Diamandouros, and Gianfranco Pasquino (eds.), *The Changing Role of the State in Southern Europe*. Baltimore: Johns Hupkins University Press.

Merryman, J. H. 1985. *The Civil Law Tradition*. Stanford: Stanford University Press.

Predieri, A. 1994. "Potere giudiziario e politiche." In *Italia fracrisi e transizione*, 227-263. Bari: Laterza.

Pujas, V. 1999. "La 'scandalisation' en France, en Italie et en Espagne." Paper presented at the XVI Congress of the Association Française de Science Politique, Rennes, 28 September-1 October.

Rebuffa, G. 1993. *La funzione giudiziaria*. Turin : Giappicchelli.

Renoux, T. 1999. *Les conseils supérieurs de la magistrature en Europe*. Paris : La documentation Française.

Russell, P. 2001. "Toward a General Theory of Judicial Independence." In P. H. Russell and D. O'Brien (eds.), *Judicial Independence in the Age of Democracy*, 1-24. Charlottesville : University Press of Virginia.

Shetreet, S. 1985. "Judicial Independence : New Conceptual Dimensions and Contemporary Challenges." In S. Shetreet and Deschenes (eds.), *Judicial Independence : The Contemporary Debate*. Dordrecht : Nijhoff.

Sousa Santos, B. 1996. *Os tribunais nas sociedades contemporaneas : o caso portugues*. Lisbon : Afrontamento.

Stone, A. 1992. *The Birth of Judicial Politics in France*. Oxford : Oxford University Press.

Stone, A. 2000. *Governing with Judges : Constitutional Politics in Europe*. Oxford : Oxford University Press.

Tate C. N. , and T. Vallinder. 1995. *The Global Expansion of Judicial Power*. New York : New York University Press.

Tocqueville, A. de. 1994. *Democracy in America*. London : Fontana.

Vile, M. J. C. 1967. *Constitutionalism and the Separation of Powers*. Oxford : Clarendon Press.

第十章　民主统治与法治

约翰·费内中　帕斯夸里·帕斯奎诺①

法治和民主都是政治体系的理想属性。在论述威权统治的民主化转型时,学术界通常认为,转型的目标在于建立民主与法治,这一看法表明二者是可以同时实现的。或许确实如此。法治的含义通常就是这一观念:政府应通过一般性立法而非不正规的法令或者个人偏好的声明去实现自身意志,并且统治者自己也应当服从那些立法。但是,法治的要求不限于此:它还要求,人们能准确预测自身行为的法律后果,而不是受制于一些突如其来的意外,无论这些意外是否具备立法的形式,或者说,法律应当包含或者至少不损害某些实质性原则和权利。

民主统治的最低要求,是政府由人民或根据普选产生的人民代表治理。不过,在某些概念中,它的要求可能不限于此。或许,民主要求治理模式的选择范围是广泛的,而非受制于一些外部施加的约束(例如对少数人的法律保护)。例如,我们预期或希望我们的政府

---

①　约翰·费内中(John Ferejohn):斯坦福大学卡洛琳政治科学讲席教授、胡佛研究所高级研究人员。帕斯夸里·帕斯奎诺(Pasquale Pasquino):法国国家科学研究中心政治理论研究室主任、纽约大学法律与政治学教授。

会矫正市场或社会互动过程中产生的不平等。可用的干预措施包括没收性质的税款或严苛的法规,但无论哪一种措施都会威胁到少数人的权利主张。又或者,民主要求重大法律变动应定期并切实征询民众的意见,以便关于协商咨询的制度或实践能落实到位并发挥作用。还有一些人认为,法院应随时准备通过废除相关立法来落实这些要求。显而易见,作为价值或愿望,民主和法治的定义越宽泛,二者就越有可能陷入冲突。

此外,民主和法治体现在不同的制度体系中。民主主要涉及选举制度、政府和立法机关。法律通过法院、警察和律师运作。诚然,二者之间存在交集——立法机关,可能还有陪审团,此时民主和法治关系密切。不过,这种交集是短暂的,并且在多数情况下,一旦法律经立法过程制定颁布,它就会呈现出它自己的那一面。因而,法案实际从一个机构提交到另一个机构,而各个机构的运行均遵循自身特有的规范和预期,这表明民主和法律之间可能更容易出现紧张关系。当法律制度成功获得广泛的权力来规范和构建社会互动时,民主统治在某种程度上似乎受到了限制。反之亦然:当议会声称自己拥有至高无上的权力,可以随意制定任何法律,那么司法机构就会沦为附庸,而法官充其量不过是立法机关的代理人及其命令的解释者。

法律与民主:界线

民主和法律皆表现为制度形式,这一事实引发了典型的委托代理问题。只要法律的运行过程要求法官独立,并能或多或少地公正审理和解决争端,那么法官就有见机行事的空间:他们会出于一些私人缘由或偏见,或至少不被公众或公众代表接受的缘由去作出判决。这是实施约束的一个原因,已在一定程度上削弱了司法部门与政府官员的分离性。但是,倘若政府官员能够干预审判,他们就会滥用这一权能,见机行事地通过干预去追求党派目标或金钱利益。① 这些孪生性委托代理问题,清楚地展现在界线清晰的两场政治争议中。

1788年,反联邦党人布鲁图斯(Brutus)指出:美国宪法草案带来的最大危险,并非法律凌驾于民意之上,而是法官将完全不受法律制约,因为草案将授予他们解释和实施宪法的权力。他认为:"这种政府体制的实际效果是……以司法权为媒介全面了解民情。"获得此种权力的法官,将面对一种前所未有的情形。"无论相对于人民还是立法机关,无论是关于职位还是薪资,他们都是完全独立的。对他们可能犯下的任何错误,不存在任何位居他们之上的权力来进行矫正……他们也不会因为做了太多的错误裁判而被撤职罢免。"(Ketchum,1986:293)布鲁图斯担心,宪法草案让法官如此独立,以至于会创设一个司法部门不受法律或民众的限制而进行统治的政府。因而在布鲁图斯看来,民主面临的问题是法官,而不是"合法性"(legality)。布鲁图斯正确地认识到,由于民主制度和司法制度都必须在同一基础上运行,所以宪法面临的一个重要议题就是如何在政治家和法官之间实现一种制度性平衡。

大约在两个世纪之前,一个非常类似的主题也概括地呈现在詹姆士一世及其高等民事法院首席大法官爱德华·柯克之间的争论中。争论的起因是高等民事法院声称,自己有权调控教会法庭的管辖权。持反对立场的宗教事务高等委员会和教会法庭首脑坎特伯雷大主教,则申诉到国王那里寻求支持。柯克认为,国王不能裁断这一问题。他承认国王是英国的首席大法官,因为他列席王座法院并且主持上议院的工作,但国王本人缺乏依据法律审理案件的能力。这些法院(王室法院和上议院)的判决"历来由法院共同议定;法官宣誓要依照英国的法律和习惯去实施正义……国王不能从法院手中接管

---

① 在其他地方,我们中的一位认为,解决这两个委托代理问题在理论上十分棘手,需要一种包括了纠纷解决手段和民主制约的政治解决方案(Ferejohn,1999)。

案件并自行做出判决"[12 Coke's Reports 63（1607）]。因此，国王推翻柯克法院的判决是违法的。这一争端可以呈交王座法院，并且王座法院的法官们也可以裁决支持高等委员会。但是在王座法院，国王本人无权以个人身份行使裁判权。

柯克的对手——坎特伯雷大主教——认为，由于法官的权力仅仅是被授予的，所以"国王可以决定他乐于决定的任何事，包括决定谁是法官，以及决定自己是否当法官"。霍布斯笔下的那位哲学家在全面抨击普通法学者（尤其是柯克）时，对国王的地位进行了戏剧性描述："我不认为爱德华·柯克爵士……的意思是：王座法院中的国王只是一位旁观者，如果有理由的话，他根本不会回应他的那些法官所回应的全部动议，因为国王知道，当时他是所有案件的最高裁判官……一旦法官们否认这一点，就会对他们施加法律规定的严厉惩罚。"(Hobbes, 1971:88-89)事实上在那位哲学家看来，柯克的所作所为不过是在行使被授予的权力，并且这种被授予的权力一贯可以被撤回并由授予者直接行使。

尽管柯克承认，他作为首席大法官的权力是由国王授予的，但他声称，他作为法官就是要依据法律解决纠纷，这个过程是对"人为理性"的适用，而这种理性需要通过长期的专业训练和实践才能获得。虽然国王可以向拥有"人为理性"的法官们发出命令，但他自己却并不拥有这种理性。因此，倘若国王升堂断案，那么他仅仅是在发布主权命令，充其量而言是在行使立法权，而不是适用法律。就此而言，国王的判决是一种专断的意志行为（尽管作为主权命令而具有约束力），并且是不符合法律的，至少不是根据民众业已知晓的现行法律作出的。

但我们并不清楚，是否柯克认为国王不得担任法官（这必然会成为被起诉和受到严厉惩罚的理由），或者与此相反，他提出了一个当下所谓的构成式论证：一旦国王作为法官裁判案件，那么他的所作所为并不是在适用法律。这实际相当于说：尽管国王在自己的法庭上，完全可以（合法地）从音乐家手中拿走小提琴并自行开始演奏，但他并不是在演奏音乐，而是在制造噪声。担任法官需要具备一种特殊技能，这种技能只有通过训练和实践方可获得。普通法律师和法官需要学会辨别，哪些法律规则适用于一些特定情形，还要设法认清与纠纷相关的事实情况，并确定什么样的法律决定才能最好地解决当前的纠纷。实施这些步骤的实践是技术性的，并且晦涩难懂，但对法律技艺的实践者来说，却是可预见的和稳定的。

因此，尽管公认布鲁图斯害怕法官拥有不受限制的裁量权限，柯克却赞扬了法官的可靠性和可预见性。可靠性扎根于这一事实——司法权力以法律专业知识为基础。柯克认为，尽管有时君主的命令对国家的长治久安来说是必要的，但它会对法律的稳定性和可预测性造成威胁。一位明智的君主会保持克制，并尽可能发挥法律的作用。这是柯克给詹姆士一世的建议。众所周知，这让詹姆士一世大为不悦。当然，没有哪位君主愿意听自己权力有限的言论，因为那些限制划定了允许政府做什么的界线。

因而与布鲁图斯不同的是，柯克将这种冲突视为不同类型权力之间的冲突：君主的权力（本质上是权威立法者的意志行为），以及按既定程序发现并适用现行法律规则及原则的权力。柯克所持的观念，部分预示了孟德斯鸠的设想——司法权与立法权的分立。孟德斯鸠借鉴了柯克在博纳姆案中提出的原则，即任何人不能成为自己案件的法官。孟德斯鸠认为，专制的本质在于司法权和立法权的结合，不管集中之后的权力是掌握在司法机关还是君主手中。柯克部分同意这种观点。他同意倘若君主掌握了司法权，那么专制就会接踵而至（这恰恰是他在博纳姆案中所反对的）。但他还认为，法官受到（人为理性施加的）诸多约束因而不会对立法权造成威胁。柯克会同意孟德斯鸠的看法：司法权并不创造或扩展任何新的权力，而仅仅为冲突各方找出既有立法所规定的后果，就此而言司法权是一项微不足道的权力。正因为如此，按照司法权能行事的法官不会对君主构成真正的威胁。

布鲁图斯的心态更为悲观,他强调了法律官员与民众之间的潜在冲突。他认为,宪法草案将令法官过于独立,以至于除了自身利益之外他们将不受任何外在约束。依靠内部法律约束或道德约束显然是不够的,没有什么能阻止法官们在时机合适时径直僭取立法权。在此意义上,布鲁图斯预言,新宪法将导致立法权和司法权的合体,但这些权力会掌握在法官而不是立法机关手中。布鲁图斯似乎赞同孟德斯鸠的另一看法:司法权应完全服从人民主权(它只是法律的喉舌),并且可以就司法判决向民众或民选官员提起上诉。

显然,最基础的东西取决于主权的本质;主权者命令和法律之间究竟存在什么样的紧张关系,也直接指向我们的讨论主题:民主权力与法律权力之间的关系。从柯克和布鲁图斯的立场中,我们可以看到关于政治司法化的两幅画面。在柯克这边,我们看到了对司法化的规范性辩护。那是一种理论性观点,强调了两种行为之间的差别:君主权力的冲动性或任意性行使,以及受规范约束并受人为理性指导的法官和律师的行为。在另一边,我们看到了布鲁图斯对政治司法化的担忧。他认为,和其他人一样,一旦法官不受制于民选官员或者人民,那么他们不可避免地会受到扩张自身权力的诱惑。① 这种担忧背后是一种疑虑,怀疑无法通过一些规范——例如柯克的人为理性——将包括法官和其他法律官员在内的人都可靠地约束起来。

取代民主统治

1835 年,阿力克西·德·托克维尔描述了一个重要例子,说明

---

① 政治司法化是否具有吸引力,取决于我们如何看待所谓的前政治现状。如果有人认为,没有政府干预,这一现状中就涌现诸多社会不公和经济不公,而这些不公是可以通过政府行为加以矫正的,那么这一想法——最高权力应受到各种法律制约手段的严厉约束——就会失去吸引力。

民主与合法性之间的制度斗争。他观察到,"在美国,几乎所有尚未解决的政治问题迟早都会变成司法问题"。在他的描述中,不仅法官、陪审团、法院已成为社会决策的重要场所,还出现了这样一种趋势:人们"在日常争论中,借用了司法诉讼中特有的观念甚至语言……法律语言从而在某种程度上变成了通俗语言"。①

自托克维尔所处的时代以来,法官和法律话语的政治影响力在许多方面都日益凸显。例如,在托克维尔完成写作后不久,美国联邦最高法院就削弱了脆弱的部门间妥协,这些妥协曾帮助联邦免于崩溃。之后半个多世纪以来,法院有效地阻击了国会和各州对经济活动的严厉管控。近 70 年来,法院即便放松了对经济管制的限制,仍建立了一套日益复杂的制度来保护日趋扩张的公民权利和自由,以便严格限制政府可以采取的政策以及推行许可性项目的方式。另外,即便法院精心设计了各种理论方案以约束立法机关,美国的私人生活领域还是变得日益好讼,以至于美国人始终生活在法律程序的阴影之下。事实上,我们甚至可以将美国政治社会的历史轨迹,描述为一个迈向以法律规则取代社会及政治治理手段的进程。

法律和法院在美国人生活中日渐增长的重要性,无疑是对托克维尔的讽刺。他非常了解当时美国法院的制度性缺陷:司法权消极被动并针对具体个案,而非积极能动并针对一般情况。② 事实上他认为,正是因为司法权的被动性和特定性,才让法律在美国变得如此重要。③ "当法官在某一案件中攻击与该案件有关的法律时,他拓宽了

---

①　Tocqueville (1945:290).之后的引注将在文中用圆括号表示。

②　"必须在法官形成决定之前提起诉讼"(103 页)。法官只能就具体案件而非一般原则开展工作。

③　托克维尔自己将法律话语的力量归结为一种社会学过程。他认为,由于陪审团审判在日常司法中具有重要地位,并且普通民众经常被召集充任陪审员,所以民众自然而然地学会尊重律师,尤其是尊重法官。托克维尔认为,法官和律师成为美国社会中的天然贵族,因而也是社会秩序和稳定性的主要来源。反过来,民众学会了运用法律术语看待和解决社会冲突及政治冲突,而无论那些纠纷是不是在法庭上解决的。

常规性职责范围,但并未逾越界限,因为他在某种程度上有义务对相关法律作出决定,以便对该案作出判决。"(103 页)"如果一位法官就某一特定内容所作出的判决,破坏了一条一般性原则……他仍然是在常规职责范围内工作。"(103 页)托克维尔继续强调了被动性和特定性所带来的影响:"如果法官有权根据一般性理论质疑法律,如果他有权主动出击并公开斥责立法者,那么他将在政治上扮演一个重要角色。"(106 页)"如果法官只能以公开直接的方式抨击立法者,那么法官有时会害怕对抗立法者……当法律展示的力量过于弱小时,法律就会遭到攻击;当法律展示的力量很强时,就会得到遵从。"(107 页)

司法取代政治的现象并不仅仅出现在美国,它普遍存在于所有发达国家中,尤其是自二战以来。例如,亚力克·斯通·斯威特(Alec Stone Sweet)认为,在法兰西第五共和国期间,尤其是自 1971 年以来,在宪法委员会成功地将自身职权扩展到审查政府所支持的法规后,法国的政治就在两种意义上都变得日益司法化。例如在 1981 年,社会党要求通过立法对某些产业进行国有化,宪法委员会阻止了这一提案。最终,当法国立法机关重新起草该法规后,宪法委员会同意放行该法,但条件是立法机关把宪法委员会所持的宪法理论考虑进来,而这一理论要求给予股东更多的实质性赔偿。尽管宪法委员会最终未能或不能阻止国有化立法,但它确实减缓了相关进程;它迫使议会设法解决自己提出的宪法性异议,并对立法草案本身进行实质性修改。

在下一节中,我们将描述宪法裁判的发展历程,它以不同方式改变了欧洲各国议会的角色。在整个欧洲,国内法院和超国家法院在决定重要且具争议性的社会问题上,开始扮演更积极和更重要的角色,而那些问题传统上是由政府和议会来决定的。在欧洲大陆,这是一个特别引人瞩目的发展动向,因为在以往两个世纪中,对立法的司法审查遭到了强烈反对。尽管欧洲各国之间存在

重大差别，但在所有欧洲国家，我们都可以看到受法院保护的一套
基本权利和自由的架构已被创设出来，但这也往往离不开各种政
治机构的协作。

托克维尔有一句名言：平等主义和民主价值观是法律取代政治
的根源。但是，倘若司法化在战后欧洲社会（其平等程度不如托克维
尔所分析的美国）和美国历史上皆已发生，那么有理由对这种解释表
示怀疑。我们当然不能否认这种可能性，即美国和欧洲的司法化具
有不同的根源。但我们认为，在设想出一种更简约的因果解释之前，
最好还是先推迟这一假设。恰好在《论美国的民主》中，我们发现这
种解释的一些迹象。

在本书开篇处描述美国地方政府时，托克维尔认为可以从民选
官员权力的片段化中，发现司法权的一些根基。他说道，政府的有效
运作依托于这些分开选出来的官员之间的协调合作，但每位民选官
员只有在败选之后才会被免职。因而，"将下级官员选举出来的那些
社群，注定有义务最大限度地发挥司法惩罚的作用"（76 页）。如果
他们不这样做，一个"不受司法权制约的民选机构，迟早会摆脱所有
控制或者灭亡"（76 页）。就此而言，司法权的壮大也许并不仰仗于
民主（通过选举任命全部官员）或平等（要求不得偏袒任何人），而是
因为政治片段化。

随后，我们将继续探讨托克维尔的一个观点：一个片段化、优
柔寡断或僵局化的政治体系的存在，是司法化的主要原因。尽管
法院确实是消极被动的机构，需要当事人主动跑到法院提起待决
争议后，它们才会行使权力，但法院一般还是可以采取决定性行动
的。① 不管是独任制还是合议制审理，法庭采用的决策程序通常能

---

①　这并非主张法院找不到避免作出决定的方法。但在一个法院数量众多的国家中，
那些持续提起纷争的人往往能找到法官来听审案件，并且司法等级体制随后就开始运转，
以解决由此启动的不同解释模式中的那些分歧。

解决提交上来的纠纷。相应地，一旦政治领导人未能就民众的纠纷采取决定性行动，后者就会转向法院和法官获取解决办法。当立法机关不能采取行动时，这些司法性纠纷解决方式往往就会走向前台。因而我们认为，司法权趋于扩张的潜在背景是立法机关优柔寡断或者陷入了僵局。并且，只要法官能够基于法律理由制定政策，那么行为受到法律调整的那些普通民众，就有理由期待法院发出声音。另外，鉴于法官有可能干预进来，政府官员就有理由去预测在司法诉讼中可能具有重要地位的理由类型。因此，相关争点的梳理和辩论开始采用司法（或者宪法）措辞，而判决也是基于法律理由制作的。

战后欧洲宪法法院与合法性的扩张

在战后欧洲，宪法法院的设立从根本上改变了欧洲的政治法律面貌，但是这一变化的发生方式在各个国家都有所不同。在所有这些国家中，宪法法院都发展出了一套旨在保障基本权利的司法理念，并且效果不断增强。就这样，这些法院对日常政治议程设置了一些重要约束。事实上，按照美国的标准，尤其是美国早期的标准来看，欧洲宪法法院在推翻和修改立法方面是非常积极的。就此而言，宪法法院制定了数量日益增长的司法决策。尽管这是由宪法法院法官而不是普通法官制定的，但在一些国家，立场积极的宪法法院甚至允许普通法官参与对立法过程的审查和控制。而在其他国家，宪法法院迫使立法机构内部的法案审议发生了改变。

虽然议会主权传统即行政机关和司法机关都必须服从于议会，存在于欧洲大多数法律体系之中，但 20 世纪，尤其是第二次世界大战以来的一些发展变化，逐渐削弱了相关约束。因而，一战后的奥地利、二战后的德国和西班牙（还有法西斯政权崩溃后的西班牙和葡萄牙)所制定的宪法,在许多重要方面都偏离了等级制议会模式。^①　方便起见,我们称这种体制为凯尔森式的,它们追随了发明其独特制度形式的那位著名奥地利法学家。所有欧洲宪法都以不同方式体现了凯尔森的核心理念:宪法裁判的功能主要是立法性的,而非司法性的。当宪法法院否决一部成文法时,不仅意味着宪法法院进行了消极立法——废除法律,而且这同样是一种积极立法,因为宪法法院必须重构那部成文法颁布之前的法律状态。^②

尽管宪法裁判涉及某种形式的立法,但这种立法行为属于一种特殊类型的立法。宪法裁判的角色是专门维护和实施一套公认的规范等级体系,尤其是确保立法和行政行为不得侵犯那些宪法价值。在一战后奥地利采纳的准联邦制结构中,宪法裁判主要为了维护联邦结构,就此而言,它重在维持各种权力之间的界线,而非保护个人权利。但是,20 世纪的政治发展,倾向于在需要制度保障的宪法规范等级体系内,将个人(以及群体)自由权保护放在一种日益重要的位置上。

凯尔森设想的宪法裁判涉及对法律文本和宪法文本的比对,通过指出这一点,他强调了宪法裁判的立法面向。这种抽象审查的启动,独立于事实具体的个案和主张权利(被侵害)的实际当事人,基于对相关法律文本的事先抽象比对。以此观之,宪法裁判在本质上是政治性的,因为宪法法院必须深思熟虑,并从可选择的调整社会行为的规范性规则中做出选择。因此凯尔森认为,宪法法院应当设置在

---

①　在欧洲大陆,奥地利是第一个(在 1920 年)设立宪法法院的国家。汉斯·凯尔森(Hans Kelsen)在设立这一机构上起到了关键作用。需要重视的是,这一机构在历史上存在先例,即奥匈帝国时期负责裁判中央政府与各邦国之间冲突的那些法院,以及神圣德意志帝国时期的帝国最高法院(Reichskammergericht)。

②　当宪法法院根据宪法价值解释一部成文法时,情况显然更是如此。凯尔森在对宪法法院进行角色定位时犹豫不决。一开始他提到"消极立法",不过后来在回应卡尔·施密特时,凯尔森在《谁是宪法的守护者?》(*Wer soll der Hüter der Verfassung sein?*)中承认法院发挥了积极的立法功能(Pasquino,1994)。

司法系统和其他政府部门之外。行使这一权力的法官应经过政治任命，他们不一定来自具有司法经验的法官群体，但往往选取自这一人群：特别擅长对文本进行抽象对比，审议规范、解释决定的能力出色。

后威权主义政权下的宪法裁判

事实证明，凯尔森的设想对那些后威权主义政权极具吸引力。这些设想不仅在奥地利、意大利以及西班牙获得采纳，还在东欧国家生根发芽。所有这些国家的后威权主义宪法，都建立了宪法裁判制度，这让对立法、行政及司法行为的审查成为可能。[①] 但是，所有这些国家事实上都经历了从不被信任的旧政权向新政权的转型，这表明法官作为合宪性审查权的潜在掌控者，受到了特别的怀疑。[②] 因此，除了凯尔森提出的理论观点外，存在足够充分的政治理由将宪法裁判安置在司法系统之外，即把它交给一个专门性的、经过政治任命的机构。事实上，合宪性审查机构被置于所有其他机构之上，以便从宪法角度对所有政府行为进行审查。

尽管凯尔森强调了抽象的合宪性审查，但当代所有的后威权主义宪法法院，还被赋予了事后具体审查的权力。不仅各个政府部门和政治少数派可以向宪法法院提出审查请求，具体案件中的普通当事人也可以提出请求，或者像意大利那样由普通法院提出请求。因此，法院可能被要求以凯尔森式的方式，抽象地对比宪法文本和普通法律文本（通过直接递交宪法问题）；或者摆在他们面前的，是下级法院正在审理某个案件时出现的宪法问题；又或者，摆在他们面前的是

---

① 在拉美或东欧的转型政权下，这一相同的区分或许极具启发性。

② 在所有这些体系中，司法系统基本上属于封闭的职业化等级体系，这种系统尤其不受外部影响。法官的这种极端独立性，导致他们在威权主义覆灭之后，更不可能被赋予其他重要权力。

一个已经审理完毕的案件(例如德国和西班牙的情况)。[1] 在所有这些情形中,废除或修改立法的实际权力通常集中于宪法法院,而不是分散在整个司法系统中。倘若一个普通法院质疑一部法律的合宪性,那么它必须中止诉讼程序,并将相关问题提交宪法法院裁决。[2]

这些宪法法院的人员构成也有所不同。由于分权体制倾向于采用分散且具体的合宪性审查,可以预期普通法官将在宪法裁判中发挥越来越大的作用。但在后威权主义制度下,合宪性审查是集中式的,而且通常是抽象审查,所以普通法官缺乏介入其中的特别理由。此外,由于这些国家的威权主义历史,至少在刚开始的时候,人们并不相信体制中的那些法官能担当宪法及民主价值的公断人。因此在所有的后威权主义体制中,宪法法院的组成人员除了一些法官外,往往还有许多法学教授。

维护议会主权:法国宪法委员会

法兰西第五共和国的宪法审查制度,值得单独进行探讨。法国的共和传统一直坚持议会主权,并且自从大革命以来一直对宪法裁判持有敌意。[3] 但是,戴高乐及其支持者坚持主张对议会施加一些制度性约束,其中之一就是宪法委员会。在议会主权体制中,对议会施加限制的唯一可行方式,是将法院有效地设置进立法机关内部。因而,这种布局远远超越了凯尔森的建议,它更强调委员会的立法功能。宪法委员会仅被允许在法律颁布前进行审查,并且在那个时候,只有在政府或者重要的政治少数派(由国民议会代表或参议员组成)

---

① 位于斯特拉斯堡的欧洲人权法院在处理宪法诉愿时,也采取了这种传统做法,也就是说,唯有案件当事人穷尽了国内一切可用救济渠道之后,欧洲人权法院才会审查这些案件。在加入《欧洲人权公约》之后,各国国内法院越来越多地直接适用人权法。

② 适用欧共体法的法院,也遵循着同样的做法。

③ 在1795年,法国国民议会一致否决了西耶斯提出的设立宪法陪审团的建议(Pasquino,1998:95)。

提出请求后,才可以启动合宪性审查。因而,如果委员会推翻立法提案,那么它们就不能成为法律。但在法案成为法律之后,委员会就不能对其进行审查,而且普通法院在普通诉讼程序中也无权进行合宪性审查。在法国人看来,立法机关至高无上,不受任何外在约束,其中当然包括不受法官的约束,也包括不受宪法法院的约束。相反,通过充当立法机关自身的组成部分,宪法法院在维护立法至上的理念时发挥了至关重要的作用。立法行动在遭到委员会反对后就被终止,不过一旦立法成功,就不再受任何宪法机制的约束。

在法国,由于立法提案遭到委员会否决后就无法成为法律,因而审查请求一经提出(事实上,这些请求通常是反对政府发起法案的政治少数派提起的),宪法审查就必须在立法行为做出后立即跟进,并要面对所发起法案遭质疑的现任政府。考虑到法国政治制度和政治文化在本质上崇尚多数主义,意味着这种审查可能会面临政治指责,为了避免夜长梦多必须迅速予以启动。相比之下,在美国,唯有一个案件以切实方式提出了相关法律的合宪性问题之后,才有可能启动宪法审查。而在那时,当初制定法律的那个立法机构可能早就解散了。在德国、西班牙和意大利等后威权主义体制下,宪法法院无法阻止法律生效,即便事前审查也是如此。因而与法国的情况不同,鉴于政府已经实施了被质疑的法律,所以不存在太多政治压力去迅速解决宪法争议(事实上政治压力有可能起反作用),并且当政治斗争的热度消退到一定程度之后,甚至可以启动事前审查。

欧洲宪法裁判概览

大体而言,我们可以沿着某个单一维度,描述各种宪法法院的制度环境。其中,纯粹的议会主权体制位居左侧,例如英国和法兰西第三、第四共和国;孟德斯鸠式的分权体制处于右侧。分布在这两端之间的是其他各种各样的宪法体制,它们兼容并蓄了立法至上和其他一些相对独立的机构。顾名思义，议会主权体制就是指行政机关和司法机关都必须服从于立法机关，实施和执行立法机关的命令。出于这个原因，立法的司法审查这种理念与这些政体是完全不相容的。相应地，该体制下法律机构修改成文法律的方式，也呈现为一种特殊的制度形式。

根据定义，在议会主权体制下，合宪性审查必须在立法机关内部进行。否则，议会就不再至高无上。这表明在议会主权体制下，宪法审查只能是事前的，即在立法提案作为法律予以颁布之前；并且只能是抽象的，因为只涉及立法文本和宪法文本的比对。此外，在这种体制下，尽管会广泛征求对宪法原则的建议，但援引宪法原则的权力却集中在立法机关内部的少数人手中。因而在传统上，在英国、法国和瑞典这些国家，不管是什么样的合宪性审查，都必须在立法机关内部进行。宪法规范缺乏直接的法律权威（除非在成文法律中进行了明确规定）。这种审查权可能集中于拥有某些消极立法权（比如延搁否决权）的上议院手中，也可能由某种司法委员会或者独立机构掌握，例如法国最高行政法院，它可以向立法机关提供宪法咨询。

就像我们看到的那样，法兰西第五共和国设立了宪法委员会，它有权在法律颁布之前修改或否决相关立法草案，一些观察者称之为议会第三院（Stone，1992：209-21）。虽然戴高乐政府设立委员会的初衷是作为一种"合理化改革"议会或者约束议会的手段，但委员会逐渐发展成了对政府立法提案进行一般性合宪性审查的机关。① 在

---

① 这种转变发生在法国历史上的两个关键时刻。第一个时刻是 1971 年，宪法委员会坚持认为自己有权依据宽泛的（以及未法典化的）宪法原则来推翻政府立法。在具体案件中，委员会坚称公民有自由集会的权利，这项权利源自"共和国的基本原则"。在同一份裁判意见中，1789 年《人权宣言》和 1946 年《宪法》序言被提升到了宪法规范的高度，并可以用来推翻立法建议。第二个关键时刻是 1974 年，当时，出于对选举失败的担忧，政府成功通过一项宪法修正案，允许立法机关的 60 名议员将立法提交宪法委员会审查。因此在 1974 年以后，委员会日益注重运用 1971 年创设的强大宪法工具去审查政府的提案。

任何情况下,议会主权原则都要求:无论审查或者建议由谁提出,对法律适用宪法原则的权力只能属于立法机关本身。

顾名思义,分权体制就是指对立法权、行政权和司法权进行横向而非纵向分离,这类体制往往将宪法权力分配给了行使各项权力的各个机构。当然,孟德斯鸠对专制的著名定义就是不存在权力分立,并认为权力若不分立,必然会导致专制和不可预测的统治。他认为特别重要的是,当法院将法律适用到具体个案中时,法院并不是在从事任何真正意义上的立法。在这一意义上,司法权是一种微不足道的权力。但这并不意味着法官(或者更确切地说是陪审团)在适用法律时没有任何裁量空间。一旦在某个案件中适用某部法律会产生不公,法院可以拒绝适用这部法律。但这并不会取消或废除该法律,而只是在具体案件中将其搁置一旁。这种类型的审查权是法律适用过程中解释法律和事实的权力,因而催生了一种特殊类型的司法审查,它完全不同于议会主权体制下的那种审查。这种审查权分散在整个司法系统中——为了适用法律,所有法院都必须对法律进行解释,包括宪法性法律和成文法律。这种审查在具体案件中进行,它既不是事先审查,也不是抽象审查。最后,它并不是一种立法权,因为相关法律不会被废除,而是在个案中(以及在"类似"案件中,这取决于所处的法律体系)被拒绝适用。①

举一个例子,美国《宪法》第三条将最高法院规定为联邦司法部门的最高机构,并且只允许在真实案件或者争议中行使联邦司法权。② 当国会创设其他联邦法院时,包括审查成文法律在内的司法权同样授予了这些法院。从这个角度看,美国的宪法裁判制度完全不

---

① 司法审查的"非立法特征"是一种理论构想。通过设法对下级法院进行层级控制,以在不同的判决中形成一些融贯的规则或学说,分散化审查的司法体系就能让司法行为变得有序且可预测。因为司法造法能够补充成文法规则,所以这种发展的效果是令司法行为更具立法性。

② 挪威的宪法裁判制度在许多方面都和美国相似,这是因为挪威的宪法审查发生在具体个案中,并分散在整个普通法院系统中。

同于法国模式和其他欧洲国家模式。在适用法律时,法院必须经常从宪法的角度对其加以审视,绝不能通过违反宪法保护的方式适用法律。基于这些要求,法律经常被纳入宪法框架中进行解释,它们有时候不具有任何权威性。尽管这些行为可能具有一些类似立法的效应,但是它们不会像法国模式一样去正式改变或废除法律文本。违宪的法律并不会被撤销或废除,它们只是在具体争议中不被适用。这种处理方式强调了司法审查的司法面向,而不是立法面向。①

政治冲突与法治

尽管在概念上存在模糊之处,民主和合法性还是代表了那些广受认同的价值观。因而政治争论中的各方均援引二者来支持自身主张,是极常见和自然的。例如,围绕弹劾克林顿总统所产生的争论中,共和党人一再声称这关系到法治。他们认为民粹主义在公然地装模作样,从而诱导人们主动忽视一位民选总统的违法行为。但是,基于被指控的违法行为的性质,以及这些违法行为能否正当化意向中的具体"法律"制裁,该案例表明那些真正的问题是更现实和更为政治化的。即使总统的确在不同法律调查阶段撒了谎,但他的这些行为是否能正当化定罪与免职,始终是一个根本性的政治问题。

在20世纪30年代中期的新政时期,发生在美国国会和最高法院之间的冲突也许更具有宪法意义。最高法院中的多数派大法官认为,新政立法严重威胁到了一些重大的宪法价值,这些大法官认为自己有义务推翻相关法律。但显而易见的是,这些大法官提出的宪法内容解读——以保护财产权利和契约自由为核心——只是一种可能的(并且在政治上是有争议的)解读,也根本不是奉行法治的相关价值所要求的。随着这些大法官的离职及其对宪法实质性解读的逐渐

---

① 尚不确定的是:违宪的法律是否能够复活,或者立法机关是否需要再行立法。

消失,法律价值和民主价值之间的冲突也消失了,至少暂时消失了。这样说似乎是把这场冲突的责任,归于了意识形态上持保守倾向的法官们,但罗斯福总统及其盟友同样负有责任,因为他们提出了一种民粹主义的民主观,允许仅仅以多数人意志为名践踏基本财产权利。最重要的一点,是将冲突理解为两种立场之间的冲突:一方坚决捍卫财产权利,并视其为宪法的核心内容;另一方则希望允许多数人对那些权利进行调控和管理。

一些宪法理论将公民自由和公民权利视为宪法核心价值。后来,随着这类宪法理论的发展,又导致了大致相同的新的紧张局势。法院试图保护特定类型的权利,以免遭多数主义的侵犯。不过,这一次的情况是:自由派占据主导地位的最高法院,在设法阻击那些企图限制言论自由、宗教信仰自由和政治结社自由的多数民意。法院和政治机构意识形态的迅速反转——法院的关注点从经济自由转向了政治自由,表明问题主要不在于观念性分歧,而在于更根本的政治分歧的制度体现。总之,最高法院的人员构成朝着自由化的方向发生了很大变化。

政治家与法官之间的冲突还有一个制度性根源,这种冲突还会被错误地归因于民主与法治之间的紧张关系。政治家想要为自己及其政策赢得民意支持,他们的办法是制定或提议(取决于他们是否在任)一些旨在说服他人支持自己的政策。要做到这一点,他们需要两线作战。首先,他们需要与立场对立的政治家竞争,以赢得政治支持。其次,在任职期间,他们需要获得制定或改变政策的权力。在此处,他们可能与法律及法官发生冲突。由于法官不仅珍视合法性,还将合法性视为自身权力的主要渊源,所以他们特别倾向于对法律规定进行扩张解读。这种意愿无关乎他们可能持有的任何特定意识形态价值观。由于法官扩张自身权力的意愿,与那些有能力削弱司法权的政治官员的利益发生了冲突,那么(在任何政治制度下)对扩张权力的追求必然会因为一些制度性考虑而放缓。与第一种(意识形态）冲突一样，这种制度性冲突是政治性的，因为它根植于维持或扩张权力的意愿，而并不必然与那些合法性规范本身相关。

还有必要说几点看法。首先，政治家和法官都拥有个人利益，也同样拥有制度所设定的一些利益，因而这两个群体之间通常不会发生正面或尖锐的冲突。很多时候，我们希望看到意识形态利益和制度利益被截然分开，这样一来，无论是法官们还是政治家们都无法专一地追求各自的共同制度利益。此外，每一个群体都会经历集体行动困境。其次，法官会发现，相比于立法者，自己更容易按照共同制度利益去行动。原因有二：一方面，司法系统或多或少是按照科层结构组织的，这样上级法院就能够协调其他法院的行动。[①] 另一方面，由于共同的培训以及对于恰当司法行为的普遍预期，法官们之间或多或少地共享着一些合法性规范，他们几乎肯定会公开表述这些规范，并且受到这些规范的激励。即便许多相关规范尚存有争议——甚至是在司法系统内部，但较之于相互竞争的政治家们之间所共享的价值，法官内部的共识看来更多一些。

不过，尽管存在这些组织性差异，政治冲突还是经常被表述成民主与合法性的冲突。事实上，我们认为随着时间的推移，无论是在欧洲还是美国，这种表述会日趋频繁。就像我们已经指出的那样，部分原因在于民主统治——由卓越的、不受质疑的立法机关制定政策——在过去 50 年甚至更长的时间里一直节节败退。失败的原因多种多样，但对于不同种类的基本人权——这些权利可以诉请法院保护——的日益广泛接受，必然是其中之一。不过，我们必须意识到，一旦我们对立法机关施加了法律约束，我们就要付出一定的代价。这个代价就是，立法机关强力干预经济和社会制度的能力遭到了削弱，而这种干预是为了矫正经济和社会领域出现的不平等和错

---

① 即便在没有遵循先例传统的法院系统中，以及在宪法法院与普通法院系统相分离的法院系统中，情况可能也是如此。

位。权利也会受到来自私人领域（社会或经济领域）的威胁，从历史上看，立法救济已经成为矫正这些私人侵犯的唯一途径。这种立法干预总是会威胁到权利，尤其是财产所有者或社会特权拥有者所主张的权利，因而经常会激起宪法层面的反对意见。相关的典型例子来自法国：1981年，在法国社会党大选获胜之后，法国政府试图将某些产业国有化；法国宪法委员会立即阻止了这个计划，并要求政府为国有化目标提供更加充足合理的补偿。虽然这个要求可能是正当的，但它确实提高了政府实施国有化的代价。

就保护权利免受私人和政府侵犯而言，或许各种法律机构都可以做一些工作。事实证明，在扩大宪法保障的权利范围上，欧洲各国宪法法院的工作卓有成效。但是，管制"私人"活动似乎需要借助立法，以便界定法院可以协助保护的一些权利。倘若源自私人活动的不正义与源自官方活动的不正义都一样多，那么我们既需要民主统治，也需要法治。

参考文献

Coke, Edward. 1670. *An Exact Abridgment of the Two Last Volumes of Reports of Sir Edw. Coke*. London: H. and T. Twyford.

Ferejohn, John. 1999. "Independent Judges, Dependent Judiciary." *Southern California Law Review*, 72, 2-3: 353-384.

Hobbes, Thomas. 1971. *A Dialogue between a Philosopher and a Student of the Common Laws of England*. Chicago: University of Chicago Press.

Ketchum, Ralph (ed.). 1986. *The Anti-Federalist Papers and the Constitutional Convention Debates*. New York: Mentor.

Pasquino, Pasquale. 1994. "Gardien de la constitution ou justice constitutionnelle? C. Schmitt et H. Kelsen. " In M. Troper and L. Jaume（eds.）, 1789 *et l'Invention de la Constitution*, 141-152. Paris：Bruylant L. G. D. J.

Pasquino，Pasquale. 1998. *Sieyes et l'invention de la constitution en France*. Paris：Odile Jacob.

Stone，Alec. 1992. *The Birth of Judicial Politics in France*：*The Constitutional Council in Comparative Perspective*. New York：Oxford University Press.

Tocqueville，Alexis de. 1945. *Democracy in America*. Vol. 1. New York：Vintage.

第十一章 法治:一种政治武器

何塞·马里亚·马拉瓦尔[①]

    我们假设,政治家都希望执掌政权并最大化决策自主权。但公民却希望避免政治家侵犯自己的权利。公民有两种自我保护的手段:其一,在选举之际将统治者撵下台;其二,在选举过后,通过制度形式对统治者的政治裁量权施加法律约束。民主提供的是第一种保护手段,法治提供的是第二种保护手段。[②] 乍看之下,二者互为补充。公民参与投票选出政治家,后者一旦上台就只受制于未来的选情;他们不关注那些非民选的、非代表性的统治者,即便后者受制于非民主性机构颁布的法律。

    在此,我对法治下了一个极简约的定义。它要求所施行的法律

---

① 何塞·马里亚·马拉瓦尔(José Mariá Maravall):马德里大学社会学教授。作者感谢安德鲁·理查兹、卡洛斯·马拉瓦尔、贝伦·巴雷罗、索尼亚·阿隆索、伊格纳西奥·桑切斯-昆卡以及亚当·普沃斯基等人对本文提出的宝贵意见。

② 民主需要在具有约束力的法律之下运作,以便确保游戏规则。这些法律不但限制了政客的自由裁量权,同时也授予了他们一些权利。例如,如果法律授权议会以不信任动议推翻政府,它便对后者施加了控制而对前者授予了权力。不过,所有授权性法律也设定了限制:最低限度的三项条件,约束政治家决策的法治的"规则手册"概念。

被公开颁布，并且以预先规定的方式予以通过；法律是可预期的（法无明文规定不为罪），普遍的（类似案件类似处理），稳定的，明确的，体系井然的（具体规范符合一般规范）；将法律适用于个案的法院，必须独立于政治统治者并公开审判，法院判决应符合程序要求，经由普通审判程序才能对公民定罪。这一定义并未涉及基本权利、民主、平等或正义：它对应的是德沃金（Dworkin，1985：9-32）所说的"规则手册"意义上的法治。[①]

我旨在探讨在特定政治和制度条件下，政治家如何运用民主对抗法治，或者运用法治对抗民主。他们的策略性手段是多数主义和司法独立。具体而言，我将考察政治家如何策略性地利用司法判决，来颠覆民主以及政治竞争的一些规则和前提。关注焦点是政治家和法官，他们是场景中的主角。就政治家而言，关注其策略；就法官而言，关注其政治独立性和公正性。媒体和经济界人士也扮演了重要角色。公民们默默无闻，他们站在舞台背景区域，努力凭借不完全的信息，去弄清政治家如何回应公民们在选举时的投票。因而，各种力量之间的关系，主要与各种制度（以及创设制度的那些精英）相关，而不是选举支持率的分布状况。

在我的理解中，"正义的司法化"与"司法能动"迥然不同。后者指法院将其判决扩张到了由政治机构负责的事务领域，或者法院充当了政治角逐的裁判者。当政治陷入僵局时，司法能动就会抬头：这是费内中和帕斯奎诺（本书第十章）研究的内容。当法院参与那些改变民主竞争规则的政治策略时，政治便被司法化了。这类策略包括借助法院为政治对手罗织罪名。

民主或法治的前提条件并非处于均衡状态，Przeworshi（1991）

---

① 这个定义绝非认为对统治者的权力所施加的法律限制越多，法治就越能得到保障。法治的运作仅要求法律按照以上所述三项条件被有系统地实施，而并不要求束缚住政客的手脚。

和 Weingast(1997)对此已用模型进行了讨论。我们对此知之甚少：在哪些情形中，政治家通过政治司法化修改了民主竞争的结果，同时又维系了民主和法治。我运用三种观点来解释这类情形。这些观点既非充分条件也非必要条件：也就是说，政治家可能会、也可能不会实施我所考察的这些行动，但是，一旦他们实施了这些行动，这些条件就会出现。在前两种观点中，政治司法化是反对派的一种策略；在第三种观点中，政府掌握了主动权。

第一种观点是，一旦对政治家的问责受到了限制，政治司法化的概率就会增加。除非反对派与政府勾结或者担心遭到报复，否则反对派有很大的动力实施这一策略。当制度保护强势行政权免受干预或者推动形成选举所不能瓦解的各种联盟时，这些制度就会限制对当政者进行问责。如果选举是落实政治责任的唯一机制，如果政治家将选举获胜变成免责的手段，如果在选举之后政治家仅对法定职责负责，那么议会就会变得无足轻重，而政治对抗就会转移到司法领域。如果政治家相互勾结，独立的法官在得到媒体与利益集团的强力支持后就会主动出击；如果政客没有相互勾结，反对派就会实施这一策略。如果反对派希望在选举中获得胜利，相互勾结的可能性就会增加。在此情形中，反对派会关注保留有限问责制的一些条件（行政权免受干预，对公共电视台的控制等等）。

第二种观点如下所述。假设政府和反对派没有相互勾结，后者期望在未来有赢得选举的机会，所以选择服从民主选举的结果。然而，当预期中的未来（预想中选举获胜的最佳条件）来临后，反对派却又一次铩羽而归。反对派可能认定，在现有竞争规则下，自己将永无获胜的可能。这或许可以归咎于缺失对政府的问责，也可能并非如此。各种不同情形都让在任者能持续保持优势：例如，选举可能是极度意识形态化的，而且中间选民可能会选择支持政府；执政党领袖可能颇受公众欢迎。不过，反对派并没有转向独裁：它引入了新的竞争领域,进而将司法能动转变成一种为己所用的工具。[①] 用瑞克的话来讲:"这就是政治技艺:找到击败当前赢家的替代性方案。"(Riker,1982:209)

在第三种观点中,政府是政治司法化策略的实施者。在特定政治和制度条件下,当法官独立却不中立时,政府就会操纵司法能动,以便巩固自身权力、削弱反对派。这一策略仰仗于政府能否从司法部门获得更强的支持(较之选民的支持而言),以及政府是否相信自身选举弱点在未来仍持续存在。既然在当前竞争条件下,政府对未来获胜概率的评估值,低于司法政治化后获胜概率减去失败风险的评估值,[②]那么,政府就会基于自身利益去改变权力和影响力之间的均势,并借助法治打击政治对手。打击目标包括议会反对派,各种敌对的利益集团,以及一些批评政府的媒体。

超越陈规

如果政治家能够以民主为工具去破坏法治、颠覆民主,或者策略性地利用法官的独立地位去改变竞争条件,那么民主与法治的结合不过是规范性层面的陈规旧习,这种结合并未充分反映现实的政治世界。但在新兴民主国家的宪法中,这种修辞性的陈规却一再得到了重申。[③]

例如,1978 年西班牙《宪法》将新政权定义为一个"社会和民主

---

① 这与普沃斯基(本书第五章)所提到的规则操纵有关。如果乙方对民主还是独裁保持漠不关心的态度,甲方就会偏好对其更有利的新规则之下的民主。

② 失败的风险还包括司法部门对于这一策略的抵制,以及对手的反击(如果它能够获得司法部门的支持的话)。当司法部门的权力结构呈现高度去中心化状态时(因而每一位法官都掌握着"司法权"),风险评估将更加缺乏确定性。

③ 这样的例子不胜枚举,比如 1991 年保加利亚《宪法》(序言),1991 年斯洛伐克《宪法》(第一章,第一条),1992 年捷克共和国《宪法》(第一章,第一条),1997 年波兰《宪法》(第二条)。

的法治国"①(第一条,第一款)。我们还在许多政治分析中发现了这种规范性陈规。因而奥唐纳(O'Donnell,1999:321,318)写道:

> 民主不仅是一种(多元政治意义上的)政治体制,还是政府与公民之间、公民与公民之间的一种特殊关系形态,这种政治体制和关系形态皆处在法治之下;除了维护公民的政治权利,民主还要求维护公民的民事权利,以及一套完整的问责网络……所有主体,不论公私,包括政权中的最高层官员,都必须接受法律业已规定的一些合理约束,以确保自身行为的合法性。

我们了解这一规范性理想的组成要素:任何人不得凌驾于法律之上;保护公民免受政治家的恣意侵犯;权力的运作具有可预测性;民主制度下的纵向问责制与政治自由主义特有的分权制衡机制之下的横向问责制相得益彰。此外,法治将从两方面强化公民对统治者之代表性的控制:②其一,独立法院能够矫正民主政府的短视,减轻"那些短期影响……议会因竞选连任而导致的大幅摇摆和慌乱措施"(Raz,1994:260);其二,独立的法院有助于监督统治者,凭借不同权力部门之间的互相防范态势,法院可以经由审判向公民提供信息。在这一理想世界中,民主和司法独立不仅和谐共存,还相互支持。

对于民主和法治这两种历史上冲突不断的制度安排而言,这似乎是个圆满的结局。法治起源于普通法传统③,彼时,英国议会对日薄西山的王权施加了一些法定约束,以便保护私权(更确切地说是私

---

① 原文所用表达是 Estado de Derecho,译自德语中的 Rechtsstaat(法治国)。我对这一概念和 rule of law(法治)不做区分。
② 我认为,当一位政治家所做的决策最能符合选民利益时,那么他就具有"代表性"。换言之,倘若信息对称,而且选民自身偏好并非前后不一致或者缺乏远见,那么选民也会作出同样的选择。参见 Manin,Przeworski and Stokes(1999:29-54)。
③ 在大陆法系传统下,法律是政府用来扩张自身权力的工具,而非对官员的约束。作为政府的"总设计师",拿破仑和俾斯麦都极大地扩充了法国与德国的法律体系。

有财产),法治从而成为保护个人免受多数人"暴政"的手段。换言之,它成为一种反多数主义、反民主的工具。借用麦迪逊的著名论述,"民主政体一直上演着动乱和争吵;它和个人安全、财产权利并不相容"(*Federalist Papers*,10)。民选政府会以多数人的名义,侵犯个人的权利,侵占私财,对资源进行重新分配,对经济加以干预。法律成为保护个人自由和私有财产免遭政治侵犯的一种手段。一如托克维尔所言,"法院矫正民主的越轨行为"。自戴雪在 1885 年提出法治的最初定义后,这个观点——民主是一种威胁,法治是抵御再分配的保障——一直被反复重申。我们应当记得,哈耶克(1994:87-88)说过:"任何旨在实现分配正义这一实质性理想的政策,必然会破坏法治……不可否认,法治会导致经济上的不平等。"民主和经济领域的再分配,都是一些要予以避免的危险。这就是为何在很长一段时期内,"左派"并不信任法治(Shklar,1987)。因为任何改造资本主义的策略,都不得不挑战作为资产阶级之策略性手段的法治。直至经历了长期的独裁和对公民权利的侵犯之后,"左派"才开始捍卫法治以约束统治者,而这一立场与经选举产生的多数统治(民主)和社会经济改革(社会民主)都是相容的。

　　然而,民主和法治为政治家颠覆自身提供了机会和动力。多数主义或者司法独立提供了颠覆工具。换言之,原有的制度冲突被政治家的策略激发了:通过政治活动,法治和民主互相破坏。本章的重点是对司法独立的政治操纵。[①] 再次援引麦迪逊的话,"如果人们都是天使,就不需要任何政府了。如果由天使来统治人,也就不需要对政府施加任何外在或内在的控制"(*Federalist Papers*,51)。但是为

----

　　① 司法独立一般指:司法判决不能被溯及既往的立法以及向议会或政府提出的申诉推翻;法官晋升不受司法系统之外的决定影响;司法程序必须稳定,免受立法机关或政府的反复修改;立法行为与行政行为均应接受司法审查;遵循先例(上级法院之前所作出的判决,以及判决理由具有约束力;已经作出的判决适用于之后的同类案件,并且只有上级法院才能对其进行审查)。

什么法官们就等同于天使呢？司法独立一般被视为针对政府或议会多数党的制度性保障：若要控制统治者，法治所提供的那些制约就应免受统治者的影响。但是，受到保护的那些监督者自身却未受到制约。在自由民主理论中，法治所承担的功能存在着一个薄弱环节：谁来监督那些监督者（Quis custodiet ipsos custodes）？1835 年，在考察美国法官之后，托克维尔（1969：206）写道，"民主制度下法官的裁量权甚至比专制国家的法官更大……没有哪个地方的法律像民主共和国的法律那样，为裁量权提供了如此大的权限范围，因为在那里，法官们感觉自己没有任何后顾之忧"。

在欧洲大陆的法律传统中，法律是对法官权力的限制。法官只充当法律的喉舌；司法权是"微不足道的"（Montesquieu, 1951：401）。反抗专制王权的启蒙运动和雅各宾派，都不信任旧制度下的法国地方法官。法国大革命留下的遗产是立法机关的至高性（议会至上）。为避免非民选法官拥有过大权力，法律的适用只能是对议会意志的机械执行。

但是，对司法权的这一限制是非常宽松的。首先，对立法的合宪性审查强化了司法权。在 19 世纪初，美国最高法院最先实施了合宪性审查。许多大陆法系国家在民主制度重新建立后，都竞相引入这一制约手段。例如，1945 年后的联邦德国和意大利，20 世纪 70 年代的希腊和西班牙。其次，法律的含义通常并不清晰、明确。当法官必须解释一些包含了"不确定的阴影区域"（Hart, 1958：607）的法律规范时，他们所做的解释就会接近于立法。

显然，司法解释与立法之间仍然是存在差异的。例如，司法判决的制作，应当以业已存在且众所周知的法律为根据（合法性原则）；应当在事实层面和规范层面获得正当化（公正原则）；司法活动应由外部当事人启动（不告不理）；判决之前应当听取本案双方当事人的陈述（辩论原则）。但司法部门也会参与立法，在大陆法系国家同样如此；司法部门不仅会制约政治权力，也会运用政治权力，因而会引发民主制度下不受制约的监督者这一问题。[①]

　　关于司法部门的问责制，本章已从另外两个迥然不同的视角进行了探究。其一是规范性视角：如果我们认为法治与权利的政治理论不可分离，那么法官就不仅仅是在实施法律，他们还要遵守原则。也就是说，他们会根据最佳的正义理论，运用裁量权对法律争议作出裁定；他们受到一种法律理想的约束，而这一理想以"公众对个人权利的准确观念"为基础（Dworkin，1985：11-21）。此外，由于法官经常出现在公众视野中，他们可能成为公众舆论批评的对象，而这将限制其裁量权限（Raz，1994：358-359）。我们知道，事实上司法判决通常会反映民意：要么是法官被动接受了民意的影响，要么是法官主动寻求公众对判决的认同。[②] 法官还得持续"了解多元社会的支撑和发展"（O'Donnell，1999：317）。但是，没有什么手段能确保这些劝诫得到遵循；一旦嫌疑人是政治家，单凭正义原则是提供不了什么保障的。就我在此考察的绝大多数策略而言，民意对法官的约束是无足轻重的。这些策略的来源基础并不是常规性司法判决，而是一些旨在给政治对手造成致命影响的例外判决。[③]

------

　　① 援引雷丁（Radin，1989：796）所言，"如果规则无法通过逻辑化或分析式的适用对法官加以约束，那么传统观点认为法官就会任意决定如何适用法律……这会让法官拥有一种'专断性权力'，进而破坏民主……政府是利维坦，需要接受约束。不过……法官更需要接受约束"。

　　② 关于第一个原因，参见伦奎斯特（Rehnquist，1986：752，768）："认为法官不受民意影响是大错特错……法官晚上回家后会看报或是电视晚间新闻；他们也会同亲友交谈时事。'在此之外'——法院的高墙之外——的某些地方，会涌动着舆论的潮流，它们都在拍打着法院的大门。"关于第二个原因，需要记住弗兰克福特的话："法院既无财权又无军权，它的权力归根结底取决于公众对其道德裁决的持续信任。"（Baker v. Carr，1962）美国最高法院的经历证明，"法官个人会根据公众情绪的变化而随波逐流"（Flemming and Wood，1997：493），人们对这种影响的滞后性存在争议。就最高法院内部而言，在立场极度摇摆的温和派大法官身上，这种影响似乎更为明显（Mishler and Sheehan，1993，1996）。当然，另一种不同观点认为，是司法判决影响了舆论：公众会听从法院，并支持法院的判决。参见 Dahl（1957），Franklin and Kosaki（1989），Hoekstra and Segal（1996）。在此情形下，司法几乎不受舆论约束。

　　③ 尽管接近 60％的选民反对独立检察官肯尼思·史塔尔（Kenneth Starr）的方法，而且支持弹劾克林顿的选民不到 1/3，但这些都阻止不了史塔尔。See Sonner and Wilcox（1999：554-557）.

其二是内部行政视角：对监督者的制约来自内部。这些制约一般专指法院内部的部门和级别划分；还包括组织保障，例如法官培训、法官聘任和法官的专业分工；最后，也包括用来限制推诿的纪律处分和法律责任。但是，这些制约始终由监督者自己来实施：如果说法治限制了政治家的滥权行为，那么对法官而言，不存在任何民主问责制。

法官不会受到来自其他政府部门的政治压力，但也拥有自己的政治利益。令人费解的是，为什么受到保护、不受制约、缺失民主问责制的司法部门，在政治上一定是不偏不倚和保持中立的？不过，倘若败诉方预期司法机关的人员组成以及他们偏袒性的能动主义在未来会得到改善，并且认为其他选项（例如，不服从判决）会导致更不利的结果，那么败诉方还是会接受不公正的司法判决。法官还会介入其他角色的表演场景，这些角色包括在任或在野的政治家、传媒大亨，以及商业巨擘。在相关场景中，多种利益相互交织。正如瓜尔涅里与佩代尔佐利（1999：57）指出的那样，"阻断与政治系统中大多数机构的联系，以及松弛的等级关系，确实保障了高水平的法院内部独立和外部独立，但这没有阻止，反而促成了某种关系网络的形成，这些网络很难被发现并缺乏透明度，它们会破坏法院的自治性"。

无论是在任的还是在野的政治家，都会谋划并寻找盟友以实现政治目标。这些策略决不会忽视那些不受制约并且能下达具有约束力判决的法官。本文不展开讨论为何政治家会服从或不服从法律，只讨论当法治（更准确而言，独立司法）与民主（政治多数派）发生冲突时，政治家为何以及如何采取对其有利的策略。我们非常了解两种策略：第一种是政治家利用民主令司法部门处于从属地位，并消除法治所设定的限制；第二种是政治家利用既有规范和司法独立，去破坏民主制度。在这两种策略中，法治或民主皆未实现均衡状态：二者都被政治颠覆了。我们对第一种策略知之甚少，在这种策略中，虽然

民主得到维系,但当民主竞争的规则不足以除掉对手时,司法独立就
会沦为实现这一目标的政治工具。因此,我更关注后者。

倘若政治化法官独立的策略,那些尊重法官群体和政治家群体
相互独立自治的策略,在收益上显得高于其他替代性策略时,政治家
就会将法官的独立性予以政治化。他们会对成功的概率、成本的风
险,尤其是对手未来的有效反击进行评估。概率和风险最终取决于
各种力量的政治平衡:当目标是法治时,就会投票;当目标是作为政
治体制的民主或者政治竞争的一些前提条件时,在一个独立但不中
立的司法体制下,政治家就会拉帮结派、勾结共谋。我们可以借助具
有完全信息的动态博弈对反对派和政府的策略进行分析:一种顺序
博弈,在其中,参与者的收益是已知的,其博弈的结果也可以通过逆
向归纳法得出。下面的博弈树呈现了策略和收益(参见图11.1)。
在图中,参与者1是反对派(O),参与者2是政府(G)。

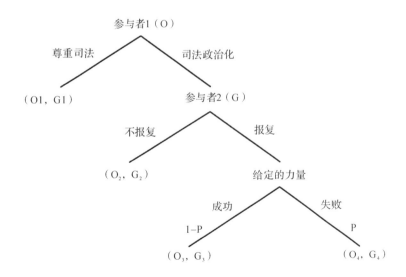

图 11.1　顺序移动博弈中的策略和收益

因为是一个报复性策略,所以不论结果如何,都需要付出成本,
因此参与者1的偏好序列是 $O_4 > O_2 > O_3 > O_1$;参与者2的偏好序
列与之相反。以如下方式构造而成的子博弈完备均衡地包含了前面

的一些观点。首先,收益在第三阶段才分配,以防参与者 2 报复。报复成功和失败的概率(P)取决于力量的均衡,而力量是给定的(也就是说,与参与者的策略无关)。对于参与者 2(G)而言,收益是 $PG_4 +(1-P)G_3$。因而在第二阶段,如果 $G_2 > PG_4 +(1-P)G_3$,参与者 2(G)不会报复。最后,在第一阶段所假设的收益结构中,由于 $O_2 > O_1$,所以参与者 1 在司法政治化和尊重司法之中更偏好前者。因此,经过构建,一个子博弈完备纳什均衡是(参与者 1)政治化和(参与者 2)不报复。

依托民主破坏法治

在民主制度下,统治者对抗独立的法院的时机是:自己拥有广泛的授权,反对派力量弱小,并且法律制度和法院缺乏公信力。于是,统治者所采策略的成功率会很高,而报复的风险是有限的。法治制度将被推到民主制度——Tocqueville(1969:246)所称的"多数人意志的绝对主权"——的对立面。

这就是自由民主的梦魇:多数人意志不受合法性边界的控制。这也是"代议制民主"的主要标志:对政府而言,"其他机构,例如法院和立法机关,都是累赘……接受这些机构的问责,看上去纯粹是自缚手脚"(O'Donnell,1994:60)。常见的疑犯是那些擅长动员大众的民粹主义政治家,相关的例子不胜枚举,而阿根廷总统胡安・多明戈・贝隆(Juan Domingo Perón)是其中著名的一位。支持他的群众在街上高喊,"即使贝隆是小偷,我们也支持他"。另一位也来自阿根廷,卡洛斯・梅内姆(Carlos Menem)总统。他拥有压倒性的权力,并改变了阿根廷最高法院的人员构成。由于 2/3 的法院成员对他俯首听命,最高法院不再是独立主体,而只是服务总统的工具。[①] 梅内姆将

---

① 梅内姆还换掉了国家总检察长以及审计法院的多数成员。

最高法院包装成了"国家主权的意志";[①]正如一位最高法院成员所言,"我仅有的两个主人是贝隆和梅内姆……我不能作出违背政府的解释"(Larkins,1998:428-429)。在民主制度下,法院应当成为矫正侵权和解决争端的独立且有效的工具,但司法的从属化违背了这些愿景。[②] 结果,法院的声誉也随之坍塌:在 1984 年,42%的公民对法院少有或缺乏信心。至 1991 年,这一比例才回升至 71%,1996 年则达到了 89%(Smulovitz,2002)。第三个例子是委内瑞拉的乌戈·查韦斯(Hugo Chávez)总统。在 1999 年选举中获得压倒性胜利后,查韦斯和他的议会多数党开始清洗法官队伍。新颁布的司法紧急状态法令,授权新一届国会(la Soberanísima)可以对最高法院和司法委员会的法官以及该国任何一位法官进行调查。国会主席路易斯·米基莱纳(Luis Miquilena)警告反对者道:"任何胆敢反对这一决定的人,将会遭到清除。一旦最高法院采取任何抵制措施——它很可能会这么干,那么毋庸置疑,我们将毫不犹豫地进行镇压。"(El País,21 August 1999:8)

这些政治家通过动员民主国家中的多数民众,来消解对自身权力的约束。另一种政治家同样破坏了新兴民主国家的法治:1989 年之后,"反共"政治家推行"净化"政策,目的是清除政治舞台上的竞争者。所谓净化,就是指通过人员清除实现纯洁化。换言之,在机构内部进行清洗,对在以往政权中承担政治责任的人进行审查。保守派

---

① 阿根廷最高法院对引入博尼克斯计划的第 36/90 号法令的判决(Sentence of the Argentinian Supreme Court on decree 36/90 that introduced the Bonex Plan)。根据该计划,私人银行账户的储蓄一旦超过 100 万奥斯特(610 美元),就必须投资国家债券,以便资助国内公债。

② 这种愿望导致涌向不同法院、国家监察专员办公室和市监察专员办公室的申诉呈暴增趋势。媒体对司法案件进行了广泛报道。关于公民和媒体对法院的这种报道,参见 Smulovitz(2002)。为抵制司法的政治从属地位,阿根廷司法部门采取了一系列举措,例如对梅内姆内阁的三位部长展开调查,理由是他们在 1991—1995 年间向厄瓜多尔和克罗地亚非法出售军火;以及在费尔南多·德拉鲁阿总统任内,对劳工部长以及情报秘书处秘书长展开调查,理由是其涉嫌在参议院选举中行贿,以谋求参议院支持劳动市场改革。

政治家甚至要求制定具有追溯性的刑事法律。

人们假借民主之名要求净化。这与下述观点相悖：保证
（garantismo，Di Palma，1990：44-75）和共存协议会令新兴民主政权更
加稳固（O'Donnell and Schmitter，1986：37-47；Karl and Schmitter，
1991：280-282）。只要妥协未曾无视民主竞争或者政府议程，常见
的民主化处理方式历来是"宽恕但不忘记"。或许有人认为，这一
处理方式只适用于后威权主义国家，而不适用于转型国家。一如
林茨和斯潘特所言，"与欧洲转型国家相比，一些长期存在的威权
主义独裁国家，例如我们提到的佛朗哥时期的西班牙，萨拉查时期
的葡萄牙，皮诺切特时期的智利，在宪制文化方面尚有更多需要建
设的地方……在所有这三个国家中，尽管西方民主法治的许多原则
在实践中都被滥用或者搁置一旁，但尚未遭到根本性挑战"（Linz and
Stepan，1996：24）。

依据这一观点，由于合法性与政治之间的混淆，以及政府与政
权之间的重叠，转型国家唯有确立一套新的司法体系，才能让民主
在这些国家中得到维系。转型国家的净化政策，有时被类比为
1945 年之后的去纳粹化政策（Morawski，1999）。但这种类比并不
成立。首先，纽伦堡审判是对拥护世界大战的所有德国人进行审
查的一部分，它是有依据的，即国际法庭依据法律提出的反人道
罪指控。其次，净化政策被政治家用来消除政治竞争对手，以及
他们所反感的一些政策。例如，因为他们反对市场经济，支持堕
胎，或者支持公立教育（Kaniowski，1999）。最后，以民主之名支
持净化政策的政治家，歪曲了法治的两项基本原则：不得株连入
罪，以及既存法律未曾规定的行为不得入罪（法无明文规定不为
罪）。

在转型国家，政治家的各种策略加剧了民主与法院独立之间的
紧张关系。因此，当政治家对赢得首轮选举充满信心时，他们对司法
独立不以为意，并坚决捍卫立法至上。与此相反，当他们担心失败

时，他们就会努力保护现行司法部门不受将来的政治多数派影响，进而允许司法独立。至于保守派和自由派政治家，他们主张现行司法部门应当服从于新选出的代表们，并且只有在民主多数派实施政治净化之后，他们才会接受司法独立（Magalhães，1999）。无论是反共产主义者还是动员大众的民粹主义者，他们都将法治置于"多数人意志"之下。

运用法治破坏民主

一旦政治机构软弱，社会对政权的支持存在分歧，并且游离于议会和政府控制之外的司法部门敌视民主时，政治家就会利用独立的法官去对抗民主。在此情形中，颠覆性策略的成功概率就会增加，而报复的威胁几乎无效。一旦政治家在民主和法治之间制造裂痕，就为破坏政权提供了可乘之机，情况就会与之前那些例子截然相反：行政权孱弱，敌视民主的一些强势主体仍拥有声望，而法官则成为这一策略的同谋而非受害人。

在承袭了以往的法律和独立但偏袒的法官群体的新兴民主国家，上述场景更有可能出现。一如弗里德里希所言，倘若"大部分法官来自旧政权，并因为法官不受撤换原则而被保留下来，那么法院对新政府的忠诚度就值得怀疑"（Friedrich，1958：139-140）。不过，一旦拥有潜在否决权的群体的重要利益遭到威胁，或者国家陷入严重的政治经济危机，即便是成熟的民主制度也可能被上述策略颠覆。一位爱国主义救世主就有机会冉冉升起，他将以"国家利益"的名义寻求支持并攻击现政权。①

---

① 回想一下施密特的主张：一旦独裁政权暂停法律的实施，那么它只是在重新塑造一些条件，以便保证政权的实效——"尽管它无视了法律，但它只是为了实现法律"（Schmitt，1985：27）。这就是"（宪法体制内的）委任独裁"的一个特点，与"（宪法体制外的）主权独裁"截然相反。

政治家会利用法治对抗民主：法治要求法律得到一体遵守和实施，而无论法律的内容如何。换言之，法治并不必然保护民主政治权利；它只是确保，因为包含了行为模式与法律效果的法律规范是普遍适用的，所以人们的行为后果是可预测的，并且个人因为不会遭受任意处罚而拥有了很高的安全感。不过，即便政府未曾违反一个等级森严和逻辑一致的法律体系所设定的那些限制，法治也仍可能是"恶"法之治（公民在信息完备的情况下是不会让这种恶法通过的）。众所周知，凯尔森的法治国理论仅要求合法性原则，即政府行为受到现行法律的限制，法律体系内含了一个从基础规范演绎而来的逻辑构造，以及让法院承担起合宪性审查的职责。

> 我们不能把法治国设想为承载了特定内容的国家秩序……而是一个在法律秩序基础上实施其全部行为的国家……每一个国家都必须建立一种秩序，建立一种调整人们行为的强制性秩序，而不论这种秩序是以民主或独裁的方式创设的，也不论其内容如何，但这种秩序必定是一种法律秩序。通过那些一般性规范，这种法律秩序——从假设的根本法到各项具体的法令——逐渐变得更为具体化。这就是法治国的概念。（Kelsen，1977：120）

政治制度的性质无关紧要；[①]只要法律得到尊重和实施，民主还是独裁也无关紧要。正如拉兹所言（1979：211，219，225），倘若法治想要具有任何实质性含义，它在内容上就不能与一种正义论或者规范性政治哲学相重叠："一个以否认人权、极度贫困、种族分离、性别

---

① 凯尔森承认，民主制度下的法律强制并不预设多数人掌握了真理，并为少数向多数的转变留下了余地（1979：472-473）。但如赫勒（Heller，1972：71，216）指出的那样，凯尔森的"规范逻辑主义"会赋予"缺乏任何伦理性或社会性内容的法律以权威"。凯尔森与赫勒的争论背景是魏玛共和国的突然瓦解。

不平等和宗教迫害为基础的非民主法律体系,总体上可能比更开明的西方民主国家的法律体系更符合法治的各项要求……遵从法治之际,还能让法律服务于恶的目的。"

政客会利用法治对抗民主。倘若尊重和实施法律至关重要,那么民主国家的政治不稳定就会成为假借法治之名破坏民主的一个理由。倘若一个新政权从旧威权主义政权那里继承了法律和法院,或者在民主制度下制定了被用来破坏民主制度的"恶"法,那么该政权就可能从内部遭到颠覆。在历史上,这种颠覆策略不胜枚举。其中两个著名的例子是魏玛共和国和萨尔瓦多·阿连德当政时的智利:前者是一个继承了威权主义遗产的新兴民主国家;后者是一个表面上趋于成熟的民主国家。

在20世纪30年代德国民主制度的瓦解过程中,德国司法部门起到了关键作用。尽管第二帝国自1878年起就开始清洗司法系统中的自由派成员,但在一战过后,司法部门并未发生重大变化。魏玛共和国继承了一套极度保守的司法体系,其成员都接受过历史法学派的教导,他们对德意志民族精神的忠诚度,高于对现政权和1919年《宪法》的忠诚度(Ehrmann,1987)。司法部门的组织架构是官僚式的,存在十分强大的内部控制和垂直控制;由于法律独立、政府的不稳定以及议会的两极分化,司法部门在政治上是高度自主的。然而如前所述,继承了威权主义遗产的新兴民主国家的司法部门一旦独立于民主政治机构,就不会保持中立:它对左翼进行打压,与此相反,对越来越具有破坏性和暴力性的极端右翼,却予以容忍。右翼激进主义者在1918年至1922年之间制造了308起谋杀案,只有11人被判决有罪;与此同时,左翼激进主义者制造了21起谋杀案,却有37人被判决有罪(Ott and Buob,1993:94)。换言之,法院判决左翼激进主义者有罪的概率是右翼的47倍。用密尔(Müller,1991:21)的话来说,司法部门"鼓舞了激进的右派,却损害了支持者对民主的信心"。反民主的政治家利用魏玛民主的危机去摧毁民主,而法院在这种策略中发挥了关键作用。在 1932 年 7 月,议会允许援引《宪法》第 48 条推翻社会民主党所领导的普鲁士政府(Dyzenhaus,1997);在 1933 年 2 月 28 日,议会通过紧急状态法令;之后,任命海因里希·勃鲁宁、弗朗茨·冯·巴本以及库尔特·冯·施莱谢尔为总理,之后接连将其免职;最终,将权力交给了阿道夫·希特勒。纳粹的掌权过程利用并操纵了民主手段,也遵守了法治。一如莱普休斯所言,"伪装的合法性被转换为名义上的正当性,反过来被用来破坏宪法合法性和建立一种非民主的统治"(Lepsius,1978:56)。政治家和法院利用法律手段颠覆了民主。

在趋于成熟的民主国家,司法部门同样会为反民主的策略大开方便之门。当关键人物的利益看似遭到威胁,国家陷入一场政治或经济危机,并且民主党派力量弱小时,这种情形往往就会发生。成功颠覆民主的概率变得很高,而报复的风险则很低。阿连德时期的智利就是如此。智利拥有悠久的司法独立传统,但这并不能保证左翼政府统治下法院的政治中立。相反,法院非常敌视人民团结阵线领导下的政府。

那些上级法院,尤其是智利最高法院,从未拥护过民主。在统一而又等级森严的法院体系中,它们还牢牢控制着下级法院的法官。例如,在研究了 1964 年以来智利司法部门在备受瞩目的公民权利和政治权利案件中的所作所为之后,希尔宾克指出"司法部门,即使被认为是相对独立的司法部门,也不会自动服务于意义重大的民主制度中的那些价值和原则"(Hilbink n. d. :7)。智利民主联盟政府与保守的反对派就合法性和法治问题发生了对抗,在这场对抗中,司法部门基本站在反对派这一方。一旦占据议会少数席位的政府利用法律漏洞推行政府计划时,就会发生这种对抗。阿连德政府就采用了这一策略,它曾推行国有化政策,并将 1932 年《第 520 号法令》和 1939 年《生产促进会组织法》用作国有化的法律依据,而这些法律是从混乱且冲突的旧法律体系中继承过来的。[1] 自 1971 年中期以来,右翼势力一直抨击这一策略,理由是违反了宪法和法治。国防委员会和宪法法院保持了中立,共和国总审计长[2]、最高法院、其他许多法院和法官却并不如此。司法部门对 1972 年至 1973 年间发生的数百起恐怖活动不予调查,却成为破坏政府运动中的关键成员(Novoa Monreal,1992:61-71,95-105)。

尽管军事干预缺乏宪法或法律依据,司法部门最终却乐于"支持军事政变,并在公民自由问题上听命于武装力量"(Valenzuela,1989:190)。在 1973 年军事政变之后,当最高法院院长为皮诺切特将军系上总统背带时,他对总统说:"司法任您指挥。"

对这种业已政治化了的司法部门,奥古斯托·皮诺切特将军无须干预其独立性。独裁政府在 1973 年 9 月 18 日发布的第一道法令表明,这个曾经炸毁总统官邸、解散议会、清洗政府官员的新政权仍会尊重司法。但宪法法院属于例外,它在政变之前就遭到了抨击,因为其判决经常支持阿连德政府的法律提案。1973 年 11 月,宪法法院遭到了解散(Silva Cimma,1977:63-78,209-216)。智利军政府对司法部门的这种尊重,与发生在阿根廷和巴西的情形截然不同。[3] 尽管军政府控制了司法预算,并且人权案件被交由军事法院管辖,但 1974 年第 527 号法令却重申了法院的独立地位。司法部门从未质疑过军政府的合法性[4],也从未试图阻止侵犯人权。相

---

① 1972 年 8 月之后,《信使报》运用"法律漏洞"(resquicios legales)这一措辞,来化解阿连德政府的这一策略。

② 共和国总审计长有权预先控制行政行为的合法性。当时的总审计长是赫克托-胡马雷斯(Héctor Humares),他终身任职,不对任何机构负责。

③ 在阿根廷,独裁政府清洗了 80% 的法官。在巴西,最高法院遭到改组。

④ 这一立场经常拿法律实证主义为自身辩护。因而在保守派报纸《信使报》的一次访谈中,最高法院法官埃尔南·塞雷塞达·布拉沃(Hernán Cereceda Bravo)声称:"你刚才说到'即便它们是不公正的法律'这句话,我并不认为这些法律是不公正的,因为只要它们是以恰当方式颁布的,它们就应当得到实施。"

反,最高法院对人身保护令颇有抱怨。在教会支持的互助教区所提起的 5400 份诉状中,最高法院只接受了其中的 10 份。最高法院院长在 1975 年的司法就职演说中声称,"至于酷刑和其他暴行,我敢说,我们这里并不存在法外处决或铁幕,这种信息都是那些政治媒体散布的,它们支持一些现在没有,将来也不会在我们国家流行的观念"(Correa Sutil,1993,91)。

经历了近 17 年的军事独裁统治后,1990 年 3 月,帕特里西奥·艾尔文就职总统,新的民主政府继承了以 1980 年《宪法》为基础的合法性框架,也继承了以独立但不中立的法院为基础的法治。在最高法院 17 位法官中,有 14 位是由皮诺切特任命的。具有独立地位的司法部门的政治干预,对新成立的民主政府构成了威胁。问题并不在于缺乏"横向"制约,也不在于缺乏制止政府滥用权力的法治。相反,问题在于司法系统仅在保守派政治利益未受挑战时,才接受民主制度;为了保护自身利益,它随时会破坏民主制度。最终,最高法院的人员构成发生了变化,20 位法官中有 17 位是在艾尔文总统和爱德华多·弗雷总统任期内获得任命的。当最高法院裁决是否撤销皮诺切特的议会豁免权时,有 14 位法官表示赞成,6 位表示反对。局势就这样翻转过来了:不是司法部门破坏民主,而是民主政治家改变了法治。

民主国家的政治司法化

迄今为止,本章已考察了民主或法治处于非均衡状态下的各种情形。根据自身在不同制度领域内能动用的资源,政治家选择既不遵守法治,也不遵从民主,而是转向搞破坏。现在,我将讨论政治家对二者都给予尊重的那些情形:民主和法治处于均衡状态,因为基于所预期的对手会采取一些策略,对政府和反对派来说都不存在一个更优的其他选项。但在特定政治环境和制度环境中,政治家或法官却有可能将政治司法化。这样一来,尽管民主得以维系,但政治家却能运筹帷幄并让司法部门成为自己的权力工具,以获得更高的权位。

首先我将考察一些制度性改革,而这些改革会将法官转变成潜在的破坏性政治武器。在普通法系和大陆法系的不同传统中,对政治家的法律约束在很长一段时期以来并不相同。[①] 在普通法系传统中,法官是权力制衡体系中的关键部分,他们能够阻止当前的多数派颁布违反宪法的法律,他们在审理案件时采用对抗式程序。另外,法官还可以通过直接选举或间接选举产生。[②] 相反,在大陆法系传统中,法官无权干预民选机构所代表的民意;他们只不过是专业的公务员,任务是适用包罗万象的成文法规则以解决纠纷。司法被认为是非人格化的,注重证人证言的,去权力化的(判断性的)。作为公务员,法官大多是通过竞争性资格考试被选拔出来的,之后可能还要进入司法学校进修。[③]

在经历了独裁统治和司法顺从之后,一些大陆法系国家会推行制度改革。改革既是对司法政治附庸地位的拨乱反正,也是为了加强对政府的约束。司法理念(jurisprudence,法官对法律规范所作的有影响力的解释)得到了史无前例的重视;宪法法院和司法审查得以建立;通过司法委员会(首先出现在意大利,然后是法国、西班牙、葡萄牙和许多拉美国家)展开的自治,让法官的独立地位得到了强化;法院系统内部的等级控制受到了抑制。这些制度改革让

[①] 关于这两种法律传统,参见 Toharia(1999)。

[②] 在英国,法官由作为内阁成员的大法官任命。在美国,法官的选举可能是直接选举也可能是间接选举,这取决于他是州法院法官还是联邦法院法官。州法院的法官选举始于19世纪前半叶后期;到1994年,55个州里有70.5%的法官是由党派投票或非党派投票直接选举产生的。至于联邦法院法官,他们是间接选举产生的——需要经总统提名以及参议院投票批准。

[③] 法国、西班牙、葡萄牙以及乌拉圭都设置了竞争性资格考试,之后还要赴司法学校进修;意大利、比利时、秘鲁和巴西有资格考试,但没有司法学校。德国、阿根廷以及厄瓜多尔既无资格考试也没有司法学校,而是通过实习选拔法官。

大陆法系和普通法系相互趋近，但并未在大陆法系国家引入普通法系国家对司法系统的一些制约（Guarnieri and Pederzoli,1999）。通过创设一些完全不受监督的监督者，这些制度改革为政治司法化创造了条件。

政府所承担的有限民主责任是激发司法政治化进程的动因。倘若选举竞争或议会的制约无法影响政府行为，司法部门的新权力便可以用来在法律层面——即便不是在民主层面——向政治家问责。政治司法化往往是政府只承担有限政治责任所导致的。当反对派害怕遭到报复，或者与政府暗中勾结时（例如对政党的非法资助），法官[1]就会启动这一进程。当政治家带头采取这一策略时，他们首先会考虑对选举的影响。他们的动机在于赢得选举：借助政治司法化，他们希望抹黑一个在选举中难以击败的对手。稍后，我将考察反对派带头采取这些策略的情形。

法国和意大利的政治是政治司法化的例证，而政治家在其中扮演了一种被动的角色。制度改革和统治者的有限政治责任，导致这两个国家中的民主与法治的关系发生了急剧变化。承担有限政治责任的原因在两个国家并不相同。在法国，1958年《宪法》赋予行政机关重要权力，包括在司法事务上授予共和国总统以及司法部部长广泛权限。[2] 多年以来，两轮投票选举制度促成了稳固的多数派。在意大利，有限政治责任是由多党联盟促成的，其中基督教民主党是核心成员，而选民们几乎不可能把政治家撵下台。

---

① 在不分等级且去中心化的司法系统中，每位法官都拥有"司法权"，就没必要假设一个"统一的"司法体系。单个法官也可以成为实施政治策略的工具。不过，我们有理由认为，法官还是倾向于自主独立地作出具有拘束力的法律决定（无论这些决定的内容如何，无论它们反映了什么样的正义观念，或者无论它们与民主是否一致）。另外，我们同样有理由认为，法官具有政治倾向：他们参与政治策略的意愿取决于他们对于风险的规避程度。当法官的独立性越大，他们对于风险的规避程度就越低。
② 其中，总统有任命法官的权力；司法部部长控制着法官的晋升，或者决定政治敏感案件中法官的回避事项。

无论是在法国还是在意大利，一旦党派实现联盟，以及（或者）当权者仍能通过联盟策略继续掌权，从而导致行政权孱弱并无法承担起责任时，政治就会迈向司法化。在法国，吉斯卡尔·德斯坦（Valéry Giscard d'Estaing）担任总统的后期便是如此[①]，在共和国总统（弗朗索瓦·密特朗，Francois Mitterrand）与由占据议会多数席位的反对派所选的总理（雅克·希拉克，Jacques Chirac）首次联合执政时期（1986—1988），情况也是如此。在意大利，法官和政客之间的长期勾结，曾经一直是政治生态的一个显著特征（Pizzorno，1992）。至20世纪90年代，政治家变得易受攻击。在1992年大选前夕，米兰法官发起了调查非法资助政党的"净手运动"（Mani pulite）。当意大利天主教民主党和社会党处于劣势，以及黑手党对乔瓦尼·法尔科内和保罗·博尔塞利诺法官的谋杀被视为行政孱弱的证明后，"净手运动"加速发展。布奈特和曼托瓦尼令人信服地指出，意大利的"净手运动"（Burnett and Mantovani，1998：261-263）是独立的法官、强大的企业家以及为后者控制的有影响力媒体之间心照不宣的联合所导致的偶然结果。[②] 法官，即使是独立的法官，也需要支持和资源以抗衡政府。一些意大利企业巨擘提供了这些支持和资源，以反击意大利政党在20世纪80年代中期以来过度增长的非法资助要求，并反对政府增加税收。此外，政治家已无法继续履行存在了几十年的隐性协议：在如今业已一体化的欧盟经济体中抵御外部经济竞争。在1991年《马斯特里赫特条约》之后，意大利政府的财政赤字和庞大的

---

① 吉斯卡尔·德斯坦一开始处于相对弱势的地位。他在1974年5月以微弱优势赢得大选，在第二轮投票中，他获得50.8%的选票，而密特朗的得票率为49.2%。他领衔建立了一个极不稳定的保守党联盟。众所周知，他与雅克·希拉克（联盟中最大党派的领导人，并在1974年到1976年间担任总理）素来不和。第五共和国的第一起法律丑闻——吉斯卡尔涉嫌收受中非共和国总统让-贝德尔·博卡萨的馈赠——似乎就是因为希拉克及其所在政党保卫共和联盟泄露了消息。

② 因此，在净手运动这一策略中起到关键作用的《快报》就是卡洛·德贝内代蒂旗下的。阿涅利家族控制着《新闻报》《晚邮报》《世界报》，意大利工业家联合会控制着《24小时太阳报》。

国债,已经对经济前景构成了威胁。

在这两个国家,政党之间的政治勾结也十分明显。在法国,左翼和右翼政党都丑闻迭出。[①] 五年间,有两位总理和近 20 位顶层政治家被起诉。最终,议会在 1990 年 1 月通过了一项具有追溯力的法律,赦免了遭到起诉的政治家:左翼和右翼政治家的遮掩行为激起了众怒;它也刺激了司法能动抬头,以让政治家坐实法律责任(Roussel,1998)。在意大利,从 1991 年到 1996 年,司法调查导致2381 人因政治腐败被判刑。[②] 这导致了一场政治地震:天主教民主党、社会党、社会民主党、自由党和共和党都接连退出了政治舞台。然而,并非所有法官皆是清白之身。1998 年,对 203 位法官的调查显示法官与政客之间存在勾结。研究了意大利进程后,德拉·波尔塔(della Porta,2001:13)总结认为:"机构自治并不足以保障反腐调查的成功。"

这两个国家的司法策略存在相似之处。法官会依据刑事法律立案,并利用长达数月的无保释监禁套取供述。弗朗西斯·萨维里奥·博雷利(Francesco Saverio Borrelli)是米兰的一位法官,在为这种做法辩护时,他说道:"预防性拘留的威慑已经产生了积极的效果……如果声称审前拘留能帮助我们接近事实真相,那么我们是否会因此被污名化呢?"(《共和报》的采访,1995 年 1 月 19 日)。法官还通过向各种新闻媒体提供司法程序中的一些秘密信息,以寻求后者的支持。作为法国最为活跃的法官之一,埃里克·德·蒙哥

---

① 社会党的第一起丑闻是家乐福发展公司和乌尔巴对于该党的非法资助。司法部部长解除了蒂埃里·让·皮埃尔法官的职务,这让他无法调查乌尔巴案,并加剧了司法的政治化。在 20 世纪 80 年代影响到保守派的第一起丑闻是米歇尔·诺伊尔案,后者是议员并任里昂市长。See *Le Nouvel Observateur*, nos. 1759(23-29 July 1998) and 1766(10-16 September 1998).

② 截至 1996 年,受到调查的人数每年都在稳步上涨:1991 年为 159 人,1992 年为185 人,1993 年为 263 人,1994 年为 369 人,1995 年为 549 人,1996 年为 856 人(della Porta,2001:12)。

费埃(Ericde Montgolfier)①宣称,"将媒体带入司法是必要的,因为在黑暗之中,正义几乎不可能得到实现"。就意大利而言,瓜奈里和佩代尔佐利(Guarnieri and Pederzoli,1999:147)也认为,"新闻媒体之所以关注法院的行动,是因为法院提供了珍贵的素材,而媒体可以放大某个行动的影响力"。当然,媒体也有自身的利益追求:更大的政治影响力,更多的收入,而不是正义。媒体与那些受政府决策影响的经济巨擘存在联系。②司法和媒体的联盟确实构成了一件致命性的政治武器。

在法国和意大利的政治司法化历程中,政治家在很大程度上扮演着被动的角色:他们或是受害者或是受益者,但很少谋划积极主动的政治策略为自身利益服务。现在,我将转向西班牙,考察政治家如何掌握这种政治主动权,从而将法官独立转变为政治司法化的工具。

借助法治清除对手

随着1978年《宪法》的颁布,西班牙的法律体系与改革后的大陆法系模式渐趋一致。从独裁到民主的转变给法律内容和司法结构带来了深刻变化,但在人事安排上并未发生什么变动。不存在任何清

---

① 埃里克·德·蒙哥费埃在伯纳德·塔比案中担任了公诉人,他对使用无保释监禁和向媒体透露消息的辩护理由,是目的可以证明手段正当,关于这一点,参见 *Le Nouvel Observateur*,no. 1766(10-16 September 1998)。

② 在法国,一家企业集团控制着法国宇航公司、马特拉公司、欧洲第一电台、《星期日报》《巴黎竞赛画报》《艾丽》、阿歇特出版社、法亚尔出版社、格拉塞出版社、斯托克出版社、卡尔曼-李维出版社、袖珍书出版社,另一家集团控制着维望迪-哈瓦斯公司、《快报》《扩展》、电视四台,还有一家集团控制着巴黎春天集团、《观点》、电视一台和国家经理人采购联盟。在西班牙,一家以西班牙电信公司为主营业务的集团,控制着西班牙第三电视台、西班牙国家电台、数字化电台、《世界报》《资讯扩展》,另一个集团控制着桑提亚纳出版社、《国家报》、SER 无线电网络、电视四台、数字卫星频道。

洗行动,但对政治事务拥有管辖权的特别法院遭到了抑制。① 根据《宪法》授权,宪法法院负责司法审查和保护基本权利,司法委员会负责法官自治。法官变得独立且不接受问责——只有法官才有权聘任、组织、管理或制裁法官。司法权被视为人民意志的体现;法院以"共同体的司法良心"为基础作出涉及立法的判决(Rubio Llorente,1991:32)。

司法部门很少反抗独裁政权。直到独裁政权的末期,一群法官才成立了一个反佛朗哥组织——民主司法。新政权接纳的法官群体极为保守:在1994年,有1369位法官加入了各种协会,其中54%的法官加入了反动的"法官专业协会"(Asociación Profesional de la Magistratura),18%加入了右倾的"弗朗西斯科·维多利亚协会"(Asociación Francisco de Vitoria),24%加入了进步的"民主法官协会"(Jueces para la Democracia)。多数派协会反对设立宪法法院,认为司法委员会的任命应严格遵循社团主义原则,并要求对公开批评司法判决的行为处以刑事制裁。在1985年,社会党政府颁布的一部法律授予议会任命司法委员会委员的权限,而保守派法官将这一举动视为破坏法治。

仅不到两成的西班牙公民对司法部门表示满意。② 司法部门的独立性也广受质疑:在1997年,"司法判决独立于政府的利益和压力""独立于经济团体和社会团体的利益和压力""独立于媒体的压力和评论"的说法,分别遭到了57%、58%和55%的公众的质疑

---

① 有人认为,佛朗哥时期的法律改革让政客服膺于法治,但这是在混淆视听。依据1956年的《争议性行政事务管辖法令》和1957年的《国家行政法典》,只有官员对公民负责,而佛朗哥只对"上帝和历史"负责。1945年的《军事审判法典》将司法权授予了统帅陆军、海军和空军的将军们。公共秩序法院对未涉及军队的非法政治活动拥有管辖权,所谓涉及既包括间接涉及,也包括直接涉及。

② Eurobarometer survey,May 1997. 法国、葡萄牙、比利时的公众满意度较为接近。意大利的公众满意度少于10%。相反,奥地利、丹麦、芬兰的公众满意度高达50%以上。See Toharia(1999:17)。

(Toharia,1999:18)。对法官独立于政府的认同率也日渐降低:从1986 年社会党(工人社会党)政府时期的 40％,下滑到 1998 年保守党(人民党)政府时期的 28％。[①]

现在让我们转向政治领域。之前业已指出,政治司法化取决于政府所承担的政治责任,以及反对派输掉大选的概率。如果统治者将自己的政治责任限制在选举结果上,并且只打算承担自己在两次大选间隔期间的行为的法律责任,那么政治对抗就会从议会转场到法院。我的第二个观点是,倘若反对党政治家长期败选而又极度看重当选,并且认为在既定民主竞选规则下,在未来他们可预期的胜选概率可以忽略不计,那么他们很有可能转向实施政治司法化的策略,以便将在位者撵下台。一旦采取这种策略的成本很低,他们就会这么做。换言之,当他们拥有强大的盟友,而且遭到对手报复的风险很小时,他们就会这样做。在讨论政府(而不是反对派)利用司法行动来获取政治利益的策略之前,先研究一个反对派策略的例证。

将在位者撵下台

1993 年 6 月,费利佩·冈萨雷斯(Felipe González)领导下的西班牙社会党出人意料地连续第四次赢得了大选。一年后,一项关于"肮脏战争"的司法调查表明,地下组织"武装解放大队"(GAL)实施了这场针对巴斯克恐怖组织(Euzkadi Ta Azkatasuna/ETA,简称"埃塔")的战争,而该组织要么是西班牙内政部部长组建的,要么得到了内政部部长的庇护。这项调查一开始就与反对派的政治策略交织在一起。因而,一方面,我们必须梳理一下这份关于发生了什么的司法调查;另一方面,也要梳理一下反对派旨在扳倒政府的政治策略。一如费许(1993:738)所言,"得出政治结论和

---

① 数据来自德莫斯科普亚(Demoscopia)的调查。see *El País*,11 May 1998,20.

怀着政治意图开始做某事之间的差别,在于一旦你采用了后一种方式,那么你正在做的绝不会是一项法律事务"。这一政治策略的主要组织者之一,在数年之后回忆此事时说:"这当然是反对派发起的行动……其中包括一些金融机构和报纸……这一行动的深入推进,是为了结束冈萨雷斯 13 年半的统治。"(对路易斯·玛丽亚·安森的访谈,西班牙国家电台,1998 年 1 月 16 日)

前述事件还有一些信息需要补充。埃塔成立于 1959 年,在民主时期变得更加活跃。在 1977 年第一次大选后的三年间,它谋杀了 287人。反埃塔恐怖主义的地下行动始于 1975 年初,组织者是佛朗哥特勤局(the Servicio Central de Documentacion)的成员,执行一项名为"戴安娜行动"的策略。截至 1982 年 10 月社会党选举获胜,参与行动的组织(西班牙巴斯克旅)先后谋杀了 40 位埃塔的成员或支持者,打伤 128人。从 1977 年到 1982 年,在西班牙中间民主联盟(UCD)保守党政府执政时期,公众强烈怀疑内部可能参与了这些反埃塔行动。[1]

在社会党赢得大选之后,针对巴斯克恐怖组织的"肮脏战争"仍在继续。同一批警官继续负责反恐政策。反埃塔的第一次地下行动始于 1983 年 10 月,在社会党执政第一年,反埃塔行动谋杀了 44 人[2],伤 31人,绑架 5 起,武装袭击 28 起。反埃塔恐怖主义的地下行动,由一个名为"武装解放大队"的新组织实施,但它显然和以往的一些组织存在关联。[3] 从第一次行动到 1986 年"肮脏战争"结束,武装解放大队谋杀了 28 位埃塔成员或支持者。社会党政府时期,巴尔塔萨·加尔

---

[1] 例如,西班牙巴斯克旅的三名成员,因在昂达伊的一家酒店中谋杀两人而被捕,之后因曼努埃尔·巴雷斯特罗的命令得到释放,而后者是内部部的一名高级警官。

[2] 在这些死者中,18 人是平民,12 人是国民警卫队队员,11 人是警察,3 人是军官。其中一名军官是维克托·拉戈将军,他在马德里执掌布鲁内特装甲师,并在 1981 年 2 月23 日粉碎针对民主政府的政变中起了关键作用。

[3] 例如,从 1975 年开始,让·皮埃尔·谢里德就开始组织针对巴斯克恐怖组织的"肮脏战争",到 1984 年他在放置炸弹时死亡为止。也就是说,他首先受雇于佛朗哥特勤局,最后加入武装解放大队。许多恐怖分子都曾先后加入西班牙巴斯克旅、三 A(TripleA)、埃塔反恐怖主义(Anti-Terrorismo ETA)以及自由反恐大队(Belloch,1998:113)。

松法官于 1988 年发起司法调查。结果，两名警察因组织武装解放大队被判处 108 年监禁。在 1993 年的大选中，加尔松以社会党身份在议会当选，但对继续案件调查持谨慎态度。在辞职一年后，他恢复了对武装解放大队的调查。

1993 年的大选结果出人意料。尽管社会党曾输给保守党（人民党），但是"冈萨雷斯效应"（Barreiro and Sánchez-Cuenca，1998）对社会党的再次获胜起了决定性作用。这一结果在人民党领导层内部激起了强烈的政治反应。他们意识到，中间选民的态度确保了社会党的再次当选，除非引入新的竞争维度和能够绕过意识形态分歧的议题，意识形态投票才会实现中立化。[①] 他们还坚信，除非采取特殊手段削弱冈萨雷斯的影响力，否则选举获胜的概率将微乎其微。他们没有耐心等待下一次选举。他们也拥有一些重要资源，以及持相同观点、同样缺乏耐心的强大盟友：激进的报纸，拥有大量听众的广播电台网[②]和一位富有的银行家（这位银行家在执掌西班牙最大银行之一西班牙信贷银行期间，被西班牙银行发现涉及 40 亿美元的欺诈，之后他受到了司法调查）。就这样，一个政治、媒体和金钱的联盟形成了。尽管这一策略的轮廓一开始就为人知晓[③]，

[①] 感谢贝伦·巴雷罗（Belén Barreiro）和伊格纳西奥·桑切斯-昆卡（Ignacio Sánchez-Cuenca）在这方面给我的启发。

[②] 其中一份报纸——《ABC 报》——有悠久的敌视民主的传统：它融合了保守的天主教义以及对于君主的忠诚，而后者引导它接受了民主制度。它的主编是路易斯·玛丽亚·安森。另一份报纸《世界报》则与之不同：它创刊于 1989 年，倾向于民粹主义，非常敌视冈萨雷斯。银行家马里奥·孔德持有其部分股份，其主编是佩德罗·J.拉米雷斯。这两份报纸各有 321573、307618 名读者。主要的广播网是天主教广播网 COPE，由天主教主教团（Catholic Episcopate）持有，大约有 340 万名听众。这些数据是截至 1995 年的记录，资料来源于官方的传播理由办公室（OJD）和媒体概况（EGM）。See El País，14 April 2000，pp. 42-43.

[③] 例如，在《先锋报》（加泰罗尼亚主流报纸）刊登的一篇文章中，何塞·路易斯·德·维拉隆加写道"本次行动将分不同阶段部署。首先，在对正处低谷的费利佩·冈萨雷斯进行全力攻击后，政府就会失去稳定……同时我们还会发起一场声势浩大的运动以支持阿斯纳尔（人民党领导人，JMM）。它由一份有知名度并少有道德顾忌的报纸，以及一位长期资助这家报纸推动反政府运动的银行家发起"。维拉隆加是一位贵族，他是胡安·卡洛斯国王授权的传记作者。

但直到数年之后,一位主要组织者才彻底揭露了其意图所在:

> 用其他武器打败费利佩·冈萨雷斯是不可能的。这是问题所在……冈萨雷斯以绝对多数赢得了三次选举,当所有迹象表明他将失败时,他再次赢得了第四次选举。我们不得不提高我们的批判水平,尽管这有时会破坏国家稳定……冈萨雷斯的个人政治力量如此之大,以至于必须走极端……我们必须结束冈萨雷斯的统治,这是问题所在……问题不在于他可能实施了许多滥用职权的行为,如果有的话也罢,而在于轮流执政不可行的风险。(对路易斯·玛丽亚·安森的采访,《时间报》,1998 年 1 月,24-30)

查明事件真相的司法调查和以政治司法化为政治武器将在任者撵下台的政治策略,二者之间的差别就在于此。后者的目标从一开始就已设定,用人民党的副领导人弗朗西斯科·阿尔瓦雷斯·卡斯科斯的话来说,就是将费利佩·冈萨雷斯送入监狱,绝对性地削弱工人社会党,结束社会党执政期间的"民主病态"。[①]"肮脏战争"被展示并被判定为社会党政府的所作所为。但在反埃塔恐怖组织长达 11 年的活动期间,只有最后三年受到司法调查;在社会党政府的领导下,反埃塔恐怖组织活动已于 1986 年结束。前保守党政府并未受到任何追责:[②]反埃塔恐怖组织早期的行动被认为是零星的、无关联的

---

① 1998 年 2 月 25 日,弗朗西斯科·阿尔瓦雷斯·卡斯科斯在参议院的演讲。正如一名社会党人兼工人委员会成员写道的,在这一策略中,政治家及其盟友"只要能实现除掉冈萨雷斯的目的,敌件欢迎采用一切非暴力的手段"(Fernández Enguita,1998:10)。

② 这些政府先后有四位不同的内政部部长。第一位是曼努埃尔·弗拉加,任期是 1975 年 12 月到 1976 年 7 月,换言之,反埃塔恐怖主义行动是在他的任期内开启的。弗拉加是人民党的缔造者。第二位是鲁道夫·马丁·维拉,他在西班牙中间民主联盟政府担任内政部部长,任期是 1976 年 7 月至 1979 年 4 月。第三位是安东尼奥·伊瓦涅斯·弗莱雷,在西班牙中间民主联盟政府担任内政部部长,任期是 1979 年 4 月到 1980 年 5 月。第四位是胡安·何塞·罗森,也在西班牙中间民主联盟政府担任内政部部长,任期从 1980 年 5 月到社会党上台执政为止。罗森的死亡非常关键:他是联结过往的主要人物,能够向社会党提供一些非常重要的信息。

和无组织的——这与社会党支持的武装解放大队不同。① 实际上,武装解放大队事件刚被调查时,追究其行动的责任就已被确定了。调查步骤的先后顺序也被精心安排好了。② 就像法国和意大利一样,法官也使用无保释监禁作为威胁以套取供述。这些被指控的人面临两个选择,要么被判刑入狱,要么把责任推给上级官员并获得附条件的自由(此时他们还可以援引"必须服从上级"这一减轻情节)。法官还将诉讼程序中的一些秘密信息透露给有兴趣的媒体。这一政治策略旨在

① 不过,有充分理由支持相反的解释。例如,安东尼奥·萨雷斯·德·桑塔玛丽亚将军认为,"在社会党执政之前的'肮脏战争'被认为是孤立事件,而武装解放大队则被认为是由政治家所组织的。事实并非如此。前后都是同一组织的,之间并无间断……'肮脏战争'并不是有组织的:它是一种反应,由于谋杀案数量巨大(1980年有89起谋杀案),对无法忍受的情况作出了无节制的过度反应。不是所有人的头脑都会如此冷静地按照恰当方式进行反恐斗争"(西班牙塞尔电台的访谈,1998年2月)。这位将军曾经参与粉碎1981年2月针对民主政府的政变。在西班牙中间民主联盟以及工人社会党执政期间,他都获得了政治任命:除了其他职务之外,他还是政府驻巴斯克地区的首席代表和国民警卫队指挥官。

② 调查的先后顺序如下。1994年5月5日,巴尔塔萨·加尔松法官辞去议员职务并恢复对武装解放大队的调查。12月4日,人民党副领导人弗朗西斯科·阿尔瓦雷斯·卡斯科斯承诺,人民党将来执政后会赦免两名因组织武装解放大队行动而被判处108年监禁的警察,条件是他们必须指控内政部里的社会党政治家(这次会面是《世界报》主编组织的,律师代表两位警察接收了对方的提议)。1994年12月,加尔松法官与《世界报》主编多次会面。在12月16日,两位警察向加尔松法官做了主动供述,指控内政部部长(何塞·巴里奥努埃沃)、国家安全委员会主任(拉斐尔·维拉)、比斯开省总督(胡利安·桑克利斯托巴尔——内政部驻巴斯克地区最高代表),以及工人社会党比斯开省总书记(里卡多·加西亚·达姆波伦亚)。12月19日,加尔松法官将桑克利斯托巴尔关入狱中并不得保释,而对两位警察处以有条件的自由刑。12月23日,银行家马里奥·孔德因西班牙信贷银行欺诈案被判入狱,同桑克利斯托巴尔一起被关在阿尔卡拉·梅科监狱。哈维尔·戈麦斯·德·利亚诺法官(与加尔松法官一起调查武装解放大队,之后负责索格达案)的一位兄弟也被作为孔德的共犯而受到司法指控。12月27日,《世界报》开始刊载两位警察的回忆录以及指控。1995年4月18日,加尔松法官指控桑克利斯托巴尔和加西亚·达姆波伦亚,罪名是组织武装解放大队:桑克利斯托巴尔还是被判入狱,加西亚·达姆波伦亚被判处有条件的自由刑。6月12日,《世界报》开始刊登所谓的西班牙国防部高级情报中心(CESID,the Spanish secret service)西班牙特工部门文件,这些文件是从与银行家孔德以及人民党有联系的高级官员那里获得的。7月17日,桑克利斯托巴尔向加尔松法官主动供述,指控首相和国务卿。7月20日,加西亚·达姆波伦亚也向加尔松法官主动供述,指控首相费利佩·冈萨雷斯。同日,《世界报》报道了"阿斯纳尔在第一次向加尔松法官主动供述之前,曾与达姆波伦亚密谈"(这篇报道的作者之后成为1996年人民党政府的国务卿办公室通信处处长)。7月27日,《世界报》全文公布了加西亚·达姆波伦亚向加尔松法官所做的对费利佩·冈萨雷斯的指控。9月27日,加西亚·达姆波伦亚再次向最高法院做了对冈萨雷斯的指控。

煽起"民意判决"而不是发现司法真相。所以阿尔瓦雷斯·卡斯科斯才会声称,"民意对武装解放大队事件一直持有一个明确的判决……如果刑罚不能回应公众的判决,那就会让正义蒙羞"(对媒体的公开声明,1995 年 9 月 10 日)。

尽管如此,民意判决却区分了查明事实真相的司法调查与政治司法化的党派策略。在 1995 年①,社会调查表明 47％的多数民众认为"经过这么长时间后,重启武装解放大队事件应该只是基于政治利益考虑";只有 22％的少数民众不认同这一看法。就全体选民而言,也存在这种多数看法,尽管这一看法在前社会党支持者中的影响程度更大一些(54％的社会党选民对比 43％的非社会党选民),社会党支持者对这一看法反对声音较小(13％对比非社会党选民的 26％)。多数选民(46％)也认为,"一些媒体正在进行平行审判,目的是让政府失去公众信任,进而结束费利佩·冈萨雷斯的统治"(22％的选民反对这一看法)。在工人社会党的支持者中,这一观点的认同者比例更大:58％的选民表示认同,而 41％的非社会党选民不认同(仅有 11％的非社会党选民、7％的社会党选民不同意保守派媒体的看法)。尽管公民们察觉到了这种政治策略,他们还是不认同受到司法调查的那些反恐行动:59％的选民谴责武装解放大队的行动(52％的社会党支持者,62％的非社会党支持者);16％的选民持中间看法:他们虽然不赞成武装解放大队的行动,却又为其寻找借口(两个群体投票支持者的比例分别是 17％和 15％);最后,10％的选民支持"肮脏战争",认为他们的首要任务就是消灭埃塔(14％的社会党支持者,9％的非社会党支持者)。

几个月后,即 1996 年 3 月,人民党赢得了大选。社会党因为 1993 年、1994 年经济危机和不断增长的失业率失去了威望。之后的

---

① 来自社会学研究中心的调查(the Centro de Investigaciones Sociológicas),第 2133 号,1995 年 2 月(国家抽样 N ＝ 2500)。

经济复苏也不足以重获选民的支持；此外，经济丑闻令其元气大伤。表 11.1 的逻辑回归以支持社会党政府的投票意愿为二元因变量，测算了这种支持意愿是否会因四个自变量而增加或减少。变量包括前次大选的投票、经济评价、政治腐败评价，以及对于武装解放大队事件的态度。① 这四个变量在数据上很重要：如果投票者在前次选举中选择支持社会党，那他这次支持政府的概率会增加；当经济评价呈负面时，当他们认为政治腐败是一个严重的政治问题时，当他们强烈反感武装解放大队事件时，投票给社会党的概率就会降低。也就是说，武装解放大队事件会影响投票意愿，无论投票者个人先前是否支持政府。

表 11.1 支持社会党政府的投票概率

参数	对数系数	标准误差
恒量	−1.094*	0.653
变量		
前次大选的投票	5.361***	0.426
经济评价	−0.676***	0.121
政治腐败评价	−0.274**	0.094
对于武装解放大队事件的态度	−0.256***	0.105
Chi 2	782.353	
Pseudo R2	0.43	
案例数量	1053	
正确预测的百分比	87.7	

① 投票意愿的分值是：支持政府为 1 分，其他选项（支持其他任何政党，空白票，弃权）是 0 分。前次大选投票的赋值也是这样；经济评价从 1 分（非常好）到 5 分（非常差）。不认为腐败是一个严重的政治问题，则记 0 分；相反记 1 分。对于武装解放大队的态度从 1 分（赞成）到 4 分（完全反对）。受访者倘若不知道或不回答关于其投票意愿或这四个变量的问题，则将被排除在外。意识形态最初也作为一个自变量纳入这个模型中，但考虑到其与过去投票之间的关系，最终还是将其排除在外（r：−0.28，显著性水平为 0.01），以避免多重相关性问题。

选举获胜并非这一保守策略所看重的唯一目标：毕竟，它只以1.3％的微弱优势胜出。当下的问题是如何尽可能久地执政。人民党一上台，在1983年到1986年间执掌内政部的两位高级政治家就因为对武装解放大队事件负有责任，都被送进监狱。但是，主要目标还是冈萨雷斯：一旦他被送进监狱，这位工人社会党可预见的未来重要政治竞争对手就会遭到重创。1996年9月29日，时任副首相的阿尔瓦雷斯·卡斯科斯在梅里达的一次公开演讲中宣称，"武装解放大队是费利佩·冈萨雷斯精心策划的"；这一指控只是人民党领导人针对前首相作出的诸多指控之一。政府任命的总检察长按照政府的指示，试图从最高法院得到一纸监禁判决。然而，冈萨雷斯在1996年11月被无罪释放。但是，在长达十几年的调查过程中，社会党从未给出关于对抗埃塔的"肮脏战争"的清晰故事。①

这一策略成功地让公众对冈萨雷斯的态度变得两极分化：在西班牙社会，他所唤起的既有强烈的敌意，也有热情的支持，从而被划分成了两个阵营。由于冈萨雷斯坚信这种对立在政治上有极大危害，所以即便他身为工人社会党的领袖，也没有参加1997年6月的国会连任竞选。这样一位温和的政治家，为何会招致如此两极分化的评价？这一问题耐人寻味。这一问题以及其他类似问题的答案在于：政治上的敌对情绪，与其说取决于意识形态的差异，还不如说取决于政治对手的选举魅力。人们经常指出冈萨雷斯和克林顿存在相似之处：

① 费利佩·冈萨雷斯仅仅主张，活动在法国领土上的武装解放大队破坏了与法国政府的反恐合作，这项合作始于1983年12月20日冈萨雷斯与密特朗的双边会晤（法国警察针对埃塔的首次行动是在1984年1月10日）。法国政府对冈萨雷斯给予了积极支持。有利于冈萨雷斯的另一种看法认为，在1994年，也就是在加尔松辞去议员职务和对于武装解放大队的调查进一步推进之前，冈萨雷斯将一位富有名望的独立法官（胡安·阿尔贝托·贝洛赫）任命为内政部部长，这位部长的个人政治雄心更胜于其对政府的忠诚，他在澄清武装解放大队事件上发挥了关键作用。

中左翼的克林顿政府与冈萨雷斯政府都面对一些激烈的反对派，各自的反对派之间最类似的地方，是借助司法来实现一些无法通过投票箱实现的目标。有两个关键问题……其一是右翼在法院找到了可以猛烈攻击左翼政府的工具，其二是一旦有才干的左翼政治家不能为其任内发生的丑闻承担起政治责任，那么他们就会加速自身的败亡。(Jackson,1998:9-10)

故事的结局提出两个假设性问题，这些问题将影响处于均衡状态的民主。第一个问题是，假设冈萨雷斯在 1996 年再次胜选（他几乎做到了，在被最高法院无罪释放后），恼怒的右翼会如何反应？换言之，假设不论是选票还是法治的极端政治化都无法击败对手，那该怎么办？答案是冈萨雷斯的政治隐退：即使他赢得大选，他也照样如此。幸免于难的冈萨雷斯如果继续执政，可能导致右翼更趋激进和政权更不稳定。

第二个问题是，假设工人社会党的领导人被投入监狱，右翼会如何反应？政治司法化的策略，尽管保持了法治的均衡状态，却导致这种策略的受害者对遵从或不遵从法律不当回事：西班牙社会党接近于这种结果。1998 年 7 月，当内政部前部长和国家安全委员会前主任，因对武装解放大队事件负有责任而被最高法院判处 10 年监禁时，社会党的官方报纸宣称："我们相信他们是无辜的……我们不能要求最高法院的法官成为英雄——依据诉讼程序中确定的事实做判断和判决……逆水行舟需要极大的勇气。"（《社会主义报》，1998 年 8－9 月，618）尽管社会党默认判决结果，但该党执行委员会认为法院受到了政府和媒体压力的影响。1998 年 9 月 1 日，社会党领导人在监狱前组织了声势浩大的游行示威，以支持里面的两位政治家。直到很久之后，工人社会党才克服了这一创伤性的政治经历，并让自己和司法部门的关系回归正常。

社会党的这一政治反应，削弱了自身的选民支持率。1998 年 7

月,社会党和人民党的选民支持率十分接近:分别为 23.8% 和
23.9%。到 10 月,人民党的支持率超过了社会党:26.1%比 22.9%。
到了 1999 年 1 月,差距有所扩大:人民党的支持率为 26.7%,社会党
的支持率为 20.3%。换言之,以社会党对有害于政治的一项司法判
决进行抵制为标志,6 个月来,人民党在投票意愿上已经获得了
6.4%的比较优势。在 2000 年 3 月大选之前,社会党一直处于劣
势;随着费利佩·冈萨雷斯卸任社会党领导人,以及社会党领导人
之间的艰难交接,并在国民经济持续扩张背景下,人民党轻松赢得
了多数选票(44.5%对比工人社会党的 34.1%)和议会绝对多数
席位。①

因而,担心选民在选举期间施加惩罚,是政治家服从司法判决的
缘由之一。另外,人民党清楚地知道,社会党在司法部门缺乏支持因
而难以实施报复,而反埃塔恐怖组织的既往责任也已超出了诉讼时
效。另外,社会党也不会实施那些自认为将动摇民主制度的策略,也
就是说,导致更低回报的策略。无论损害有多大,社会党必须接受保
守派策略带来的破坏性后果,并遵从法治。它只能祈求在竞争规则
业已改变的民主环境下,会有更好的未来。或许,这就是保守派人士
在采取这一策略时的盘算。这样一来,法治仍保持了一种均衡状态,
即使某个案件存在政治上不公的审判和法律的选择性适用,因为在
其他选项下,(就选民支持率、司法斗争或者政权稳定性而言)失败者
的处境会变得更糟。尽管失败者今天默认了失败结果,但随着选民
支持率的回升,将来终有一日会改变司法场域中的力量均衡——实
现更大程度的公正。

---

① 数据来自社会学调查中心的第 2294 号调查,1998 年 7 月;第 2307 号调查,1998
年 10 月;第 2316 号调查,1999 年 1 月(国家抽样 N = 2486,2489,2493)。

让对手噤声

在任政治家经常想改变社会中的既存力量均势以获得优势——巩固自身地位,并削弱批评者的影响力。当统治者朝这个方向谋划策略时,他们自认为选举风险是极小的,他们在社会中拥有强大的盟友,并且失败不会造成严重的政治威胁。站在对立面的一些媒体,往往会成为这种策略的攻击目标。

我的讲述将再次回到西班牙政治,正好接着先前的讲述继续。要知道,在 1996 年,何塞·玛丽亚·阿斯纳尔领导的保守党(人民党)仅以 290328 票的微弱优势赢得大选。原本预期在议会中获得绝对多数席位的人民党领导人认为,社会党的这种恢复能力不仅借助了残留的"冈萨雷斯效应",还借助了"左翼"自由派传媒集团普瑞萨(PRISA)的影响。① 因而,和冈萨雷斯一样,普瑞萨也成了新政府的主要政治标靶。司法部门再次成为政治策略的工具,《国家报》的创始人也是其主要受害人之一,他后来把这种策略描述为"政府对不听话媒体的可怕攻击"(Cebrian,1999)。

1996 年 12 月,距离大选结束已有数月,这一政治策略启动了。普瑞萨着手打造了一个数字电视平台(运河数字卫星频道),该平台由两家私营电视台("运河+"和天线 3 广播电台)与加泰罗尼亚公共电视台(第三电视台 TV-3)共有。政府决意否决此方案,并借助自己控制的电信巨头②(西班牙电话公司)建立自己的数字电视平台。足球赛事(尤其是皇马和巴塞罗那的赛事)转播,是这两家相互竞争的电视平台最重要的资源;运河数字卫星频道本已和俱乐部签订合

---

① 普瑞萨旗下拥有《国家报》、SER 无线电网络和私人电视频道"运河+"。
② 西班牙电话公司以往由政府垄断经营。人民党新政府将何塞·玛丽亚·阿斯纳尔首相的一位密友任命为该公司总裁。然后将其私有化,以确保该公司被人民党的友好人士控制,并保护人民党免于将来的社会党政府的打压。

同,并且一开始它就比对手更有影响力。

首先,这一政治策略试图借助行政手段和立法手段,阻止运河数字卫星频道的营运;其次且更重要的是,以司法手段终结普瑞萨传媒集团的影响力。因而,最初政府以"特殊紧急状态"为由通过一道法令,宣布运河数字卫星频道这个新电视台的解码器不合法;[1]然后,政府将新电视台要缴纳的增值税提高了 10%;最后,以"公共利益"为由,通过一项法律从该电视台抢走了足球赛事转播权。与此同时,普瑞萨也失去了合作伙伴。天线 3 广播电台被西班牙电话公司收购,统治加泰罗尼亚的民族主义党在议会中为马德里的人民党政府提供支持,迫使第三电视台放弃了运河数字卫星频道。

最严重的政治打击始于 1997 年初。以下是相关参与者及其行动步骤。首先是政府:政府委托他人制作了一份法律和经济报告,旨在让普瑞萨陷入一场刑事官司。[2] 在议会和媒体上,人民党政治家指控普瑞萨是"骗子"和"造假者"团伙。其次是媒体:《纪元》[3]杂志在 1997 年 2 月 24 日刊登了这份政府报告;随后,杂志负责人将普瑞萨董事会成员告上法院。此外,保守党媒体发起声势浩大的运动,诋毁普瑞萨的经济状况并制造"民意判决"。最后是司法:在听命于政府的总检察长的支持下,哈维尔·戈麦斯·德·利亚诺法官[4]启动了针对普瑞萨的刑事程序。法官没收了董事会成员的护照,并对董事长

---

① 该法令最终被欧盟委员会中止。因为市场上并不存在其他种类的解码器,并且政府干预有违欧盟规则。

② 这份报告是由两位经济学家和一位律师完成的,他们都与银行家孔德关系密切。

③ 《纪元》(*Época*)是一份极端右翼杂志。其主编曾经是佛朗哥工会(the Sindicato Vertical del Espectaculo)的总裁以及《阿里巴》(*Arriba*)(独裁政权时期的唯一政党——长枪党——旗下报纸)的主编。银行家马里奥·孔德是这份杂志的资助者。

④ 关于哈维尔·戈麦斯·德·利亚诺(avier Gómez de Liaño)法官的个人情况,参见本书 322 页注释①。他曾是司法委员会(司法权总委员会)成员,由人民党提名任命。参与这一合谋策略的人还包括:政府任命的国家总检察长赫苏斯·卡德纳尔,最高法院财政总长何塞·玛丽亚·卢松(他也在武装解放大队事件中起到积极作用),国家法院首席检察官爱德华多·丰加里尼奥,国家审计署的两名检察官伊格纳西奥·戈迪略和玛丽亚·多洛雷斯·马尔克斯·德普拉多,后者嫁给了哈维尔·戈麦斯·德·利亚诺法官。

个人处以 2 亿比塞塔的保释金。诉讼程序秘密进行，却不断有信息透露给媒体。[①] 正如一位总检察长所言："他们（普瑞萨董事会成员）被迫在法院的'小长廊'上来回踱步。我们要从法院开始发起一场司法革命，以结束这个腐败的政治制度和费利佩·冈萨雷斯主义。"[②]

司法调查持续了一年之久。由于霍尔迪·普约尔（Jordi Pujol）的帮助，普瑞萨董事长躲过了无保释监禁。霍尔迪·普约尔是在加泰罗尼亚执政的民族主义政党的党首，该党在议会中支持人民党政府。最终，高等法院宣布指控是缺乏根据的。普瑞萨的董事长开始了反击，他以推诿为由，将哈维尔·戈麦斯·德·利亚诺法官告上法院。政府及其所在政党，以及保守派媒体对戈麦斯·德·利亚诺法官表示支持；他的律师还是一位人民党政治家；按照政府的指示，总检察长也为他做了辩护；[③]同一伙媒体还发起了一场针对最高法院法官的恫吓行动。然而，"政治家、媒体和法官的黑手行动"行将结束（Pradera，1999:4）。启动这一策略两年后，也就是 1999 年 10 月 15日，戈麦斯·德·利亚诺被判犯有推诿罪并丢掉了工作。借助这个案件，西班牙最高法院划定了改革后的大陆法系司法独立的限度："法官不得将自身意志或信念转变为法律。只有议会才有权这么做……仅以法官个人信念为依据但缺乏理性法律基础的那些判决，与现代法治是不相容的。"（《国家报》，1999 年 10 月 16 日，17-20）

但是，无论是在法律还是政治层面，参与这一策略的政治家均未受到影响。选民将相关冲突视为一场权斗，也就并不怎么关心，因而

---

① 相关媒体仍然是：《世界报》《ABC 报》和天主教广播网 COPE，两家公共电视台，以及私营电视台第三广播电视台。See note 42.

② 总检察长玛丽亚·多洛雷斯·马尔克斯·德普拉多的这句话，是对巴尔塔萨·加尔松法官说的。1999 年 9 月 16 日，加尔松法官在向高等法院（Audiencia Nacional）宣誓时透露了这一点。"小长廊"指的是被告人到达法庭时受到的羞辱性行为——等待时被电视台拍摄和记录。费利佩主义是对一个权力网络的蔑称，其中就包括普瑞萨，据说由费利佩·冈萨雷斯控制。保守党西班牙中间民主联盟政府时期的经济部前部长海梅·加西亚·阿诺维罗斯，也向高等法院证实了这一目的："该进程将是现行政治体制的终结。"

③ 担任该案律师的政治家是豪尔赫·特里亚斯（Jorge Trias），他是人民党议员。

政府在后续选举中未遭受任何损失。2000年3月,人民党赢得大选,并获得了议会绝对多数席位。2000年12月1日,距离最高法院判决不到一年时间,人民党政府赦免了戈麦斯·德·利亚诺,他重新回到法官岗位上。因此,无论是对在任的政治家还是充当工具的法官来说,整个策略没有带来任何损失。

唯有上级法院的等级化控制,才能防止法官成为破坏性的政治武器。因为前者的人员构成与民主是一致的。充当法律喉舌的法官,似乎更能确保法治对于民主规则的尊重。一旦改革让法官不仅独立,还不受问责、不受制约,那么改革并不会带来公正。因为那不但无法捍卫民主,反而可能让法官蜕化成了打击政治竞争对手的工具。

结　论

在本章中,我质疑了这一观点:民主制度和作为法治核心要素的独立司法,是两种相辅相成的制度安排。我只讨论了政治家的策略,并未涉及民主和法治各自的制度性失调。我的观点基于一个老生常谈的问题:司法独立并不能保证司法在政治上不偏不倚或恪守中立。普沃斯基(1991:35)曾指出,"我们倾向于相信,当冲突发生时,独立的司法系统是一股重要的公断力量。"然而,并不存在任何有分量的理由,能确保司法拥有这种超然于政治的地位。用达尔的话来讲,法官是"非民选的准监护人",他们会约束民主进程。不过,就像他所主张的那样,这种"非多数主义的民主制度安排,单凭自身并不能阻止少数群体借助受保护的地位,转而对多数群体实施伤害"(Dahl 1989:156)。

但在本章中,这些政治策略都是由政治家而非法官主导的。例外情形发生在政治家们相互勾结的时候,就像法国和意大利的情况那样。独立但并不中立的法官,可能成为政治家推动某项举措的工具，并为法院和民主制度之间的冲突创造时机。有两种策略是众所周知的。在第一种策略中，政治家试图在施政时摆脱法官、法院和法律规范的束缚：他们借助选票对抗法律和法袍。这些策略不仅影响了我们熟知的大选期间走民粹主义路线的政治家，还影响了希望以民主名义摆脱司法权束缚的剧变后的政治家。后一种情况提出了这一问题：什么样的法官应被授予独立地位。换言之，在监督者获得自主性并开始制约政治家之前，是否还需要符合某种特定的资格条件？在第二种策略中，政治家利用司法与民主之间的冲突，以法官为工具破坏政权的稳定。在此情形下，问题并不在于弱势机构对强势行政部门的"横向问责"，而是恰好相反。

当民主处于均衡状态时，尤其当制度改革导致分散和独立的司法部门缺乏责任，并为不受限制的司法能动创造了条件时，法治还向政治家提供了一些特殊资源。普通法系①和大陆法系国家都在进行这种改革，但是本章主要讨论后者。在以往威权主义统治时期缺失司法独立的国家中，制度改革让司法权处于一种不受制约的状态。倘若统治者很少承担政治责任，并将自身政治责任降低至法律责任，那么政治司法化的动机就会很强。倘若反对派长期以来在选举中一直失败，未来前景也不乐观，那么它就有动机引入这种新的竞争方式以打击对手。希望强化权力控制的政府，也会选择将政治司法化，并利用独立但不中立的法官削弱对手。

一旦政客拥有立刻掌权的强烈欲望，他们就会将去中心化的、独立的司法部门转变成打击对手的政治武器，他们几乎不担心报复，因为不公的法官站在他们这一边，而他们的对手也会因为这一策略而

---

① 一个例子就是美国法设立的独立检察官。一开始是阿奇博尔德·考克斯（Archibald Cox），他在理查德·尼克松总统任内负责调查"水门事件"，后由利昂·贾沃斯基（Leon Jaworski）接任；之后是劳伦斯·沃尔什（Lawrence Walsh），在罗纳德·里根任内调查"伊朗门事件"；最后是罗伯特·菲斯克（Robert Fiske）、肯尼思·史塔尔（Kenneth Starr）以及罗伯特·雷（Robert Ray），在克林顿总统任内调查"白水事件"以及"莫妮卡·莱温斯基事件"。

被大大削弱。竞争对手会表示服从，但基于一些与此相反的原因：即便当下的游戏规则并不令人满意，但他们在民主制度下更看重长期利益；他们在司法部门找不到类似的资源，但希望借助选票在将来某个时候弥补这种不均衡；选民会惩罚他们抵制司法判决的行为。我已经考察了两种这样的策略：一种是借助政治司法化将在任者撵下台，另一种是让对手噤声。在这两种策略中，唯有依据自身政治资历做出终审判决的高等法院，才能限制这种政治武器——选择性适用法律——的破坏力。

一旦法治成为一种政治武器，它的一些原则最终也会遭到破坏。相应地，为达目的不择手段；基于政治原因择案而审；通过"司法民粹主义"破坏无罪推定和法律保障；案件持续数年之久，最后演变为罗织理由的全面盘问；人人皆知的秘密审判（Lopez Aguilar，1999）。法官、媒体和政治家之间形成一张相互勾结的网络。政治司法化不仅以政治结论告终，也自政治意图起步。

对法治和"法治极其重要的假定"，拉兹表达了下述怀疑："我们需要警惕以法治为名贬损对重要社会目标的法律追求……为法治牺牲太多社会目标，可能让法律变得贫瘠和空洞。"（Raz，1979：210，339）然而，本章所表达的怀疑，并非缘起于经济安全优先于社会改革，而是因为司法独立和政治公正之间的脱节。换言之，缘起于这件大杀器对民主或民主竞争规则所造成的风险。

风险的解决之道，不在于弱势的司法、滥权的多数派或者不受制约的政治家。本章的主张是，普通法系和大陆法系对法官豁免权的不同限制，不应被草草地取消了。另外，如果政治家希望避免政治司法化，他们就必须接受民主问责并承担起政治责任。

参考文献

Baker v. Carr. 1962. 369 U. S. 186.

Barreiro,B. ,and I. Sánchez-Cuenca. 1998. "Análisis del cambio del voto al PSOE en las elecciones de 1993. " *Revista Española de Investigaciones Sociológicas* 82:191-211.

Belloch,S. 1998. *Interior.* Barcelona:Ediciones B.

Burnett, S. H. , and L. Mantovani. 1998. *The Italian Guillotine.* Lanham,Md. :Rowman & Littlefield.

Cebrian, J. L. 1999. "El fin del silencio. " *El País*, 15-16 October.

Correa Sutil,J. 1993. "The Judiciary and the Political System in Chile:The Dilemmas of Judicial Independence during the Transition to Democracy. " In I. P. Stotzky (ed.),*Transitions to Democracy in Latin America: The Role of the Judiciary*, 90-106. Boulder: Westview Press.

Dahl, R. A. 1957. "Decision Making in a Democracy:The Supreme Court as a National Policy Maker. " *Journal of Public Law* 6:279-295.

Dahl,R. A. 1989. *Democracy and Its Critics.* New Haven:Yale University Press.

della Porta, D. 2001. "A Judges' Revolution? Political Corruption and the Judiciary in Italy. " *European Journal of Political Research* 39,1:1-21.

Di Palma,G. 1990. *To Craft Democracies.* Berkeley:University of California Press.

Dworkin,R. 1985. *A Matter of Principle*. Cambridge,Mass. : Harvard University Press.

Dyzenhaus,D. 1997. "Legal Theory in the Collapse of Weimar: Contemporary Lessons?" *American Political Science Review* 91,1: 121-34.

Ehrmann,H. W. 1987. "Judicial Activism in a Divided Society: The Rule of Law in the Weimar Republic. " In J. R. Schmidhauser (ed.),*Comparative Judicial Systems*,75-92. London:Butterworth.

Esquith,S. L. 1999. "Toward a Democratic Rule of Law. East and West. " *Political Theory* 27,3:334-356.

Federalist Papers. 1961. New York:New American Library.

Fernández Enguita,M. 1998. "Mirando hacia atrás sin ira. " *El País*,29 July.

Fish,S. 1993. "On Legal Autonomy. " *Mercer Law Review* 44: 737-741.

Flemming,R. B. ,and B. D. Wood. 1997. "The Public and the Supreme Court: Individual Justice Responsiveness to American Policy Moods. " *American Journal of Political Science* 41, 2: 468-498.

Franklin,C. ,and L. Kosaki. 1989. "Republican Schoolmaster: The U. S. Supreme Court,Public Opinion,and Abortion. " *American Political Science Review* 83,3:751-771.

Friedrich, C. J. 1958. *La démocratie constitutionelle*. Paris: Presses Universitaires de France.

Guarnieri,C. ,and P. Pederzoli. 1999. *Los jueces y la política. Poder judicial y democracia*. Madrid:Taurus.

Hart, H. L. A. 1958. "Positivism and the Separation of Law and Norms." *Harvard Law Review* 71,4:593-629.

Hayek, F. 1994. *The Road to Serfdom*. Chicago: University of Chicago Press.

Heller, H. 1972. *Teoría del estado*. Mexico: Fondo de Cultura Económica. Spanish translation of Staatslehre (1934).

Hilbink, L. N. d. "Exploring the Links between Institutional Characteristics of the Judiciary and the Substance of Judicial Decision-Making." University of California, San Diego. Unpublished manuscript.

Hoekstra, V., and J. Segal. 1996. "The Shepherding of Local Public Opinion: The Supreme Court and Lamb's Chapel." *Journal of Politics* 58,4:1079-1102.

Jackson, G. 1998. "Los destinos de Clinton y González." *El País*,5 August,9-10.

Kaniowski, A. 1999. "Lustration and Decommunization." In M. Krygier and A. Czarnota (eds.), *The Rule of Law after Communism*,211-247. Aldershot: Ashgate.

Karl, T. L., and P. C. Schmitter. 1991. "Modes of Transition in Latin America, Southern and Eastern Europe." *International Social Science Journal* 128:269-283.

Kelsen, H. 1977. *Esencia y valor de la democracia*. 2d ed. Madrid: Guadarrama. Spanish translation of *Grundrib einer allgemeinen Theorie des Staates*(1926).

Kelsen, H. 1979. *Teoría general del estado*. Mexico: Editora Nacional. Spanish translation of *Allgemeine Staatslehre*(1925).

Larkins, C. 1998. "The Judiciary and Delegative Democracy in Argentina." *Comparative Politics* 30,4:423-442.

Lepsius, R. 1978. "From Fragmented Party Democracy to Government by Emergency Decree and National Socialist Takeover: Germany. " In J. J. Linz and A. Stepan (eds.), *The Breakdown of Democratic Regimes: Europe*, 34-79. Baltimore: Johns Hopkins University Press.

Linz J. J. , and A. Stepan. 1996. *Problems of Democratic Transition and Consolidation*. Baltimore:Johns Hopkins University Press.

López Aguilar,J. F. 1999. "¿Hacen política los jueces?" *Claves de Razón Práctica* 96:8-15.

Magalhaes, P. C. 1999. "The Politics of Judicial Reform in Eastern Europe. " *Comparative Politics* 32,1:43-62.

Manin, B. , A. Przeworski, and S. C. Stokes. 1999. "Elections and Representation. " In A. Przeworski, S. C. Stokes, and B. Manin (eds.), *Democracy, Accountability, and Representation*, 29-54. Cambridge:Cambridge University Press.

Mishler,W. , and R. Sheehan. 1993. "The Supreme Court as a Counter-Majoritarian Institution? The Impact of Public Opinion on Supreme Court Decisions. " *American Political Science Review* 87, 1:87-101.

——. 1996. "Public Opinion, the Attitudinal Model, and Supreme Court Decision-Making:A Micro-Analytic Perspective. " *Journal of Politics* 58,1:169-200.

Montesquieu, C. L. 1951. De l'esprit des lois. Vol. 2. Paris: Gallimard (Pléiade).

Morawski,L. 1999. "Positivist or Non-Positivist Rule of Law?" In M. Krygier and A. Czarnota (eds.), *The Rule of Law after*

Communism,39-54. Aldershot:Ashgate.

Müller,I. 1991. *Hitler's Justice*. Cambridge, Mass. : Harvard University Press.

Novoa Monreal, E. 1992. *Los resquicios legales*. Santiago: Ediciones BAT.

O'Donnell,G. 1994. "Delegative Democracy." *Journal of Democracy* 5,1:56-69.

O'Donnell,G. 1999. "Polyarchies and the (Un)Rule of Law in Latin America. " In J. E. Mendez,G. O'Donnell,and P. S. Pinheiro (eds.),*The (Un)Rule of Law and the Underprivileged in Latin America* ,303-337. Notre Dame:University of Notre. Dame Press.

O'Donnell, G. , and P. C. Schmitter. 1986. *Transitions from Authoritarian Rule*:*Tentative Conclusions about Uncertain Democracies*. Baltimore:Johns Hopkins University Press.

Ott, W. , and F. Buob. 1993. "Did Legal Positivism Render German Jurists Defenceless during the Third Reich?" *Social & Legal Studies* 2,1:91-104.

Pederzoli,P. ,and C. Guarnieri. 1997. "Italy:A Case of Judicial Democracy?" *International Social Science Journal* 152:253-270.

Pizzorno,A. 1992. "La corruzione nel sistema politico. " In D. della Porta (ed.),*Lo scambio occulto*. Bologna:Il Mulino.

Pradera,J. 1999. "La Alegre Muchachada. " *El País* ,17 October.

Przeworski,A. 1991. *Democracy and the Market*. Cambridge: Cambridge University Press.

Radin,M. J. 1989. "Reconsidering the Rule of Law. " *Boston University Law Review* 69,4:781-819.

Raz,J. 1979. *The Authority of Law*. Oxford:Clarendon Press.

Raz, J. 1994. *Ethics in the Public Domain*. Oxford: Clarendon Press.

Rehnquist, W. H. 1986. "Constitutional Law and Public Opinion." *Suffolk University Law Review* 20,4:751-769.

Riker, W. H. 1982. *Liberalism against Populism*. Prospect Heights, Ill. : Waveland Press.

Roussel, V. 1998. "Les magistrats dans les scandales politiques." *Revue Française de Science Politique* 48,2:245-273.

Rubio Llorente, F. 1991. "La igualdad en la jurisprudencia del Tribunal Constitucional." *Revista Española de Derecho Constitucional* 31:9-36.

Schmitt, C. 1985. *La dictadura*. Madrid: Alianza Editorial. Spanish translation of *Die Diktatur : Von den Anfangen des Modernen Souveränitätsgedankens bis zum Proletarischen Klassenkampf* (1922).

Shklar, J. N. 1987. "Political Theory and the Rule of Law." In A. C. Hutchinson and P. Monahan (eds.), *The Rule of Law : Ideal or Ideology*. Toronto: Carswell.

Silva Cimma, E. 1977. *El tribunal constitucional de Chile* (1971—1973). Caracas: Editorial Jurídica Venezolana.

Sonner, M. W. , and C. Wilcox. 1999. "Forgiving and Forgetting: Public Support for Bill Clinton during the Lewinsky Scandal." *PS. Political Science & Politics* 32,3:554-557.

Smulovitz, C. 2002. "The Discovery of Law. Political Consequences in the Argentinian Case." In Y. Dezalay and B. Garth (eds.), *Global Prescriptions : The Production , Exportation, and Importation of a New Legal Orthodoxy*. Ann Arbor: Michigan University Press.

Tocqueville，A. de. 1969. *Democracy in America*. New York：J. P. Mayer.

Toharia，J. J. 1999. "La independencia judicial y la buena justicia." *Justicia y Sociedad* 3：9-32.

Valenzuela，A. 1989. "Chile：Origins，Consolidation，and Breakdown of a Democratic Regime." In L. Diamond，J. J. Linz，and S. M. Lipset (eds.)，*Democracy in Developing Countries：Latin America*，159-206. Boulder：Lynne Rienner Publishers.

Weingast，B. 1997. "The Political Foundations of Democracy and the Rule of Law." *American Political Science Review* 91，2：245-263.

第十二章　蒙田《随笔集》中的法治和法律改革问题

边凯玛利亚·冯塔纳[①]

　　法律的性质,包括习惯和成文法,是蒙田《随笔集》的一个中心主题。不过,就像蒙田其他作品的主题一样,除非从内容上对文集进行略显主观化的调整、排序,否则很难将其系统地呈现出来。[②] 关于这个主题,蒙田大体上是从三个维度展开的:首先,从宽泛的人类学角度,反思人类社会中的社会规范和道德习俗之性质。这无疑是他在这一问题上最著名的贡献,也被公认为是其怀疑主义方法论的突出表现。其次,对法国当时的立法,以及负责适用法律的司法机构进行

---

　　① 　边凯玛利亚·冯塔纳(Biancamaria Fontana):洛桑大学政治思想史教授。

　　② 　为避免母语非法语的读者在阅读本章时感到费力,我把蒙田《随笔集》的法语原文放在注释中,同时附上了 Screech(1987)所译的英译本。在所有引自蒙田《随笔集》的内容中,我先列出卷数和章节(以罗马数字),然后是 Villey(1999)版中相应的卷数和页码,最后是 Screech(1987)版中的页码。我们不可能将蒙田《随笔集》中所有宏大主题框定在某些特定章节,不过,我经常引到的章节有:book Ⅰ(ch. ⅩⅩⅢ,"论习惯和不轻易改变已被接受的法律");book Ⅱ(ch. ⅩⅦ,"论假设";ch. Ⅻ,"雷蒙·赛邦赞";ch. ⅩⅨ,"论信仰自由");book Ⅲ(ch. Ⅰ,"论功利和诚信";ch. Ⅱ,"论悔恨";ch. Ⅸ,"论虚荣";ch. ⅩⅢ,"论经验")。从 16 世纪 70 年代到 80 年代,蒙田一直在持续写作《随笔集》一书,直至 1592 年逝世。尽管我们能够从文本中辨别出他对《随笔集》不同版本所做(从 1580 年到 1588 年)的增补,但若要追溯某些观点的发展演变并将其与外部事件联系起来,还是存在不少困难。

彻底批判。蒙田对当时的现实有切身体验：最初，从 1554 年至 1557
年在佩里格法院担任法官；之后，从 1557 年开始担任波尔多议会议
员，直到他在 1570 年卖掉了这一职位。① 再次，他就宗教改革以及宗
教冲突对法国法律秩序的影响进行了评价。这是一种回顾性评估，
蒙田在《随笔集》中试图从多角度进行展开。但是，直至该书 1588 年
版本（这个版本有第三卷）的问世，这一评估才有了更全面的阐述。
这一版本发行时，和平的曙光，以及与亨利四世统治下的新教徒们达
成永久和解的曙光，也终于出现了。

　　对蒙田的第一个分析视角进行简述之后，我将重点放在第二、三
个视角上。事实上，在对法国法律制度状况和宗教战争危机的反思
中，蒙田被迫深入思考法律作为一种治理手段的功效，以及政治权
力、法律结构和舆论之间的相互关系。

　　关于支配人类社会的道德规范和集体规则的起源问题，蒙田的
总体看法是，它们是风俗和习惯的产物。习惯让人们不加置疑地遵
循了戒规和习俗，而戒规和习俗本身是任意的、偶然形成的甚至是
反常的。人们对习惯和传统的忠诚，令自己误认为那些习惯性安
排是自然所命令的道德要求。不同时空中的人类习俗各不相同
（这也是《随笔集》的一个重要主题），这充分说明，对那些将习俗接
受为自然准则和普遍法则的人们而言，实际还存在不同且常常是
相反的实践。

　　社会规范以地域性共识为基础，这一原理也适用于宗教实践和
法律制度。人们普遍认为，宗教信仰（包括真正的基督教信仰）是特
定的共同体成员的身份组成部分。例如，说某人是基督徒，相当于说

---

　　① 关于蒙田的法律职业生涯，参见 Frame(1994,ch.4)。此书是《蒙田传》的法文译
本，该译本更新了参考文献和注释，因此比英文原著更方便阅读。有证据表明，蒙田在
1570 年辞去公职之后，仍继续担任波尔多议会的法律顾问。令人遗憾的是，关于蒙田法律
职业生涯的综合性研究和佐证性文献，迄今仍是空白。

他可能是德国人或来自佩里格。① 类似地,成文法也不过是对旧习俗(无论它们来自当地还是被征服的外国地区)的精心誊写而已,即便随着时间流逝和语言演化,习俗的源头会变得模糊不清。蒙田并不否认,在习俗性安排之外还存在某种自然法,以及如影随行的不同于特定国家之正义观的自然正义和普遍正义。② 不同于它在人类制度中的幻影(将正义描述成"暗影幻相"见诸西塞罗的《论义务》,Ⅲ.17),这种自然正义是可以被人类认识到的,而认识的唯一手段是运用个人判断。理性能帮助每个人认识到个人成见的局限,然而在实践中,这种批判性努力必定会催生出各种相互冲突的观点,而不是一个普遍认同的真理体系。每个人都会自行判断,并得出不同的结论;事实上,我们甚至不能确保同一个人所做的判断会在不同时期保持一致。鉴于人们无法对"何为正义"达成一致,蒙田认为遵守居住国的现行习惯和法律往往是明智之举,即便私下可能认为那些习惯和法律乏善可陈、没有价值或者实际是有害的。他还强调,已有的信念和做法不管受到多大的质疑,在尚未造成大面积混乱之前是很难予以改变的。因此,相比旧的不良规则所造成的恶,破旧立新最终给社会带来的损害可能更大。

蒙田既劝勉人们遵守既有规则,又强调了破旧立新的危害性。这两种立场合力促成了人们对他的印象——一个保守的怀疑论者。由于他公开效忠东正教并敌视宗教改革背后的意识形态,这一形象又得到了进一步强化。对《随笔集》所载政治讯息的保守主义解读,尽管仍被广泛接受,但近来也遭到了批评。这种解读指出,尽管蒙田对权威心存疑虑,但认为维护权威仍是明智之举。但有学者认为,从

---

① "我们是基督徒,相当于我们是佩里格或德国人一样。"(book Ⅱ,ch. Ⅻ;vol. 2,p. 445;Screech,p. 497)

② "以其他方式调节的自然且普遍的正义,比其他特殊的、受制于国家需要的正义更崇高。"(book Ⅲ,ch. Ⅰ;vol. 3,p. 796;Screech,p. 898)。关于"自然正义"的概念,另见Alberti(1995)。

《随笔集》的一些文章片段中表露出来的那些保守主义观点，被文集的其他部分内容弱化了。在那些内容中，蒙田对现存秩序进行了彻底的批判，并坦承如果法律和君令违背了自己的良心，他就会拒绝遵从。[①]

无疑，蒙田对一些重要政治议题（诸如良心自由、政治义务或者国家理性）的讨论，存在微妙的模棱两可之处，且很难想象这不是他有意为之的。无论其"真实"意图是为了掩饰过于激进的意见，激发读者的怀疑态度，还是表达一种真实的矛盾态度。此外，若认为蒙田拥护传统、怀疑政治，则显然有违他同新教知识分子的密切关系、冒险支持亨利四世的个人选择，以及对国内和平与和解活动的积极参与。

暂且不论蒙田的政治立场这一宽泛问题。《随笔集》论述了习惯的强大惯性力，以及推动变革之后果的不可预见性。这些论述不仅提供了一种宽阔人类学的视角，表达了对稳定性的个人偏好，还清晰地表达了对法国当时改革历程的历史性判断。

蒙田描述各种各样的人类习俗时，采用了显然超脱甚至是戏谑的语调。他饶有兴致地分析了从古至今真实国度和想象国度中人们各不相同的行为方式、喜好、礼仪和迷信，并得出了一个令自己满意的结论："稀奇古怪的想象"无不可以在世俗生活中找到例子，是放之四海而皆准的。但是，一旦谈及自己国家的法律，这种超脱性就消失了，取而代之的若不是冷峻的讽刺，就是强烈的愤慨。

在蒙田的还原性分析中，罗马法与封建习惯在法国的不幸结合导致了一个反常结果：一个巨大而丑陋的司法系统。之后王室的干预，也只是使这个系统更无用、更不可收拾。首先，法国有太多的法律。法学家们似乎致力于实施一项愚蠢的方案：为当今世界乃至"快

---

① 关于蒙田的保守主义的经典阐述，参见 Brown(1963)；参见 Schaefer(1990:153-176)对这一主题的讨论。

乐主义者想象到的每一个世界"中每一个可能出现的特定案件,创设一件特定的法律。可以预见,就"人类行为的无限多样性"而言,即便是制定了 10 万件这样的法律也是不够用的。此外,那些法律有很多已被废弃,还有很多是重复或相互冲突的;并且,所有法律都是用极晦涩的语言表述的,以至于在其他所有领域皆被证明足以管用的法语,在一份书面遗嘱或合同这样的简单文本中,都变得含混且难以理解了。总的来说,这种状态还不如没有任何法律。①

当罗马法支持者和支持法国共同法的法学家们发生争执时,蒙田未曾表态支持哪一方。他仅强调,法律解释和评注的不断累积,让法律实践嬗变成了无用的文牍作业;不幸的是,这种作业方式却支配了老百姓的生命和财产。罗马人可以读懂写在广场布告栏上的法典,所以罗马法至少拥有能让民众知晓这一优点。但法国人就不那么幸运了,因为治理他们的法律竟然不是用本国语言书写的。② 不过在蒙田看来,法国法最为可憎之处是刑法典的残酷性,它毫无必要地规定了各种凶残的酷刑和处决方式。倘若说那些吃人肉、戴唇环鼻环、杀戮动物向神灵献祭的远古部落之习俗是野蛮且残忍的,那么信奉基督教的那些地方执法官,凭什么可以为了展示自身的宗教热忱,而将自创的、令人震惊的折磨手段施加在受害者们身上?③

法国法混乱和野蛮的根源,天然地存在于负责法律解释和实施的那些机构的"混乱和腐化"之中。④ 和他那时代的许多人一样,蒙田强烈反对司法机关的贪腐和收费行为,而那正是法国法律制度的特

---

① "最令人期望的法律,是条文最少、最简单、最概括的那种。我们这里的法律是如此庞杂,还不如没有法律的好。"(book Ⅲ,ch. ⅩⅢ;vol. 3,p. 1066;Screech,p. 1208)

② 关于这一辩论及其影响,参见 Franklin(1963);另见 Bodin(1941),Desan(1987),Couzinet(1996,114-120)。

③ "De la cruauté"(book Ⅱ,ch. Ⅸ;vol. 2,esp. pp. 431ff)。关于蒙田对暴力和残酷(也是作为贵族教育的一部分)的批评,参见 Quint(1998)。

④ "我们法国法律缺乏一致性且不成系统,这助长了豁免和执行时的混乱及腐败。法令如此模糊及不连贯,让法律解释、实施和适用中的违法乱纪都获得了开脱。"(book Ⅲ,ch. ⅩⅢ;vol. 3,p. 1072;Screech,pp. 1216-1217)

征。尽管在官方层面，法国王室一直禁止售卖司法职位，但自 1551 年后，也就是亨利二世及其继任者在位时期，意大利战争及随后的宗教战争所引发的财政危机导致官职买卖市场持续扩大，而王室为了保证现金流的稳定也在推动、助长买卖行为。①

蒙田认为，将法律商品化且只出售给那些付得起费用之人的做法，从根本上破坏了司法公正。法律或许是由蠢人（酗酒过度导致头脑迟钝之人）制定的，但更有可能是由一些憎恶平等而无法做到公正的人制定的（book Ⅰ，ch. ⅩⅧ；vol. 1，p. 177）。在法国，法官代表了权势阶层——"第四等级"。然而，实际上只有平民阶层服从法官的权威，因为贵族阶层只遵循自己的荣誉法典，而后者往往与普通法律相对立，并具有更高的效力。至于第三等级，其中的富人不得不花钱买公正，而穷人只能独自承受法律的严酷性。

曾经有几位农民发现了一位被残忍伤害的男士，由于担心遭到不白之冤（蒙田认为这种担心是完全正常的），他们没有帮助那位男士或向官方报告犯罪。在附近的一个城镇，一些"可怜虫"将因一桩他们未曾犯过的罪行而被绞死。尽管有一家法院得到了证明他们无罪的证据，但另一家法院已经先行判处他们死刑。由于不想处理棘手的管辖权冲突问题，这两家法院的法官们都宁愿看着他们被处死。司法官实际被蒙田轻蔑地称为"操持审判权的家伙"（book Ⅰ，ch. ⅩⅧ；vol. 1，p. 118），他们的工作仅限于考察法典中的教条和知识，而不涉及常识或正直。在所有地方，正义皆被贪婪、愚蠢、社会特权和空洞的法律形式扼杀掉了，结果导致"刑罚比罪行更邪恶"（book Ⅲ，ch. Ⅲ；vol. 3，p. 1071）。

蒙田总结道，倘若这些法律仍有一定的可信度，那并不是因为它们是公正的，而是因为它们就是法律：这是其力量的唯一基础，也是一种不可思议的基础，除此之外再无其他。这些法律并不值得认可，

①　参见 Mousnier（1971：35ff.）。

人们完全有理由无视或违背它们。事实上在某些情形中,唯有违背法律,才能让人们得以遵从自己良心所命令的正义原则。就蒙田而言,一旦自己要适用的法律有悖于关于人性和仁慈的普遍情感时,他就承认自己作为法官是不称职的,因为他不会那样去做。他还承认,如果他所效力的法律限制了自身自由或威胁到了自身安全,他就会毫不犹豫地移民到另一个国家。①

虽然蒙田对法国法的激烈批判在当时显得特别激进,但他关于法官腐败的观点,却得到了不少法官同行的认同。问题是:制度能否予以改革?如果可以,鉴于君主已经被财政需求绑架,而法院抵制任何干涉其集团利益的措施,那么又该如何改革、以何种手段进行改革?

在 1561 年,也就是内战爆发前夕,法国掌玺大臣米歇尔(Michel de l'Hospital)做了最后一次努力:着手对司法系统进行全面改革,并按奥尔良公爵的要求发布了一揽子改革法令。这份文件勾勒了一个重组法国官方机构的宏伟目标,内容除了禁止基于教会利益的权力滥用行为,还规定了打击司法腐败的各种措施。这些措施涉及面很广,其中包括废除 1515 年路易十二死后设立的所有职位(这些职位本应是空缺的)以及各种冗余的职位;禁止所有"终身制"职位,严禁给法官好处费或其他任何直接、间接形式的补偿(津贴、奖励等);同一个家庭的两个成员不能在同一家法院任职,对法官和法院顾问的财务状况和"道德操守"设立控制措施;通过设置独立审查,建立制约特定法官或法院判决的上诉审原则。

米歇尔认为,就重建王室声誉和对抗宗教异端的威胁而言,法律的实质性改革和教会改革一样至关重要。② 就此而言,奥尔良改革法

---

① 参见 book Ⅲ,ch. Ⅻ;vol. 3,p. 1072;参见"De la physionomie"(book Ⅲ,ch. Ⅻ, vol. 3,p. 1062)。

② 有人说,教会需要进行改革,但司法也同样需要进行改革。Michel de l'Hospital, "Harangue au Parlement de Rouen"(17 August 1563),In Descimon (1993).

令也是宗教宽容法令的必要补充。宽容法令就是 1562 年颁布的《一月诏书》，也是温和派力量预先制止内战的最后努力。[①] 不出预料，大臣发现为如此广泛和激进的改革方案寻求支持变得日渐困难。在遭到三级会议抵制后，他转而求助于最高法院。最后，通过一个严格来说不符合宪法的程序，在 1566 年依靠贵族咨询议会他才推动了穆兰法令的发布。与《一月诏书》一样，这些措施也未曾实施过。因为战争随即就爆发了，政治干预的机会也随之丧失殆尽。由于中了吉斯党的诡计，米歇尔在 1568 年辞职并退出了政治舞台。[②]

米歇尔的法律改革计划失败了，而蒙田亲身经历了那一历程，这有助于我们理解《随笔集》中有关宗教改革的论述。[③] 蒙田认为，宗教改革是一场大规模的意识形态欺骗和集体性妄想。蒙田的判断并非源自这一信念：新教徒的宗教信仰无疑是错误的（蒙田确实认为新教徒和其他人一样，持有一些似是而非的神学观点），或者总体上是欺骗性的。但他觉得，宗教改革作为未能获得实质性推进的法律改革之替代品，或者说某种替代性改革，是非常令人失望的。

首先，如果改革人类法律是一项困难且危险的事业，那么宗教改革者们就犯下了更大的蠢行。他们妄想改变上帝的法律，而方法是把公共宪法和公共性实践托付给变化无常的"个人臆想"。[④] 蒙田认为，这项事业刚愎自用且荒诞不经，因为它依据一些完全超出人类经验和人类理智理解范围的事物（宗教真理），给人们的生活和财产带来了很多现实损害。在第二卷的《雷蒙·赛邦赞》中，他详细阐述了这一观点。此外，宗教改革者的做法，消除了蒙田眼中基督教的主要

---

① 关于蒙田和《一月诏书》，参见 Smith(1991)。

② 关于米歇尔的改革，参见 Crouzet(1998:429ff.)。

③ 米歇尔曾于 1562 年到访过波尔多并在当地议会发表过演讲，参见 Nakam(1993:211ff.)。

④ 我认为如下现象是极不公正的：将公众的法律和规约置于摇摆不定的个人想法之下（个人的理性仅在其个人事务中有决定权），并将任何政体对市民法都不做的事，对神法去做(book Ⅰ,ch.ⅩⅩⅢ;vol.1,p.121;Screech,p.137)。

优点——基督教教义对精神权力和世俗权力的划分。

在表述那些可能被理解为快乐主义或唯物主义的意见时,尽管蒙田很谨慎,但仍然可以看出《随笔集》的一个主题——人类应当更重视实实在在的身体需要,而不是那些精神性或符号性因素(例如在他所描述的阿吉努斯审判中,一些有才干的将军刚把雅典从波斯的入侵中拯救出来,就因为将己方水手的尸体遗弃在大海中而被判处死刑)(book Ⅰ,ch. Ⅲ;vol. 1,p. 20)。意料之中的是,由于范围过于宏大,宗教改革只是在表面上零星敲打了一下法国社会的腐败现象。它只影响了政治修辞而非政治实践,或者换句话说,只改变了事物的表面而未触及本质。①

倘若审视法国立法在困难时期的演变,就能一目了然地看到这种后果。王室为控制宗教异端而焦虑不安,导致法国立法的糟糕特征——不确定性及不稳定性——进一步恶化。尤其是,国王一直在宗教压制或宽容之间犹豫不决,行为始终缺乏前后一致性。结果就如蒙田观察到的那样,法律一直变动不居,就如服装潮流一般。②

蒙田坚决反对宗教迫害,他认为那样既不人道也无实效。他还认为,和其他情形中一样,惩罚往往全部落在宗教立场较温和的人们身上。这些人为上层人士的野心付出代价,他们成了甚至自己也无法理解的那些信仰的牺牲品,也成了那些卑鄙领导人之阴谋的牺牲品。尽管蒙田厌恶宗教迫害,但他并不认为宽容的法令就一定能促成和平,至少短期内是不可能的。在《论信仰自由》这一章中,他描述了尤利安皇帝的经历(book Ⅱ,ch. ⅩⅨ)。他指出,宽容的短期效果

---

① 在我这个时代,那些试图通过新观点来纠正社会风气的人,仅仅是改变了表面的恶行。至于那些深层的恶行,他们若未助长那些恶行,就是未曾触动它们。助长恶行是必须担心的。他们更乐意做一些夺人眼球的表面改革,那样代价更小、更易讨好。如此这般,不费多大工夫就迎合了其他共生共灭的天然恶行(book Ⅲ,ch. Ⅱ;vol. 3,p. 811;Screech,p. 914)。

② 我发现,我们国家最糟糕之事是法律的不稳定性。我们的法律就像服饰一样,未能获得任何固定不变的形式(book Ⅱ,ch. ⅩⅦ;vol. 2,p. 656;Screech,p. 745)。

往往是更多冲突和无序，它的好处只有在很长一段时期后才会显现出来；等到那个时候，人们已经习惯了一定程度的自由，而各个宗教教派也学会了和平共处。但总的来说，蒙田认为这是一件无法用因果关系予以说明的事情，因为在其中很难建立起各种简明且直接的因果联系。倘若宗教和解在 16 世纪 60 年代被证明是不可行的，到了 16 世纪 80 年代却变得可行了，那么这很可能是因为别的一些因素发挥了作用，而不是立法干预直接促成的。

不管怎样，法国王室无法一以贯之地实施某种策略。王室逐渐接受了与新教徒共存的事实，这主要归因于王室权威和权力的日渐损耗，而非政治设计和立法规定。实际上，法律不是一种事先设计好的、强加给现实的行为模式，它顺应各种事件的演化，时不时依据争斗各方的运势消长进行调整。蒙田指出了用来惩罚宗教异端的那些法令在措辞上的变化，以证明法律的这种变动。在法令的措辞中，曾经的"公共恶行"逐渐有了"更温和的名称"，而这和主流修辞话语的变动是同步的。①

换言之，鉴于镇压新教徒的目标已无法实现，王室明智地决定转而实现另一个具有可行性的目标——和新教徒达成妥协。与此相似（同样的构想在其他章节也有），法律最终还是规定了一些能够实现的明智目标，因为它们实现不了那些一厢情愿的主观目标。②

可否从法国的经历中得出这一教训：法律只能为现状背书，并随着社会权力关系的演变而变化？在长期内战之后，将那些异教徒排除在政治系统之外的旧秩序已被新秩序取代。在新秩序下，那些控制了法国一些重要地区的异教徒，获得了"宗教人士"这一"更温和"

---

① 我们的法律原本是为了矫正这一邪恶而制定的，人们却从中看出了法律对各种坏事的教唆和辩解。修昔底德提到的发生在他那个时代的内战中的事，也正发生在我们这里；为了给公开的恶行开脱，煞费苦心创造更新的、更温和的词汇用作诿解，用偷梁换柱的方法篡改了真正的含义（book Ⅰ，ch. ⅩⅩⅢ；vol. 1，p. 120；Screech，p. 135）。

② 这一表述出现在第一卷第二十三章的"论习惯"中，之后又出现在第二卷第十九章的"论信仰自由"中。

的称呼。他们将自己的应得权利确立为法国事实状况的一部分,并迫使法国王室将其权利写进了法律。新秩序不一定比旧秩序更公正、公平和透明,但它有一个优点:重建了共同遵守的规则。[①] 法律为现状背书的这一解释,看似追随蒙田的法律即"惯例"这一观念(同时也展现了加诸蒙田身上的保守式悲观主义色彩),但我认为它对《随笔集》中的论点进行了以偏概全和误入歧途式的解读。

蒙田认为,法治是政治社会存续的必要条件:缺了法治,君主就不复存在(因为国王若不能通过法律保护臣民,就无法获得他们的服从),也就不复存在服从君主命令的臣民(因为不服从是权威堕落后的自然反应)。就此而言,法国在宗教战争期间经历的变故,即一个脆弱、腐败的旧秩序的坍塌,的确可以称之为"法律上的死亡"。

但是,并不能就法国的例子得出这一结论:法律必然是权力关系的运作结果。首先,在王权坍塌之前的法国,实际上压根不存在"法治",这一事实在王权坍塌之际尤为明了。其次,得以逐渐推广的新现状必须能满足一些条件,否则无法得到真正认同,或者被证明是持久有效的。典型事例就是由亨利三世启动、由亨利四世推进的和平重建进程,即便当事双方都放弃武力对抗之后,也遇到了重重困难。[②] 或许有人认为,任何形式的和解都比战争要好,但共识的质量至关重要。一种由外力强加的新秩序,会因为接收方的力量耗尽或利弊权衡而得到承认,然而考虑到未来的情势变更,这种新秩序一定难以长久维系。

在思考法国的发展前景时,蒙田的讨论重点明显从政治机构的作用转变到了个人行动者的作用。政治共同体中的所有成员,皆对共同体的腐化负有个体责任,尽管担责方式和责任程度依据各自的

---

① 或许有人认为,新秩序更为平等,因为它承认了新教徒的宗教信仰自由,但蒙田显然认为,比起富人和穷人在法律面前的平等,这种平等的意义更为有限。

② 关于那瓦尔凝聚法国国内共识的策略,参见 Finley-Crosswhite(1999);另见 De Waele(2000)。

社会地位和个人倾向而有所差异。那些掌权之人的罪行是主动作恶,例如贪婪、残忍和欺骗;包括蒙田自己在内的其他人,则因为懒惰、怯懦和不加抵抗地接受恶行而"助纣为虐"。[①] 就此而言,统治者和被统治者在道德评价方面不存在质的差别。在万不得已时,即便是最卑微的社会成员,也总是可以选择拒绝服从一条自认为不公正的规则,因为"有良知者"绝无道德义务去做国王命令去做的所有事情。[②] 当然,《随笔集》也没有完全忽视拉博埃西声称的"自愿为奴论",尽管这种论调的政治含义从未得到过澄清。[③]

在所有人中,负有最大责任的那个人,自然就是国王。君主很容易拿战争和叛乱之类的特殊情形为借口,在必要性的托词下持续实施暴行。在这一马基雅维利式诱惑(瓦卢瓦王朝就掉进了这个陷阱并走向灭亡)成为普遍运用和滥用的集体主义借口之前,应不惜任何代价予以抵制。

传统王权理论将君主一并视为国家法和上帝法[④]的监护人。依据这一理论,蒙田承认倘若因袭的法律越界或不当,那么国王在必要时可以偏离法律,但那只是对法律字面意思而非对正义规则的偏离。如果国王运用欺诈手段并以公共利益之名构陷他人,那么上行下效,他周围就会涌现如潮的邪恶和堕落行为。[⑤] 相反,君主的制胜策略应是带头作出宽容、善良和公正的示范,以便扭转局势。唯有如此,他

---

① "就本世纪的堕落而言,我们每个人都参与其中:有些人奉上背叛,有些人制造了不公正、不虔诚、暴政、贪婪和残忍,愈有权势者参与的程度愈深;那些弱小者,其中也包括我,则奉上了愚蠢、虚荣和懒散。"(book Ⅲ,ch. Ⅸ,vol. 3,p. 946;Screech,p. 1071)

② "……别去听信那些天性嗜血成性、六亲不认的恶人讲的这番所谓的道理,别去理会那个大而无当、高不可攀的正义,让我们效法最有人性的行为。"(book Ⅲ,ch. Ⅰ,vol. 3,pp. 802-803;Screech,pp. 905-906)

③ De La Boétie(1983);蒙田起初想在书中公开对话内容,他放弃这一计划的原因迄今未能得到确定;the classical reference remains Armaingaud(1910)。

④ 参见,例如,de Seyssel(1961:22ff.)。

⑤ 参见蒙田在 book Ⅲ,chapter Ⅰ 对马基雅维利的观点的讨论;关于蒙田与马基雅维利,参见 Nakam (1984:245-250),Shaefer(1990:347-365),Statius(1997:243-262),Berns (2000)。

才有希望重新获得民众的忠诚和信任。①

在写到对"善良与正义"的需要时，蒙田未曾简单地诉诸某个理想的君主形象。在 1590 年 1 月 18 日写给尚未登基的亨利四世的信中，蒙田还展示了一种现实的政治策略：祝贺亨利新近在阿尔克取得的胜利，同时谴责他前年在"诸圣瞻礼节"（Toussaint）期间运用武力镇压了天主教联盟所控制的巴黎近郊的抵抗运动。如果说国王的事业需要"用武器和武力"来推进，那么唯有宽容才能让成功变得完美和完整。亨利当时已成为法国王位的官方继承人，因而他的关注点也落在了树立起宽容的声誉，以及避免犯人和平民无意义的战争伤亡。这也展示了"善和正义"主题的相关性和重要性。②

总之，如果蒙田不相信自然正义和具体的族群正义在实践中能够相符，他就不会在《随笔集》中删除了二者之间持续的紧张关系。毫无疑问，人们总是被成见蒙蔽，总是倾向于不加置疑地接受权威。但是，有时人们也能将欺骗和真诚、邪恶和美德区分开来。在法律那张"斑驳的面具"之下，正义的真实面孔仍持续展示给了那些有准备辨认出它的人。

参考文献

Alberti, Antonina. 1995. "The Epicurian Theory of Law and Justice." In A. Laks and M. Schofield (eds.), *Justice and Generosity*：

---

① "无论在哪个时代、哪个地方，要求君主仁慈、公正地行事，都得不到积极、隆重的回报。我很乐意见到，第一个通过仁慈和公正博取信任和爱戴的君主，将轻而易举地胜过其他君主。武力和残暴可以做成一些事，但不是万能的。"（book Ⅱ, ch. ⅩⅦ; vol. 2 p. 646; Screech, p. 735）

② "如果人们经常目睹伟大和艰难的征服不可能通过武器和力量来实现，而只能通过仁慈和慷慨来达成，这特别能诱导人们趋向于正义和正当的一方"，《蒙田致那瓦尔的亨利》，1590 年 1 月 18 日，载 Montaigne（1962:1398）。

Studies in Hellenistic Social and Political Philosophy, 161-190. Cambridge：Cambridge University Press.

Armaingaud，Arthur. 1910. *Montaigne pamphlétaire，l'énigme du contr'un*. Paris：Hachette.

Berns，Thomas. 2000. *Violence de la loi à la Renaissance：L'originaire du politique chez Machiavel et Montaigne*. Paris：Editions Kimé.

Bodin，Jean. [1566] 1941. *La methode de l'histoire*. Trans. and ed. Pierre Mesnard. Paris：Les Belles Lettres.

Brown，Frieda S. 1963. *Religious and Political Conservatism in the Essais of Montaigne*. Geneva：Droz.

Couzinet，Marie-Dominique. 1996. *Histoire et méthode à la Renaissance：une lecture de la "Methodus" de Jean Bodin*. Paris：Vrin.

Crouzet，Denis. 1998. *La sagesse et le malheur，Michel de l'Hospital Chancelier de France*. Seyssel：Champ Vallon.

de Seyssel，Claude. [1519] 1961. *La Grande Monarchie de France*. Ed. Jacques Poujol. Paris：＊＊＊.

De La Boétie，Etienne. 1983. *Discours de la servitude volontaire*. Ed. S. Goyard-Fabre. Paris：Flammarion.

De Waele，Michel. 2000. *Les relations entre le Parlement de Paris et Henri Ⅳ*. Paris：Editions Published.

Desan，Philippe. 1987. *Naissance de la méthode（Machiavel，La Ramée，Bodin，Montaigne，Descartes）*. Paris：Nizet.

Descimon，Robert（ed.）. 1993. *Discours pour la majorité de Charles Ⅸ，et trois autres discours*. Paris：Editions Imprimerie Nationale.

Finley-Crosswhite，S. Annette. 1999. *Henri Ⅳ and the Towns：*

The Pursuit of Legitimacy in French Urban Society, 1589-1610. Cambridge: Cambridge University Press.

Frame, Donald M. 1994. *Montaigne, une vie, une œuvre*. Paris: Champion.

Franklin, Julian H. 1963. *Jean Bodin and the Sixteenth Century Revolution in the Methodology of Law and History*. New York: Columbia University Press.

Montaigne, Michel De. 1962. *Œuvres completes*. Ed. Albert Thibaudet and Maurice Rat. Paris: Gallimard.

Montaigne, Michel De. 1987. *The Complete Essays*. Trans. M. A. Screech. Harmondsworth: Penguin Books.

Mousnier, Roland. 1971. La venalit 'e des of' fices sous Henri IV et Louis XIII. Paris: PUF.

Nakam, Géralde. 1984. *Les Essais, miroir et procès de leur temps*. Paris: Nizet. 1993. Montaigne et son temps. Paris: Gallimard.

Quint, David. 1998. *Montaigne and the Quality of Mercy: Ethical and Political Themes in the "Essais."* Princeton: Princeton University Press.

Schaefer, David Lewis. 1990. *The Political Philosophy of Montaigne*. Ithaca: Cornell University Press.

Smith, Malcom C. 1991. *Montaigne and Religious Freedom: The Dawn of Pluralism*. Geneva: Droz.

Statius, Pierre. 1997. *Le réel et la joie: Essai sur l'œuvre de Montaigne*. Paris: Kimé.

图书在版编目（CIP）数据

民主与法治 /（西）何塞·马里亚·马拉瓦尔，（波）
亚当·普沃斯基主编；陈林林译. —杭州：浙江大学出
版社，2023.11
（文明互鉴 / 张文显主编. 世界法治理论前沿丛书）
书名原文：Democracy and the Rule of Law
ISBN 978-7-308-21655-5

Ⅰ.①民… Ⅱ.①何… ②亚… ③陈… Ⅲ.①民主—
关系—法治—研究 Ⅳ.①D082 ②D033

中国版本图书馆 CIP 数据核字(2021)第 160112 号
浙江省版权局著作权合同登记图字：11-2023-322

民主与法治

[西]何塞·马里亚·马拉瓦尔 　[波]亚当·普沃斯基 　主编

出 品 人	褚超孚
丛书策划	张　琛　吴伟伟　陈佩钰
责任编辑	钱济平
责任校对	汪　潇
封面设计	程　晨
出版发行	浙江大学出版社
	（杭州市天目山路 148 号　邮政编码 310007）
	（网址：http://www.zjupress.com）
排　　版	杭州青翊图文设计有限公司
印　　刷	杭州宏雅印刷有限公司
开　　本	700mm×1000mm　1/16
印　　张	22.5
字　　数	314 千
版 印 次	2023 年 11 月第 1 版　2023 年 11 月第 1 次印刷
书　　号	ISBN 978-7-308-21655-5
定　　价	78.00 元

版权所有　侵权必究　印装差错　负责调换

浙江大学出版社市场运营中心联系方式：0571－88925591；http://zjdxcbs.tmall.com